Robert Gernhardt
Frühsommerabend am Hundekehlesee

O dass doch die Armen es niemals erführen,
wie gut es tut, etwas reich zu sein.
Zumindest so reich,
dass man sich die Armen
so gut es geht vom Leib halten kann.

O dass doch die Armen es niemals erahnten,
wie schön es sich lebt, wenn die Kohlen stimmen.
Dann stimmt auch die Lage
der Villa am Waldsee
und der Abstand zu jenen, bei denen's nicht stimmt.

O dass doch die Armen es niemals erlebten,
wie lang es noch licht ist des Abends am Wasser,
wenn schweigend der Wald steht
und Gäste laut rühmen:
»Direkt wie jemalt!« »Unbezahlbar die Ruhe!«

O dass doch die Armen es niemals ersehnten,
wie jene zu sein, die da auf Terrassen,
vom Flieder umstanden,
beschirmt von Kastanien
die scheidende Sonne mit goldnem Glas grüßen.

O dass es doch niemand den Armen erzählte,
sie müssten sich nicht mal durch Brei hindurchfressen.
Das Schlaraffenland läge
direkt um die Ecke:
»Es liegt nur an euch, euch dort breit zu machen.«

Sighard Neckel
Deutschlands gelbe Galle

Eine kleine Wissenssoziologie des teutonischen Neides

Es gehört wohl zum Nationalcharakter der Deutschen, ständig ihren Nationalcharakter zu recherchieren. Kaum ein anderes Volk ist so fleißig damit beschäftigt, sich einzigartige Wesenseigenschaften zuzuschreiben, die mal als besonderer Vorzug, in jüngerer Zeit aber auch häufig als Last verstanden werden. Kein Podium ohne die Frage: »Was ist deutsch?« – und die gottlob schon vielfach gefundene Antwort darauf, dass »deutsch« eben die Begeisterung für dieses Rätsel sei, hat bisher nur wenige gehindert, die kollektive Selbstbespiegelung je nach Themenlage begeistert fortzuführen. Es kann also nicht überraschen, wenn seit einigen Jahren der Neid als »typisch deutsch« gilt und die Gazetten über lauter Missgunst im Volkskörper berichten.

Der Beginn dieser jüngsten Runde in der öffentlichen Mentalitätsinspektion dürfte wohl auf den 5. September 1990 zu datieren sein, als die SPD während der 1. Lesung zum Einigungsvertrag den Vorschlag machte, dass »Besserverdienende« zur Finanzierung der deutschen Einheit eine steuerliche Ergänzungsabgabe zahlen sollten. »Da kommt also die alte Neidsteuer wieder!«, rief Otto Graf Lambsdorff (FDP) den Sozialdemokraten zu – und damit waren sie heraus, die schlimmen Worte, die in der Folgezeit dazu einluden, schonungslos die gelbe Galle des deutschen Neidhammels zu sezieren. Prominente »Besserverdienende« bekannten flugs, schon lange unter dem Neid in Deutschland zu leiden. »Die Deutschen sind neidisch auf jeden, dem es ein bisschen besser geht«, vertraute Horst Tappert (»Derrick«) einer holländischen Zeitung (der Chor: »ausgerechnet!«) an, und Thomas Gottschalk wusste aus den USA zu berichten, dass dort Erfolge allgemein bejubelt würden, während hierzulande nur Häme regiere. »Wer besser verdient, soll sich schlechter fühlen«, kommentierte Hellmuth Karasek, und es fügt sich recht schön in die deutsche Kulturgeschichte, dass bei der öffentlichen Zeihung der verderblichen Miesmacherei auch deutsche Professoren nicht zurückstehen mochten. Politologen beforschten den »Sozialneid als Instrument der

Politik«, Soziologen korrelierten die »Neidneigung« mit Alter, Geschlecht und Parteipräferenz, und eine wahre Heerschar von Psychologen machte sich über die seelischen Abgründe der Deutschen her, um wahlweise existentielle Schuldgefühle, Destruktionsgelüste oder Verlustängste als Ursachen ihrer neidischen Antriebe zu identifizieren. Für die Philosophie ließ sich Peter Sloterdijk mit den Worten zitieren, dass Deutschland zum »Neid-Kraftwerk« geworden sei, seitdem die »Enthemmung der Eigentumseifersucht« eine »Begehrensspirale« in Gang gesetzt habe.

Als Krönung der geisteswissenschaftlichen Dramatisierung des Neides in Deutschland ragt jedoch bis zum heutigen Tag das Buch *Der Neid* des Soziologen Helmut Schoeck von 1966 heraus, das sich dem Untertitel gemäß gar als *Eine Theorie der Gesellschaft* verstand. Hier mutiert der Neid zu einer »anthropologischen Grundkategorie«, ohne die das gesellschaftliche Zusammenleben von Menschen undenkbar sei. Da der Einzelne die Gruppe nicht als Erfüllung, sondern als Minderung seiner Existenz erlebe, sei mit der egoistischen Natur des Menschen auch der Neid unveränderlich gegeben. Dies gelte völlig unabhängig davon, wie groß die sozialen Unterschiede jeweils seien. Daher stelle der Neid eine so große Macht im Binnenleben jeder Gesellschaft dar, dass noch die beste Sozialpolitik ihn nicht aus der Welt schaffen könne. Ihm nachzugeben würde vielmehr bedeuten, die Missgunst selbst zur Raison d'etre zu machen, weshalb etwa der Sozialismus nichts anderes sei als die Herrschaft des Neides. Der vielgelesenen Schrift von Schoeck aus den sechziger Jahren folgten etliche Titel gegen die »Neidgesellschaft« im letzten Jahrzehnt, nachdem fast jede Illustrierte im deutschen Blätterwald hiermit bereits mindestens einmal aufgemacht hatte.

Wenn eine Menschengruppe so verbissen der Auffassung ist, in besonders hässlicher Weise schlechte Charaktereigenschaften in sich zu repräsentieren, stellt sich wohl als erstes die Frage, auf welche Sachverhalte sich eigentlich all diese Selbstanklagen beziehen. Anschließend sollte geklärt werden, ob es sich bei den Sünden des Neids denn tatsächlich um solche handelt, die für die sich selbst diskriminierende Gruppe als vergleichsweise exklusiv zu bezeichnen sind. Denn es könnte ja sein, dass »typisch deutsch« nicht ist, besonders neidisch zu sein, sondern sich für besonders neidisch zu halten. Den Neiddiskurs zeichnet es generell aus, mit kollektiven Stereotypen schnell bei der Hand zu sein. Die Russen, nach altem Glauben der Deutschen mit ihnen im Grunde seelenverwandt, gelten als ebenso besessen vom Neid, wie dies in den Augen der Westdeutschen auch die Ostdeutschen sind. Dass Gregor Gysi einmal eine »Sondersteuer für Porschefahrer« gefordert hat, sollte dies in nur besonders schamloser Weise beweisen. In westfälischen Kneipen hingegen, wie der Autor gelegentlich beobachten durfte, wird für sächsische Biersorten mitunter mit dem Hinweis auf der Getränkekarte geworben: »Die angenehme Art, Solidaritätszuschläge zu zahlen«, was den Einheimischen aber nur selten als Schandmal innerdeutschen Futterneides erscheint. Die Chinesen wiederum, dies wissen weitgereiste deutsche Neidexperten genau, sind »geborene Händler« und daher vom Ehrgeiz, nicht aber vom Neid bestimmt, weil sie alle gemeinsam reich werden wollen. Darin sollen sie vermeintlich den Amerikanern gleichen, deren »naive Freude am Erfolg« (Filmregisseur Wolfgang Petersen) offenbar schier grenzenlos ist.

Schon nur beiläufig informierte Beobachter der Zeitläufte werden dieser Völkerkunde des Neides mit einiger Skepsis begegnen. In Deutschland versucht der Neiddiskurs gewöhnlich zu lancieren, »Anspruchsdenken und Versorgungsinflation« hätten die Bürger hierzulande darauf trainiert, »ständig ihre Benachteiligung im Vergleich zu anderen zu entdecken«, wie dies Helmut Schoeck einmal den eigenen Landsleuten attestierte, um die vermeintlich besonders bösartige deutsche Neidkultur zu erklären. Das gesamte Zivilrecht der »neidlosen« USA müsste dann als eine einzige Begünstigung des Neides aufgefasst werden, geben seine zahlreichen Antidiskriminierungsgesetze und Gleichbehandlungsgrundsätze doch reichlich Gelegenheit, das Bewusstsein für die Unterprivilegierung überaus sensibel zu halten. Im öffentlichen Austausch amerikanischer Bürger untereinander mag ein gewisses Neidtabu existieren, doch täuschen sich Amerikaner selber in der Regel recht selten darüber, dass nicht zuletzt aufgrund des kommunikativen Zwangs zur Gelassenheit das scheele Auge des Neides überall gern in die Hinterzimmer blickt. Raymond Carver hat dies in seiner subtilen Short story »Nachbarn« einmal anhand der Geschichte eines Ehepaars geschildert, das in der Wohnung beneideter Nachbarn die Versorgung der Haustiere mit dem untereinander peinlich verschwiegenen Schnüffeln verbindet, um durch Ausforschung privater Seiten den Abstand zu den begünstigten Hausgenossen einebnen zu können. Da der Neid überall herrscht, aber nirgends bekannt werden darf, liebt das amerikanische Publikum so innig seine *late night shows,* in denen Klartext geredet wird. Welch rauher Wind im sozialen Wettbewerb der USA in Wirklichkeit herrscht, verriet dort unlängst ein Mogul aus der Unterhaltungsindustrie: »Es reicht mir nicht, Erfolg zu haben – andere sollen scheitern.«

Dem deutschen Gerede über den Neid ist hingegen eine Pauschalität und Allgegenwart eigen, die bezeichnenderweise mit der Unfähigkeit korrespondiert, eine genaue Beschreibung der inkriminierten Gefühlszustände zu liefern. Abgesehen von manchen Novellen Martin Walsers über die Lebensmitte des deutschen Mittelstands (*Ein fliehendes Pferd,* 1978) ist da wenig zu holen. Andere Völker haben es hier auch noch in jüngster Zeit zu kulturellen Hochleistungen gebracht, ohne dafür aber als besonders missgünstig zu gelten. Nehmen wir nur die Franzosen zum Beispiel, mit ihrem Pathos der »différence« für den »gleichmacherischen Neid« gewiss nicht außergewöhnlich talentiert. Claude Chabrols Film »Cérémonie« (deutscher Titel: »Biester«) von 1995 führte ein blutiges Kammerspiel von Kränkung, Scham und Boshaftigkeit auf, von dem sich die deutsche Klage über den »Sozialneid« eine ordentliche Scheibe abschneiden kann. Isabelle Huppert verkörpert in Chabrols Film eine stets unter Hochspannung stehende Postbeamtin, die unter ihren Begrenzungen und der Tristesse einer wenig aussichtsreichen Zukunft in der Enge der französischen Provinz leidet. Der Neid auf alles Großbürgerliche macht sie gefährlich unberechenbar, als ihre Freundin als Hausmädchen in das Anwesen einer »alten Familie« kommt. Versteckte Geheimnisse werden enthüllt, und intime Details gelangen in ihren persönlichen Wissensbestand, so dass auf einmal zwischen Angehörigen ganz unterschiedlicher Sozialschichten eine Atmosphäre des giftigen Vergleichs entstehen kann, die sich aufgrund seiner Vergeblichkeit schließlich unaufhaltsam in einem mörderischen Impuls entlädt. Chabrols Film lässt uns in Abgründe blicken, die deutsche Neidexperten, die sich über Steuersätze echauffieren, kaum ahnen, und all die unzähligen Neologismen, die Deutschlands Neiddiskurs in beispielloser Weise hervorgebracht hat, verdecken doch nur die soziale Erfahrungsarmut, die sich hinter Begriffen wie »Neidsteuer«, »Neidkampagne«, »Neidklima«, »Neidpopulismus« oder »Neidgesellschaft« wortreich versteckt.

Das hängt wahrscheinlich damit zusammen, dass als »Neid« in Deutschland immer schon gilt, was in anderen Gesellschaften zu den normalen Formen des Interessenkampfs um Vorteile und Begünstigungen, um Gerechtigkeitsansprüche und sozialen Lastenausgleich zählt. Wo Menschen unterschiedlicher Klassen und Schichten um Wettbewerbschancen und knappe Ressourcen ringen, gehören die kleinen Alltagsgefechte um den eigenen Vorsprung zur alltäglichen Wirklichkeit selbstverständlich dazu. Die deutsche Gesellschaftsgeschichte hat sich dieser sozialen Mechanik lange Zeit nicht recht anvertrauen wollen. Konfliktscheu und seit jeher zum Ontischen neigend, wenn es um die Deutung des Zusammenlebens ging, ersetzte Seinslehre die praktische Philosophie. Eine Gesellschaft der Innerlichkeit sucht die Urgründe für jeden unerfreulichen Streit natürlich immer beim Menschen und seiner Wesensnatur. Daran schließt heute noch der moderne Volkssport der Laienpsychologie an, der es hierzulande zu einer verbreiteten Meisterschaft bringt, auch nachdem sich die Innerlichkeit längst ins Äußerliche verkehrte. Am Desinteresse für die sozialen Rollen von Aspiration und Misslingen, Über- und Unterlegenheit hat dies nichts Wesentliches geändert. Daher wird in

Deutschland jeder Verteilungskonflikt um Ehre, Ansehen und Geld stets mit persönlicher Missgunst verwechselt. Die Individualisierung, die auch die deutsche Gesellschaft in den letzten Jahrzehnten durchlebte, kam dem alten Hang zur Gemütsforschung zudem auf modernen Wegen entgegen. Als symbolisches Dispositiv für die Art der Zurechnung sozialer Chancen hat sich die Individualisierung selbst in Lebensbereichen allgemein ausbreiten können, in denen nicht die Schnittmuster spezieller Persönlichkeitsmerkmale für die soziale Lage entscheidend sind, sondern Herkunft, Bildungsstand, ethnische Zugehörigkeit und Geschlecht. Das heutige Deutungsklischee von der Selbstverantwortung für das soziale Schicksal fördert die Neidsemantik, weil sie den sozialen Wettbewerb für den persönlichen Vergleich zugänglich macht. Der Neid, sofern er als Interpretation von Ungleichheit auftritt, ist dann die letzte Schrumpfform einer realistischen Sozialtheorie im öffentlichen Bewusstsein, reduziert auf das persönliche Maß des unmittelbaren Konkurrenten.

Dem deutschen Neid ist das nicht gut bekommen. Als pauschale Kategorie verwandt, psychologisiert er soziale Unterschiede, deren öffentliche Aushandlungsweisen dadurch hölzern und eintönig werden. Als Personalisierung allgemein gebräuchlicher Strategien der Vorteilsnahme und Schadensabwehr lässt er das Regelwissen über das gesellschaftliche Zusammenleben verarmen. Schließlich verlieren die Ausdrucksformen des Neids selber in dem Maße an Eleganz und Finesse, wie er seines spezifischen Gefühlsinhalts durch permanente Adressierung verlustig geht. Von einer Kulturnation wird man erwarten dürfen, dass sie unsere Gefühlswelt verfeinert und zivilisiert. Doch wenn jedes Begehren, das sich auf persönlich fehlende Werte richtet, bereits auf die inflationäre Deutung des Neides trifft, verfällt jede performative Methode und mit ihr die Hermeneutik des Alltagsverstands. Der Neid ist – soziologisch betrachtet – ein ehrwürdiges Gefühl, das auf den Menschen als »Unterschiedswesen« (Georg Simmel) abstellt. Er entsteht in den sozialen Wechselwirkungen zwischen Individuen und Gruppen und setzt den Vergleich untereinander voraus. Als ein soziales Gefühl, das bisweilen in den unscheinbarsten Momenten gewöhnlicher Begegnungen und Situationen seine mannigfaltigsten Anlässe findet, bietet Neid unzählige Möglichkeiten, das Arsenal der zivilisatorischen Formung in Anschlag zu bringen. Er kann mittels Ehrgeiz oder Gerechtigkeitssinn sublimiert oder in die strategischen Handlungsdramaturgien geschickter Selbstinszenierung, ironischer Anspielungen, verschlüsselter Boshaftigkeit, verborgener Rivalität oder kalkulierter Revanche übersetzt werden. Wie armselig jedenfalls wäre unser kulturelles Handlungsinventar, gäbe es bei aller Direktheit nicht auch die feine Kunst, neidisch zu sein und es sich anmerken zu lassen.

Der deutsche Neid aber, der uns als politischer Kampfbegriff oder Allerweltsformel sozialer Gegensätzlichkeit andauernd die Wahrnehmungskompetenz verdirbt, ist in Darstellung und Auslegung teutonisch und grobschlächtig geblieben. So legt das Gerede über »Sozialneid« die Vorstellung nahe, untere Schichten würden die Bessergestellten unablässig mit kollektiver Missgunst verfolgen, während sich Neid tatsächlich doch meist zwischen enger benachbarten Gruppen einstellt. Das politische Theater führt hierzulande nichts anderes auf als eine schon leicht verstaubte Fortsetzung des korporatistischen Konfliktrituals gut organisierter Interessen. Neidvorwürfe dienen dann in durchschaubarer Weise dem Versuch, zwischen den bereits Begüterten und denen, die noch hoch kommen wollen, eine Aufwärtssolidarität gegen Unzufriedene zu stiften. Die politische Demagogie verfehlt hierbei jedoch die eigentliche Pointe des Neids, der ja stets eine Übereinstimmung des Begehrens zur Voraussetzung hat: Solange Unzufriedene auf höhere Klassen nur neidisch sind, eifern sie ihnen mehr nach, als dass sie sie stürzen wollen. Durch den gemeinsamen Wertbezug auf ein gleichermaßen begehrtes Objekt bindet Neid Konkurrenten auch aneinander. Er ist deshalb als ein vergleichsweise integratives Gefühl zu bezeichnen und taugt nicht für die deutsche Angst vor der »Desintegration«, die manchmal schon bei harmlosen Konflikten zu flattern beginnt. Erst wenn sich aufgrund aussichtsloser Wettbewerbschancen Neid in heillose Wut verwandelt, wächst ihm die auflösende Kraft zu, soziale Bindungen zu zersetzen.[1] Doch unbeschadet solch kollektiver Prozesse ist es gewöhnlich der »Narzissmus der kleinen Differenzen« (Sigmund Freud), aus dem heraus Neid in die feinsten Kapillaren des Alltags eindringen kann. Dies eignet sich wenig für eine polternde Massenpsychologie, schult aber die gesellschaftliche Selbstbeobachtung und das Training alltäglichen Konfliktmanagements. Da beides in Deutschland noch immer der Nachhilfe bedarf, hat sich hier kein reichhaltiges Brauchtum des Neides entwickelt.

Der deutschen Dramatisierung des Neides tut dies keinen Abbruch. Ex-BDI-Präsident Hans-Olaf Henkel ließ in einem Interview einmal sogar vernehmen, über den Neid in Deutschland schweigen zu müssen, um das Fass des sozialen Unfriedens nicht zum Überlaufen zu bringen. Andernorts in modernen Gesellschaften waltet bei diesem Thema entschieden mehr Nüchternheit, weiß man doch aus Erfahrung, dass der Neid eine gewöhnliche Alltagsmoral sozialer Ungleichheit ist. Wenn Rangunterschiede nicht mehr ständisch befestigt sind und soziale Mobilität nach oben und unten zur erlebten Wirklichkeit wird, bieten sich unzählige Maßstäbe des Vergleichs, an die der Neid anknüpfen kann. Nur dort, wo sich Akteure prinzipiell nicht als Gleiche und Ebenbürtige begegnen können, entfällt in der Regel die neidtypische Konstellation, dass sich ein Gefühl des »Wenigerseins« (Max Scheler) mit dem dringenden Wunsch paart, an die Stelle eines anderen zu treten, um dessen Werte oder Eigenschaften zu besitzen.

Gefühlsgeschichtlich berühren sich hier traditionale Gemeinschaften mit modernen Sozialstrukturen, ohne dass man aus dieser Korrespondenz sogleich eine Ontologie der ewigen Missgunst ableiten müsste. Es ist daher auch nicht verwunderlich, dass sich im Ausgang des ständischen Zeitalters in jenen Ländern, die weit mehr als Deutschland die bürgerliche Epoche vorangetrieben haben, eine realistischere Theorie des Neides entwickelt hat. Für klassische Denker des Liberalismus wie Bacon, Hume oder Adam Smith stellte der Neid zwar selbstverständlich ein Laster dar. Doch gemäß der Überzeugung »private vices, public benefits« sahen sie im Neid eine unerlässliche Triebkraft des Handelns, die zum öffentlichen Wohl beitragen kann. Nun darf man den segensreichen Wirkungen privater Habsucht mit Recht gehörig misstrauen. Doch auf dem liberalistischen Weg der praktischen Philosophie wurden immerhin ein paar Einsichten entdeckt, die es wert sind, im Zeichen der gegenwärtigen Neidhysterie noch einmal erinnert zu werden. Für Adam Smith, der bekanntlich ganz auf das Gewinnstreben setzte, geht Neid natürlicherweise aus ungleichen Besitzverhältnissen hervor. Er repräsentiert schlicht die persönliche Seite des ökonomischen Wettbewerbs, so wie die Bildung von Klassen die soziale Begleiterscheinung des Kapitalismus ist. Um die negativen Wirkungen des Neids zu begrenzen, bedarf es aber nicht nur des staatlichen Schutzes erworbenen Eigentums, sondern gleichfalls der »moralischen Gefühle«, damit durch Wohltätigkeit, Mitleid und Güte ein Ausgleich geschaffen und der unvermeidliche Neid der Besitzlosen besänftigt werden kann.

Smith sprach damit das soziale Fundamentalprinzip der Gegenseitigkeit an, aus dem sich die Klage über den Neid nicht einfach davonstehlen kann. Schon gar nicht in allgemeinen Belangen, in denen scheeläugig zu sein selbst den liberalistischen Vordenkern nicht als scheußlicher »Sozialneid«, sondern als eine Klugheitsregel galt. Francis Bacon unterschied daher den privaten vom öffentlichen Neid. Letzterer dient, wie Bacon dies am Beispiel des Ostrakismos der alten Griechen aufzeigte, durchaus dem Wohl der Allgemeinheit. Das Scherbengericht auf der Agora war das einzige je erfundene legale Mittel in der Antike, um den Aufstieg eines Usurpators rechtzeitig zu stoppen. Wer die meisten Nennungen auf den Tonscherben erhielt, musste sich – ohne Verlust von Ehre und Vermögen – für zehn Jahre außer Landes begeben. Anschließend konnte er heimkehren. Ostrakisiert zu werden war ein Opfer, das derjenige auf sich zu nehmen hatte, der in den Augen der Bürgerschaft zu mächtig zu werden drohte. Hierfür genügte allein der Verdacht – womit natürlich auch dem Neid eine Tür geöffnet wurde. Aber die Griechen wussten, dass usurpatorische Absichten zumeist erst dann nachweisbar sind, wenn sie sich bereits verwirklicht haben und somit jedes Gerichtsverfahren aussichtslos wird. Neid wie andere Leidenschaften fungierten als gesellschaftliches Frühwarnsystem vor der Tyrannis. Im Unterschied zum »Privatneid« sah Bacon daher im öffentlichen Neid etwas Nützliches am Werk: »Er ist also ein Zügel für die Großen der Welt, um sich in Schranken zu halten.«

Wie in der Geschichte der politischen Philosophie üblich, verzichtete auch Bacon nicht darauf, dem klugen Herrscher ein paar Ratschläge zu geben: »Vor allem sind diejenigen dem Neide am meisten ausgesetzt, welche die Größe ihres Glückes in anmaßender und hochmütiger Weise zur Schau tragen und sich nie wohl fühlen, als wenn sie zeigen, wie groß sie sind, sei es durch äußeres Gepränge, sei es durch Triumphieren über alle Gegner und Nebenbuhler. Wogegen der Weise dem Neide eher ein Opfer bringt, indem er in für ihn belanglosen Dingen zuweilen absichtlich sich widersprechen und überstimmen lässt (...) Man muss nämlich den Bann (wie man sagt) aufheben und ihn auf jemand anders lenken. Zu diesem Zweck schieben die Klügeren unter den Großen immer jemand anders auf den Schauplatz vor, um den Neid von sich selbst auf ihn abzuziehen, zuweilen auf Beamte und Diener, zuweilen auf Amtsgenossen und Gehilfen und dergleichen. Zu solchem Liebesdienst fehlt es auch niemals an ehrgeizigen und unternehmenden Charakteren, die, wenn sie nur zu Amt und Macht kommen, alles mit in Kauf nehmen.« – Gibt es in Deutschland denn unter den Großen keine Klügeren mehr, sodass sie sich über den Neid nicht immer so aufregen müssten?

Beim Neid entkommt man dem Thema der Gerechtigkeit nicht, was natürlich stets all jene enerviert, die etwas abgeben sollen. Die geläufige Empfehlung an die Unzufriedenen lautet dann immer, sich bitte selber nach oben zu hieven, statt die Begünstigten nach unten zu ziehen. Die gelbe Gefahr des Neides heißt dann Gleichmacherei. Sie ist festem Glauben gemäß vor allem im Osten zu Hause, der in Deutschland ja schon gleich an der Elbe beginnt. Die klassische Schule des Liberalismus wusste zumindest noch, dass es auch für die neidgestützte Forderung nach größerer Teilhabe nicht nur verwerfliche Gründe gibt. David Hume grenzte daher den Neid von blanker Schadenfreude ab, die sich allein schon aus dem Genuss der Nachteile anderer speist. Denn im Eifer des Neids vermag viel zu oft auch ein gerechter Unwille stecken, als dass man ihn leichterhand moralisch verteufeln könnte. Falls die Güterverteilung einer Gesellschaft zwingend die Selbstachtung der Schlechtergestellten verletzt, kann keiner vernünftigerweise von den Benachteiligten die Überwindung der

Neidgefühle verlangen. Wenn sich heute der Liberalismus allein auf die ehrgeizige Seite des Neides stellt und dessen egalitären Impuls denunziert, wirft er die pragmatischen Einsichten über Bord, die das Bürgertum bei der Etablierung sozialer Ordnung selbst einmal gesammelt hatte.

Der Neid gehört zur Gefühlskultur des Konkurrenzkapitalismus und sollte wie dieser moralisch zumindest eingehegt werden. Daher kam der klassische Liberalismus nie an Gerechtigkeitsfragen vorbei, auch wenn dies die heutigen Global player in den VIP-Lounges und auf den Börsenparketts nur noch langweilig finden. Das deutsche Bürgertum, sofern ökonomisch aktiv, scheint sich neuerdings besonders beflissen geben zu wollen und will sich offenbar in der Verdammung des Neids nichts nachsagen lassen. Dies hinderte allerdings vor einiger Zeit eine hiesige Autofirma nicht daran, für ihr Produkt mit einem »ausgewogenen Preis-Neid-Verhältnis« zu werben: »Damit werden Sie leider Aufsehen erregen«.

Die moderne Erfolgskultur der *High, Hip and Mighty* frönt dem demonstrativen Konsum und feiert die niedrigen Instinkte als Selbstverwirklichung. Sie setzt auf den Neid, um aus dem neuen Kapitalismus eine geile Party werden zu lassen, und tadelt ihn oder lacht alle armseligen Neider aus, weil das Neiden die Gewinne schmälert und die gute Stimmung versaut. Wie auch sonst auf den Märkten, die der Neoliberalismus regiert, wollen die Gewinner alles für sich allein und alles auf einmal einstreichen: Das Leben – ein einziger Wettbewerb, aber bitte ohne den Neid der Verlierer; jeder Berufstätige möglichst ein »Arbeitskraftunternehmer« und ein Kapitalist seiner selbst, doch ohne hässlichen Blick auf Nebenbuhler und Konkurrenten. Zum Vorbild gereicht, was seit einiger Zeit die andere Seite des Atlantiks von der Mentalität der neuen Oberklasse der »Bourgeois Bohemians« (David Brooks) zu vermelden hat: Geschäftlich ein Killer, aber sonst immer gut drauf. Es ist keine deutsche Miesmacherei, wenn man dieses Wunschbild einer neidlosen Marktgesellschaft allein schon deshalb für trügerisch hält, weil sich in ihm doch nur verrät, wie stark der Liberalismus selber heute seinen eigenen Leidenschaften misstraut. In dieser Hinsicht hat das deutsche Drama um den Neid dann vielleicht doch etwas Gutes, weil es das Bewusstsein für die Tücken des Begehrens wach hält.

Anmerkung

1 Vgl. hierzu meinen Aufsatz »Blanker Neid, blinde Wut? Sozialstruktur und kollektive Gefühle«, in: Sighard Neckel, *Die Macht der Unterscheidung. Essays zur Kultursoziologie der modernen Gesellschaft,* Frankfurt/M. 2000, S. 110–130.

Walter Wüllenweber
Wo sozial draufsteht, ist oft unsozial drin

Zu Beginn etwas völlig Unsoziales: In Neu-Delhi besitzt der Softwaredienstleiter NIIT einen repräsentativen Bürokomplex. Hier scheffeln die Mitglieder der Kaste mit den meisten Privilegien – die Computer-Experten – ihre Millionen. Die nächsten Nachbarn dieser Dollar-Fabrik sind die Bewohner des Kalkaji-Slums. Eine stinkende Ansammlung von Hütten aus Blech und Plastiktüten. Kein Wasser, keine Kanalisation, keine Schule. Eine Mauer trennt Sieger und Verlierer.

Irgendwann hatte Sugata Mitra, einer der Direktoren von NIIT, die Idee, in die Wand zwischen den Welten ein Loch zu hauen und ein Internet-Terminal hineinzumauern. Eine Computer-Maus wurde noch hindurchgeschoben und die Leitung zum World-Wide-Web angestöpselt. Jetzt hatten auch die Ärmsten der Armen einen Internet-Anschluss. Wozu brauchen die sowas? Direktor Mitra hätte dem Slum eine Wasserleitung spendieren können, oder eine regelmäßige Armenspeisung. Doch er entschied sich für einen Menschenversuch: Wir werfen ihnen ein Spielzeug in den Käfig und schauen zu, was sie machen – der blanke Zynismus.

Den Kindern im Slum war das egal. Niemand hatte ihnen je erklärt, was ein Computer ist oder das Internet, wie man die Maus bedient und was diese komischen Zeichen bedeuten sollen. Die allermeisten Kinder sprachen nur Hindi, konnten nicht lesen, schon gar nicht lateinische Schriftzeichen. Trotzdem spielten sie ausgiebig mit dem neuen Spielzeug. Nach wenigen Wochen fanden sich die Kinder, die oft nicht einmal einen anderen Stadtteil Neu-Delhis kannten, problemlos im weltweiten Netz zurecht. Sie luden sich Musikdateien von indischen Kinofilmen herunter, spielten stundenlang die neuesten Computerspiele bei Disney.com und entdeckten schließlich bei Microsoft ein Malprogramm – wahrer Luxus für Kinder, deren Eltern sich weder Papier noch Stifte leisten können.

Bald wurde Direktor Mitra die unerwartete Bedeutung seines Experiments klar: Ohne großen Aufwand waren seine Nachbarn plötzlich keine Computer-Analphabeten mehr. Mit den richtigen Programmen könnte der PC den Kindern sogar Lesen und Schreiben beibringen. Und das Ganze für wenig Geld. Mitra rechnete aus, dass man mit einer Investition von kaum zwei Milliarden Dollar innerhalb von fünf Jahren rund 100 Millionen indische Slum-Kinder auf diese Weise ausbilden könnte. Die Lebenschancen einer gesamten Generation würden sich dramatisch verbessern. »Das könnte einen irreversiblen sozialen Wandel in Indien bewirken«, glaubt Sugata Mitra. In den vergangenen Monaten sind in den Slums anderer indischer Großstädte bereits Internet-Terminals installiert worden, mit ähnlichen Ergebnissen. Inzwischen wurde Sugata Mitra von dem renommierten englischen »Institute for Social Inventions« für sein Projekt ausgezeichnet. Aus einem zynischen Menschenversuch ist ein Stück Hoffnung geworden.

Jetzt etwa Soziales, ebenfalls aus Indien: Mutter Teresa. Das Denkmal der Barmherzigkeit.

Als ich 1997, wenige Tage nach Mutter Teresas Beisetzung, in Kalkutta war, sagten viele Inder, die Verehrung der westlichen Welt für den »Engel der Armen« sei maßlos übertrieben. Den Ärmsten der Armen in Kalkuttas Slums habe sie ihre mildtätigen Hilfsleistungen allenfalls in homöopathischen Dosen verabreicht. Wenn überhaupt. Das war der Beginn einer fast einjährigen Recherche.

Tatsächlich stellte sich heraus, dass in Kalkutta über 200 nationale und internationale Hilfsorganisationen arbeiten. Mutter Teresas Orden, die »Missionarinnen der Nächstenliebe«, unterscheidet sich in drei Eigenschaften von allen anderen: Sie sind die einzige wirklich bekannte Organisation, sie haben mit Abstand das meiste Geld, und sie leisten mit Abstand am wenigsten Hilfe. In Kalkutta betreiben sie eine einzige humanitäre Einrichtung: das berühmte Sterbehaus. Die Lebenden gehen meist leer aus.

»Das schönste Geschenk für den Menschen ist, dass er am Leiden Christi teilnehmen kann«, sagte Mutter Teresa. Darum herrschen im Sterbehaus schockierende hygienische und medizinische Bedingungen. Die Zeitung *Guardian* beschreibt das Hospiz als »organisierte Form unterlassener Hilfeleistung«. Der englische Arzt Jack Preger, der einst ehrenamtlich im Sterbehaus gearbeitet hat, sagt: »Viele der Sterbenden dort müssten im medizinischen Sinn nicht sterben. Und, mein Gott, es handelt sich schließlich um den reichsten Orden der Welt.«

Wie reich der Orden genau ist, weiß niemand. Eine Ahnung davon vermittelt das Haus »Heiliger Geist«, die Niederlassung in der New Yorker Bronx. Susan Schields diente dem Orden dort insgesamt neuneinhalb Jahre als Schwester Virgin, bevor sie die Schwesterntracht auszog. »Wegen der unerträglichen Lügen. Wir haben uns ja kaum um die Armen in der Bronx gekümmert, sondern verbrachten einen großen Teil der Tage damit, Schecks zu bearbeiten. Die Post brachte die Briefe säckeweise. 50 000-Dollar-Schecks waren keine Seltenheit.« So kamen in den meisten Jahren rund 50 Millionen Dollar zusammen. In einer einzigen Niederlassung. Ohne den Schmuck, der an der Haustüre abgegeben wurde, und ohne die Erbschaften: Autos, Häuser, Villen, Fabriken. 500 solcher Geldsammelstellen unterhält der Hilfskonzern weltweit. Doch die Spender mit den dicksten Geldkoffern hat Mutter Teresa höchstpersönlich in Kalkutta empfangen. Wenn der gesamte übrige Apparat auch nur ebensoviel Geld eingenommen haben sollte wie New York alleine, dann hat das weltweite Mitleid mindestens 100 Millionen Dollar jährlich auf die Konten der Missionarinnen der Nächstenliebe gespült.

Der Orden selbst kann von diesem Reichtum nicht viel ausgeben. Denn erstens ist selbst die geringe Hilfe, die vor Ort mitunter geleistet wird, für die Nonnen kostenlos. Kleidung, Nahrungsmittel oder Medikamente bekommt der Orden zusätzlich zum Geld geschenkt. Wer würde es auch wagen, den »Engeln der Armen« eine Rechnung zu schreiben? Zweitens: Die rund 4000 Schwestern sind zur Armut verpflichtet und müssen sich ihren Lebensunterhalt selbst erbetteln. Und drittens sind sämtliche Immobilien, die der Orden besitzt oder benutzt (z. B. die rund 500 Ordenshäuser weltweit), durchweg Geschenke. Wer in den von Mutter Teresa selbst autorisierten Biografien nachliest, bekommt dort das einfache Prinzip ihrer Haushaltsführung erklärt: Wir sind ein armer Orden und geben kein Geld aus.

Wenn das Geld nicht ausgegeben wird, was ist dann mit dem inzwischen auf einige Milliarden Dollar angeschwollenen Spendenberg passiert? In England, dem einzigen Land, in dem die Schwestern den Behörden einen Blick in die Bücher gewähren, überweisen die Oberinnen am Jahresende stets über 90 Prozent der Einnahmen nach Rom auf das Konto des Ordens bei der Vatikanbank. Dort verliert sich die Spur des Schatzes. Was auf der Vatikanbank, der Hausbank der Mafia, passiert, ist so geheim, dass selbst der liebe Gott es nicht wissen darf. Susan Schields, die ehemalige Nonne aus New York, war jahrelang für die Kontoführung zuständig. Am Ende jeden Jahres wurde auch sie angewiesen, die ganzen Millionen auf ein Konto in Rom zu überweisen. »Das Geld wird nicht missbraucht. Es wird einfach überhaupt nicht gebraucht«, sagt sie.

100 Millionen Dollar jährlich, das ist ungefähr dreimal soviel, wie das Kinderhilfswerk Unicef in Indien ausgeben kann. Mit so viel Geld hätte man Waisenhäuser bauen können und Schulen im großen Stil. Man hätte die Armut an vielen Stellen wirksam und nachhaltig bekämpfen können. Doch die heiligste Figur des letzten Jahrhunderts hat diese Hilfeleistung

unterlassen. Der Computerunternehmer Sugata Mitra hat ohne einen Gedanken an Barmherzigkeit eines der engagiertesten und effektivsten sozialen Projekte initiiert. Im Gegensatz dazu blieb das Wirken des personifizierten Sozialen ohne jeden sozialen Effekt. Unter dem Strich bleibt als Ergebnis der guten Vorsätze nur der wohl ertragreichste Ablasshandel in der Geschichte des Christentums und ein gigantischer Schwindel an den Ärmsten der Armen. Und es bleibt eine Lehre: Je dicker irgendwo sozial draufsteht, umso weniger davon ist meistens drin.

Was sind schon zwei Beispiele, könnte man jetzt einwenden, und dann auch noch aus Indien. Doch die goldene Regel ist auch in der westlichen Welt gültig, ganz besonders in Deutschland. Hier ist aus der Hilfe ein regelrechter Wirtschaftszweig geworden, eine boomende Branche. Geholfen wird Alten und Jungen, Kranken und Gesunden, Workaholics und Arbeitslosen, Tätern und Opfern, Alkoholikern, Junkies, Sexsüchtigen und Impotenten und natürlich Tieren. Jeder ist ein potentieller Kunde der Hilfsindustrie. Viele sind schon Stammkunden oder Mehrfachkunden. Ein riesiger Markt.

Eines hat die hiesige Hilfsindustrie mit dem Geschäft von Mutter Teresa gemein: Es gibt keine Kontrolle. Wie bei der Heiligen aus Kalkutta wird die Sicht auf die Wirklichkeit vom Sozial-Logo verdeckt. Dabei findet die Kontrolle nicht nur nicht statt, es kann sie gar nicht geben. Aus Prinzip nicht. Denn in der Welt des Sozialen existieren keine Standards, keine Qualitätskriterien, nichts, wodurch man Erfolg von Misserfolg unterscheiden könnte. Wie in keinem anderen Bereich gehört es zum Selbstverständnis sozial Tätiger, dass ihre Arbeit nicht bewertbar ist, vor allem nicht von außen. Soziales Arbeiten an sich löst häufig einen Respekt-Reflex aus, der alle Fragen unanständig erscheinen lässt. Jedes Infragestellen gilt als aggressiver Eingriff in die inneren Angelegenheiten des sozialen Hoheitsgebiets. Das Soziale wird zu einem raffinierten Ablenkungsmanöver, einer perfekten Tarnung, einer Nebelkerze.

Nehmen wir die Sozialarbeiter, die die Drogensüchtigen rund um den Hamburger Hauptbahnhof betreuen. Da toben sich die unterschiedlichsten Helfer mit teilweise gegensätzlichen Methoden aus. Die Vertreter verfeindeter Hilfs-Schulen haben nicht einmal ein gemeinsames Ziel. Nur einige Sozialarbeiter wollen Süchtige von ihrer Sucht befreien. Anderen genügt es, wenn ihre Klienten lernen, mit ihrer Abhängigkeit besser klarzukommen. Wieder andere verteilen warme Mahlzeiten oder beraten die Junkies in Rechtsfragen. Und so mancher Helfer ist sogar schon zufrieden, wenn ein Mensch mit einem Drogenproblem unverbindlich in einer Beratungsstelle vorbeischaut. Im Sortiment der Hilfe ist für jeden

Junkie etwas dabei. Und wenn ein Sozialarbeiter eine neue Marktlücke entdeckt, wird sie bald erschlossen.

Innerhalb der großen Hilfsindustrie ist die Sozialarbeit jene Sparte, die sich den aktuellen Sozial-Moden am konsequentesten unterworfen hat. Weil Sozialarbeiter meist in zeitlich befristeten Projekten arbeiten, müssen sie sich laufend etwas Neues einfallen lassen – das Leid der Zeit. Viele Helferkarrieren begannen in den Siebzigern, als das Buch *Christiane F. – Wir Kinder vom Bahnhof Zoo* Drogenarbeit in die Hitlisten katapultierte. Danach ist so mancher Drogenexperte auf Aids umgestiegen, dann kriminelle Jungs usw. Heute erklären dieselben Personen ihren Klienten in der Schuldnerberatung, wie man mit Geld umgeht – der neueste Trend.

Nur allzu leicht verrutschen den Managern der Fürsorglichkeit die Zielsetzungen. Im Zentrum ihrer Bemühungen steht dann nicht mehr die Not der angeblich Hilfsbedürftigen, sondern die wirtschaftliche Existenz der Helfer. Das eigene Projekt sichern, den Arbeitsplatz erhalten, das sind durchaus verständliche Motive. Doch muss die Allgemeinheit dafür zahlen? Und birgt nicht die Abhängigkeit des Sozialarbeiters vom Fortbestehen eines Missstandes die Gefahr, dass er diesen Missstand gar nicht wirksam bekämpft, weil er damit auch seine Existenzberechtigung beseitigen würde?

Die Wende 1989 bedeutete einen enormen Aufschwung für die Sozialindustrie. Die cleversten Helfer sind in den Osten gegangen. Wie in vielen anderen Branchen war dort auch im Sozialgeschäft die schnellste Mark zu machen. Im Kampf gegen den Rechtsextremismus beispielsweise. Zu Beginn der neunziger Jahre erfand die damalige Jugendministerin Angela Merkel das »Aktionsprogramm gegen Aggression und Gewalt« (AGAG). In vielen ostdeutschen Städten entstanden Jugendclubs speziell für rechte Schläger. Damals war gerade die »akzeptierende Sozialarbeit« in Mode. Eine AGAG-Mitarbeiterin im Brandenburgischen Schwedt erklärte mir, dass sie die Polizei selbstverständlich nicht informieren könne, wenn ihre kahlköpfigen Schützlinge mal wieder einen Angriff auf ein Flüchtlingsheim planten. Das widerspreche der angewandten Methode. Methodisch einwandfrei war es hingegen, ihren wildesten Schläger zuerst ins Kino und danach zum Essen einzuladen, damit er sich beruhige. Er hatte nämlich an jenem Tag einen als links eingeordneten Lehrer intensivstationsreif getreten.

Ein Ergebnis der aufwendigen und teuren AGAG-Therapie in Ostdeutschland war, dass die Neonazis die AGAG-Clubs gezielt nutzten, um Nachwuchs zu rekrutieren. Sie wurden zu braunen Zentren. Heute dominiert die rechte Szene überall dort die Jugendkultur, wo früher AGAG-

Sozialarbeiter am Werk waren, insbesondere in den Nazi-Hochburgen in Brandenburg und Sachsen-Anhalt. Mitunter nützt das Soziale nicht nur nichts, es schadet.

Dieses Ergebnis ist auch bei einem der weltweit umfangreichsten sozialen Experimente überhaupt zu verzeichnen: Arbeitsbeschaffung in Ostdeutschland, ABM. Rein rechnerisch wurde inzwischen jeder einzelne ostdeutsche Erwerbsfähige mindestens einmal in einer »Maßnahme« vom Arbeitsamt beschäftigt. Arbeit statt Arbeitslosigkeit zu finanzieren, das hört sich eigentlich sinnvoll an. Da auf ABM jedoch das Sozial-Logo klebt, scheint allen Beteiligten eine Kontrolle unangebracht, mit der Folge, dass bis heute niemand weiß, wieviel ABM im Osten gekostet hat. Experten schätzen die öffentlichen Aufwendungen auf bislang 100 bis 200 Milliarden Mark. Eine ziemlich grobe Schätzung der Ausgaben, doch geradezu präzise im Vergleich zu dem, was man über den Nutzen weiß. Jahrelang hat es niemanden interessiert, wie viele der geförderten Arbeitslosen nach ihrer Maßnahme einen Job gefunden haben. Als der Direktor des Arbeitsamtes in Magdeburg 1999 nachzählen ließ, kam man nur auf sieben Prozent. Für 93 Prozent war der ganze Aufwand nur vergebliche Mühe und enttäuschte Hoffnung. Nicht nur das: Das Zentrum für Europäische Wirtschaftsforschung (ZEW) ermittelte gar in einer Vergleichsstudie, dass Arbeitslose, die keine ABM-Stelle hatten, viel leichter einen Job fanden. ABM, Arbeiten bis Mittag, wer das einmal mitgemacht hat, gilt bei vielen Arbeitgebern als verdorben und wird nicht eingestellt.

Doch schlimmer als die Wirkungslosigkeit ist die gut gemeinte Demütigung. Im ehemaligen Chemiekombinat Walter Ulbricht in Leuna beobachtete ich eine ABM-Brigade, zum Teil promovierte Chemiker kurz vor dem Vorruhestand. Ihre Aufgabe war es, verrottete Rohrleitungen abzureißen, und zwar mit Werkzeugen aus dem Obi-Markt. Mit Handsägen murksten sie an armdicken Eisenstücken herum. An derselben Leitung, nur hundert Meter weiter, rupfte ein kraftstrotzender Bagger die Rohre mit einer gigantischen Hydraulikschere an seinem langen Arm auseinander. Die Wochenleistung von 30 ABMlern erledigte der Profi nebenan vor der Frühstückspause. Und die Arbeitslosen mussten noch dankbar sein für die Gnade dieser nutzlosen, demütigenden Beschäftigung.

Der arbeitslose Ökonom Fritz-Jörg Wahrenburg aus Genthin in Sachsen-Anhalt sollte in seiner ABM Großtrappen beobachten, seltene Vögel. Nur beobachten, sonst nichts. Ein Jahr lang. Und nicht allein, sondern zu viert. Erschwert wurde die Aufgabe durch den Umstand, dass sich die Trappen nur sehr selten auf der zu beobachtenden Wiese aufhielten. Sie stammten aus einer 30 Kilometer entfernten Trappenaufzuchtstation, wo sie auch regelmäßig gefüttert wurden. Als Wahrenburg sich weigerte, den

Kursbuch

Die nächsten Themen:

Liebesordnungen *Heft 144 / Juni 2001*

Elisabeth Beck-Gernsheim, Aller Herren Länder Ehen / *Manfred Schneider*, Gegenmodelle der bürgerlichen Ehe / *Hans Pleschinski*, Die Schwulenehe / *Elke Schmitter*, Techniken des Seitensprungs I / *Hannes Stein*, Techniken des Seitensprungs II / *Elisabeth von Thadden*, Was auf Erden möglich ist. Chancen und Krisen des Paarlebens / *Ina Hartwig*, Eine Liebe fürs Leben / *Hans-Georg Behr*, Die Zweckehe / *Eva Demski*, Pas de deux. Eine Revue / *Christian Bommarius*, Vom Ehevertrag zur Ehescheidung. Eine Kostenrechnung / *Jo Reichertz*, Die neue Pracht beim Standesamt / *Angelika Tramitz*, Die Traumfrau, der Traummann / *Hanne Tügel*, Die Paarbildung in der Natur – und in der Zivilisation / *Keto von Waberer*, Klatschgeschichten: Was wir über fremde Betten wissen wollen / *Manuela Reichart*, Der Schritt vom Wege. Ehebruch in der Literartur und anderswo

Der laufende Schwachsinn *Heft 145 / September 2001*

Es gibt ein Phänomen, das für ein autoritäres politisches System förderlich sein mag, für eine Demokratie aber ein Skandalon darstellt: der Schwachsinn so vieler «mündiger» Bürger. Schreit er nicht zum Himmel? Nein, er wird hingenommen, ignoriert, gefördert. In der Antike wusste man noch, dass eine radikale, wir würden sagen: eine Basisdemokratie schnell ins politische Chaos und dann in eine Tyrannis umkippt. Die modernen Politologen vertrauen auf die Repräsentation. Tatsächlich ließe sich die Existenz der Parteien dadurch rechtfertigen, dass sie viel Dummheit absorbieren und neutralisieren. Gefährlich aber wird der Bürgerschwachsinn im Falle der Politikverdrossenheit. Dann schlägt die Stunde der «Radikalen», was zur Folge hat, dass sich die herrschende Meinung dem Schwachsinn anbiedern muss.

Das Kursbuch, begründet von Hans Magnus Enzensberger. Herausgegeben von Karl Markus Michel, Ingrid Karsunke und Tilman Spengler.

Adresse:

____

____

____

Widerrufsgarantie:
Diese Bestellung kann ich innerhalb von zehn Tagen bei Rowohlt·Berlin, Postfach 02 12 16, 10123 Berlin widerrufen. Zur Wahrung der Frist gehört die rechtzeitige Absendung (Datum des Poststempels).

An
Rowohlt · Berlin
Postfach 02 12 16
10123 Berlin

____

Datum / Unterschrift

Unsinn mitzumachen, bot man ihm als Alternative an, in der Bibliothek ein Buch über Friedrich den Großen abzuschreiben. Von Hand. Er weigerte sich, aber andere haben es gemacht. Schließlich saß Wahrenburg seine Zeit in einem Büro ab, mit der Anweisung, nur ja nichts anzufassen.

In Burg, der Nachbarstadt der Trappenstadt Genthin, besuchte ich die Kleiderkammer des Roten Kreuz. 28 ältere Frauen hat das Arbeitsamt hier auf ABM-Plätzen geparkt, bevor sie in Rente dürfen. Sie waschen, flicken und falten die Klamotten mit großer Hingabe. Doch oft kommt wochenlang kein Bedürftiger, um sich neu einzukleiden. Bald ist die Kleiderkammer so voll, dass alles abgeholt werden muss. Das DRK lässt 90 Prozent aller Altkleider zu Lumpen verarbeiten. Die Frauen wissen, dass sie die Kleider nur ausbessern, damit sie wenig später zerfetzt werden. Sie zucken mit den Schultern, nennen ihre ABM »Sozialismus mit Westgeld« und erinnern an das alte DDR-Sprichwort: Wir bauen auf, wir reißen nieder, Arbeit haben wir immer wieder.

Diese Demütigungen sind nicht die berühmten Ausnahmen von der Regel. Ein sinnvoller Einsatz von ABM-Kräften ist nämlich verboten. Gesetzlich. Die Arbeitsämter dürfen nur fördern, was keine Pflichtaufgabe des Staates ist. »Zusätzlich« lautet der Fachbegriff, überflüssig ist es in der Realität. Das Gesetz soll den ersten Arbeitsmarkt vor dem zweiten schützen. Gut gemeint. In den neuen Ländern sind aber die meisten Kommunen kaum in der Lage, ihre Pflichtaufgaben zu erfüllen. Für das Zusätzliche ist jedoch Geld im Überfluss vorhanden, denn das zahlt das Arbeitsamt. Pflicht ist beispielsweise der Busverkehr. Zusätzlich sind Buswartehäuschen. In manchen ostdeutschen Dörfern haben ABMler schicke Buswartehäuschen gebaut, die berühmten »So da Häuschen«. Sie stehen nur so da. Denn der Bus musste wegen Finanzknappheit eingespart werden.

Gerne finanzieren die Arbeitsämter den Bau von Streichelzoos als ABM. Die sind sowas von zusätzlich. Legionen erwachsener Arbeitsloser hüten Ziegen, Schafe und Hängebauchschweine, die in jeden guten Streichelzoo gehören. So verzeichnet Ostdeutschland inzwischen die höchste Hängebauchschweindichte auf dem Globus. Nach Vietnam natürlich, denn von dort werden sie alle eingeführt.

In Regionen mit sportlichen Arbeitsamtsdirektoren haben sich die Arbeitsverwaltungen oft auf den Radwegebau spezialisiert. So mancher Landkreis verfügt inzwischen über mehr Kilometer Radwanderwege als über Straßenkilometer. Aber leider werden die Radwege viel zu selten befahren, und das Gras wuchert darüber. Das führt nun zu einer neuen ABM: Erhaltung der unnützen Radwege. Für die Nachwelt. Vermutlich als Mahnmal für die Folgen sozial motivierten Unsinns.

Und wer profitiert davon? Die Beschäftigungsgesellschaften. Sie haben sich flächendeckend über den ganzen Osten ausgebreitet, um das planwirtschaftliche Programm zu erfüllen. Geschäftsführer sind oft westdeutsche Sozialarbeiter. Sie sind die Stars der legalen Bereicherung. Eine ihrer simpelsten Methoden ist die Rüttlermethode: Man beantragt beim Arbeitsamt den Bau, sagen wir eines gepflasterten Rastplatzes am nahen Radwanderweg. Dazu braucht man neben ABMlern einen Rüttler, um den Boden festzurütteln. Den kauft das Arbeitsamt. Irgendwann ist der Parkplatz fertig. Was wird jetzt aus dem Rüttler? Die Beschäftigungsgesellschaft gewährt ihm Obdach. Die meisten ABM-Firmen beschäftigen stets einige hundert Menschen in Dutzenden von Projekten. Und schon stehen nach einem Jahr ein paar Laster, Bagger und Rüttler im Schuppen. Damit gründet der Geschäftsführer der Beschäftigungsgesellschaft eine Maschinenverleih GmbH, wofür er zusätzlich Fördergelder als Existenzgründer kassiert. Beim nächsten Parkplatzbau kauft der Geschäftsführer keinen Rüttler, sondern mietet ihn. Bei seiner eigenen Maschinenverleih GmbH. Die Verleihgebühr zahlt ihm das Arbeitsamt. Alles ganz legal.

Aber vielen reichen diese Geschenke noch nicht. Sie müssen zusätzlich klauen. Und darum schuften die Wirtschafts-Staatsanwälte im Osten derzeit wie die Müllmänner nach der Love-Parade. »Der zweite Arbeitsmarkt ist ein Selbstbedienungsladen für ABM-Firmen, die Einladung zum Tanz«, sagt Oberstaatsanwalt Wolfram Klein, in Magdeburg zuständig für Wirtschaftskriminalität. Er spricht von »ungezählten Fällen von Bereicherung«.

Inzwischen sind Beschäftigungsgesellschaften, die Kriegsgewinnler der Massenarbeitslosigkeit, ein bestimmender Faktor der ostdeutschen Wirtschaft geworden. In der Regel sind sie in ihrer Region die jeweils größten »Arbeitgeber«, die Unternehmen mit dem höchsten Umsatz und der größten Macht. Mancherorts haben sich regelrechte ABM-Konzerne entwickelt, undurchsichtige Geflechte aus ABM-Firmen, Subunternehmen und gemeinnützigen Vereinen – vollständig finanziert mit Sozialknete. Zusammen mit dem Arbeitsamt bestimmen diese Beschäftigungskombinate, wer beschäftigt wird und ob das Geld in Radwegen, Parkplätzen, Streichelzoos oder beim Bau eines Einfamilienhäuschens für den ABM-Boss verschwendet wird. Alles im Namen des Sozialen.

Eine Politik, die sich aktiv um Arbeitslose kümmert und enorme Summen für ihre Beschäftigung investiert, ist zweifelsohne eine sozial motivierte Politik. Eine Anzahl sehr sozialer Maßnahmen wird aneinandergereiht. Doch das Resultat ist unsozial: Die Chancen jedes einzelnen ABMlers haben sich durch ABM verschlechtert. Die Arbeitslosigkeit im Osten ist eher gestiegen als gesunken. Einer der Gründe sind die wahnsinnig hohen Arbeitskosten, deren Anstieg von den ABM-Milliarden mitverursacht wurde. Denn ABM wird aus der Arbeitslosenversicherung finanziert, die komplett von Arbeitgebern und Arbeitnehmern erwirtschaftet werden muss. Bis zu zwei Prozent der gesamten Arbeitskosten gehen allein für ABM drauf – eine gigantische Größenordnung, wenn man bedenkt, dass es bei Tarifverhandlungen oder Regierungskrisen stets um Prozentbeträge hinter dem Komma geht. Und neben der finanziellen Abhängigkeit hat das Projekt ABM im Osten zusätzlich eine mentale Abhängigkeit von Unterstützung gefördert. Die Neigung, selbst aktiv zu werden, nahm sichtbar ab.

Das exakte Gegenstück zum ostdeutschen Modell habe ich in Großbritannien gefunden, genauer gesagt in Wales. In den achtziger Jahren war Wales eines der Sorgenkinder nicht nur Großbritanniens, sondern der gesamten EU. Zu einer Zeit als in Deutschland weniger als vier Prozent keinen Job hatten, waren es in Wales über 15 Prozent. Im Land gab es Bergbau, Stahlindustrie und Schiffsbau – das volle Programm der Subventionsgräber. Dann kam Margret Thatcher – »the butcher« – und schlachtete die walisische Wirtschaft. Wenige Jahre später gab es in Wales weder Bergbau noch Stahlindustrie oder Schiffsbau in nennenswertem Umfang. Doch schon Ende der neunziger Jahre lag die Arbeitslosigkeit unter sechs Prozent, bei Frauen sogar unter drei Prozent. Niedrige Löhne lockten Investoren aus der ganzen Welt an, die auf der Suche nach einem Produktionsstandort in der EU waren und in Wales vor allem Elektronik-Fabriken bauten. Soziale Beweggründe dürfen Margret Thatcher nicht unterstellt werden. Ihr Programm war Kapitalismus pur. Doch das Ergebnis ist für die allermeisten ein viel erstrebenswerteres als die ergebnisarme deutsche Sozialpolitik.

Für die allermeisten, aber nicht für alle. Für Robert Edwards, den 52-Jährigen aus dem Bergwerksstädtchen Cwm (gesprochen Kum), waren die Veränderungen ziemlich grausam. Früher war er Kohlehauer, ein geachteter Mann mit einem ordentlichen Einkommen. Als die Zeche in Cwm geschlossen wurde, war er Mitte 40 und gehörte zur »lost generation«. Die Alten gingen in den Vorruhestand, die Jungen fanden Jobs und Zukunft in den staubfreien High-Tech-Fabriken. Edward musste sehen, wo er bleibt.

Läge Cwm nicht in Wales, sondern in der Bundesrepublik, die Geschichte von Robert Edwards erzählte sich wie folgt: Arbeitslosengeld, Arbeitslosenhilfe, vielleicht eine ABM und irgendwann Sozialhilfe – die angeblich unvermeidliche Spirale nach unten. Doch der ehemalige Hauer wurde kein Sozialfall. »Wer arbeiten kann, muss arbeiten«, sagt Edwards. Aber was für Arbeit: Er ist Chef eines Ein-Mann-Unternehmens, ein

Tagelöhner ohne feste Anstellung. Früher langte eine 40-Stunden-Woche für 4000 Mark im Monat. Heute kann Edwards froh sein, wenn er auf 2000 kommt, und muss dafür nicht selten 60 Stunden schuften.

An Männern wie Edwards zeigt sich der Unterschied zwischen dem System Großbritanniens und dem deutschen. Die Briten produzieren »working poor«, Menschen, die arbeiten und dennoch auf keinen grünen Zweig kommen. In Deutschland sind Männer wie Edwards auch arm, nur arbeiten sie nicht, sondern leben vom Wohlfahrtsstaat – »non-working poor«.

Was ist sozialer? Schuften ohne anständigen Lohn oder auf Kosten der Gemeinschaft leben? Edwards hat sich entschieden: »Wenn du nicht arbeitest, den ganzen Tag auf den Wohlfahrtsscheck wartest, dann verblödest du nur und verlierst deine Selbstachtung. Und außerdem: Wer sollte das denn bezahlen? Würde ich nicht arbeiten, müssten meine Kinder bezahlen.« Entweder direkt oder durch höhere Steuern und Abgaben. Und die hätten das walisische Wirtschaftswunder sofort im Keim erstickt. Sozial ist nicht ausschließlich die Verantwortung der Allgemeinheit für den Einzelnen, sondern auch die des Einzelnen für die Allgemeinheit. Inzwischen ist die Arbeitslosigkeit in Wales so gering, dass die Löhne langsam wieder steigen.

Über Menschen wie Robert Edwards kann Ernst aus Solingen nur lachen. »Wollen Sie nicht mal über Deutschlands längsten Arbeitslosen schreiben?«, hatte er vorgeschlagen, als er mich letzten Sommer anrief. Einzige Bedingung: Er wollte nur bei seinem Vornamen genannt werden. »Mit dem Namen muss ich Rücksicht auf meine Mutter nehmen. Die ist in Solingen sehr bekannt.«

Ernst ist 47 Jahre alt und seit 20 Jahren arbeitslos. Er ist gesund, intelligent, hat eine sportliche Figur – und Ernst ist stolz auf seine Leistung: ein ehrgeiziger Arbeitsloser. Jeder will ein Champion sein, etwas Besonderes. Ernst versucht mit dem zu glänzen, was er am besten kann: das Arbeitsamt zum Narren halten. Doch der Titel »Deutschlands längster Arbeitsloser« gebührt ihm nicht. So einen wie Ernst gibt es auf jedem Arbeitsamt. Ein paar tausend haben sogar schon ihr 30-jähriges Jubiläum gefeiert.

Deutschland ist einer der wenigen Sozialstaaten, der Arbeitslosen zeitlich unbegrenzt Arbeitslosenhilfe gewährt. Solange das Arbeitsamt einem nicht nachweist, dass man dem Arbeitsmarkt nicht zur Verfügung steht, muss es zahlen. Und einer wie Ernst lässt sich sowas nicht nachweisen.

»Ich bin kein Drückeberger. Schließlich ist die Massenarbeitslosigkeit ein politisches Problem.« Für Ernst begann das politische Problem in den siebziger Jahren. Er hatte seine Lehre als Konditor abgeschlossen. Da bekam er eine Mehlallergie. Arbeitslosigkeit und diverse Jobs wechselten einander ab. Eine Stelle bei Horten in Düsseldorf kündigte er nach einem Monat, weil er den täglichen Verkehrsstau nicht ertragen konnte. Seitdem ist er nonstop arbeitslos gemeldet. »In den achtziger Jahren habe ich dann viel schwarz gemacht, bei einem Maler. Eine schöne Zeit. Viel Freizeit, Geld vom Arbeitsamt und nebenbei brutto für netto. Heute kann ich das ja zugeben. Ist doch verjährt.« Nach so langer Arbeitsverweigerung kennt Ernst sich aus mit den Gesetzen. Gelernt ist gelernt.

Selbst sucht Ernst nicht nach Arbeit. »Das ist Sache des Arbeitsamtes.« Eigentlich müsste er inzwischen jedes Angebot annehmen. Die Arbeitsvermittler schicken ihm auch beinah täglich Vorschläge, denn Hilfsarbeiter sind in Deutschland fast so knapp wie Softwareentwickler. Doch Ernst lehnt immer ab. »Da halte ich mit meinen ärztlichen Attesten dagegen.« Obwohl Ernst sich also häufig krank fühlt, vertraut er seine Gesundheit keinem Hausarzt an, sondern wechselt ständig die Atteste-schreiber. Für einen solchen Freibrief ist er sogar schon mal von Solingen bis nach Starnberg gereist. »Die Adresse war ein absoluter Geheimtip.«

Neulich bot man ihm eine Stelle als Arbeiter im Solinger Stadtwald an. »Schimmelpilzallergie, da können sie nichts machen.« Danach sollte er zu einer einmonatigen Trainings- und Testmaßnahme. Sie wurde speziell für Leute wie ihn entwickelt und soll die Längstarbeitslosen an das geregelte Leben in der Erwerbswelt heranführen. »Den ganzen Tag im Seminarraum sitzen. Da habe ich Obstipation, also Verstopfung. Das Attest ist schon ein paar Jahre alt. Umso besser, denn jetzt versuchen die natürlich erst einmal, das Attest anzufechten. Damit sind die ein paar Monate beschäftigt. Dann ist die Maßnahme längst vorbei.«

Zeit schinden ist eine der besonders wirkungsvollen Methoden, die Ernst gerne anwendet. Am liebsten mit gerichtlicher Hilfe. Egal, was das Arbeitsamt in seinem Fall entscheidet, ob für oder gegen ihn, Ernst klagt vor Gericht dagegen. Bis zur Verhandlung vergehen meist Monate. In dieser Zeit muss sich das Arbeitsamt im Fall Ernst mit Aktivitäten zurückhalten. Die Behörde ist lahmgelegt. Wenn dann alle Beteiligten endlich vor dem Richter stehen, zieht Ernst die Klage einfach zurück. Ein Risiko geht er dabei nicht ein. Seine Rechtsanwälte und Gerichtskosten werden jedes Mal von der Prozesskostenhilfe bezahlt. In den vergangenen zwei Jahrzehnten hat Ernst über 30 Prozesse gegen das Arbeitsamt geführt. Meistens wird er dabei von einem Solinger Anwalt vertreten, der sich auf Sozialrecht spezialisiert hat und vorwiegend Leute wie Ernst vertritt.

Klingt alles nach: Lustig ist das Arbeitslosenleben. Aber die Erfolge seiner Karriere haben Ernst nicht glücklich gemacht. Seit einigen Jahren nervt ihn sein Zustand und behindert ihn, zum Beispiel bei der Suche nach einer Partnerin. In Kneipen lernt er ab und zu nette Frauen kennen. Ernst labert sie zu. Sie sind beeindruckt von seinem Redeschwall. Irgendwann fragen sie dann, was er mache, beruflich und so. Wenn er dann »arbeitslos« und »seit 20 Jahren« sagt, »dann sehe ich von denen nur noch die Kondensstreifen. Früher war unsere Gesellschaft offener für Arbeitslose. Da hat sich in den letzten Jahren was verändert. Zum Schlechten.«

In den letzten Monaten hat Ernst oft an einen Ausstieg aus dem Ausstieg gedacht. Aber zu spät: »Wenn ich jetzt wirklich versuche, eine Arbeit zu bekommen, wer nimmt mich denn noch?« So sieht ein vergeudetes Leben aus. Doch Ernst wäre nicht Ernst, wenn es nicht auch dafür einen Schuldigen gäbe: »Das Arbeitsamt hat mich um mein berufliches Leben betrogen.«

Ernst ist das Produkt eines antiautoritären Sozialstaats, der immer nur gibt, nie etwas verlangt und schon gar keinen Zwang ausübt. Und ebenso wie antiautoritär erzogene Kinder, die ihren Eltern später vorwerfen, dass man ihnen keine Grenzen gezeigt hat, beschwert sich Ernst heute über zu viel Verständnis und zu geringe Strenge des Systems. Statt Verantwortung zu übernehmen und Ernst einfach den Geldhahn zuzudrehen, hat das Arbeitsamt Jahrzehnte lang lieber gezahlt. Aber Arbeitslosengeld allein macht nicht glücklich.

Im Fernsehen hat Ernst einen Beitrag über das Sozialwesen in den USA gesehen. Dort gewährt man Arbeitslosen maximal ein halbes Jahr Unterstützung – keine Schlupflöcher und kein Erbarmen. Ein brutales System, nach Maßstäben der deutschen Sozial-Ideologie ein Verbrechen. »Für mich wäre das ein Segen gewesen«, sagt Ernst. Das würde ja bedeuten, das unsoziale System wäre für ihn die sozialere Lösung gewesen. »Klar. Dann hätte ich nach ein paar Wochen Arbeitslosigkeit leicht wieder Arbeit gehabt. Und wäre heute ein glücklicher Mensch.«

Wolfgang Kersting

Kritik der Verteilungsgerechtigkeit

Die Sozialstaatsphilosophie der Gegenwart hat nahezu ohne Ausnahme das Gleichheitsprinzip zum bethlehemitischen Leitstern erkoren. Das, was einem jeden zusteht, was jede Person als das Ihrige moralisch-menschenrechtlich beanspruchen darf, ist nichts weniger als das Gleiche. Der Egalitarismus ist davon überzeugt, dass sich die moralische Gleichheit der Menschen in allen gesellschaftlichen Verteilungsdimensionen spiegeln muss: Weder reiche es, für Rechtsgleichheit durch rechtsstaatliche und demokratische Institutionen zu sorgen, noch dürfe sich die Politik mit einer Chancengleichheitsgarantie durch die diskriminierungsfreie Bereitstellung lebenskarriererelevanter öffentlicher Güter begnügen. Der unverkürzte Respekt vor der moralischen Gleichheit verlange einen Staat, der den Chancengleichheitsformalismus überwindet und sich der Herstellung weitestgehender materialer Gleichheit verschreibt. Daher mag sich der Egalitarist auch nicht mit einem subsidiären Sozialstaat, mit einem System der sozial-staatlichen Abfederung der Versorgungs- und Freiheitsrisiken wie auch immer verursachter ökonomischer Unselbständigkeit, begnügen.

1. Libertäre, Liberale, Egalitaristen

Libertäre favorisieren eine Ordnung der natürlichen Freiheit, eine rechtsstaatlich verfasste kompetitive Marktgesellschaft. Die Verteilung sozio-ökonomischer Positionen folgt ausschließlich dem Prinzip formalrechtlicher Chancengleichheit. Der Umstand, dass Menschen aufgrund unterschiedlicher Naturausstattung und unterschiedlicher Geburts- und Sozialisationsschicksale die ihnen eingeräumten gleichen Chancen keinesfalls in gleich erfolgreicher und gewinnbringender Weise nutzen können, bleibt im System der natürlichen Freiheit außer Betracht.

Liberale begnügen sich hier nicht mit libertärem Achselzucken. Sie wollen faire Chancengleichheit und fordern daher ein öffentliches System von Erziehungs- und Ausbildungsinstitutionen, das Gleichbefähigten und Gleichbegabten gleiche Bildungs-, Entwicklungs- und Berufschancen verschafft, das die soziale Ungleichheit der individuellen Startpositionen kompensiert und alle gesellschaftliche Privilegierung unterläuft. Außerdem bejahen Liberale eine Versorgungsverantwortung der politischen Gemeinschaft gegenüber ihren zur Selbstversorgung unfähigen Mitgliedern.

Für Egalitaristen hingegen ist dieser Liberalismus der kompensatorischen Erziehungseinrichtungen, des diskriminierungsfreien Zugangs zu den Gütern des Marktes, zu Amtsautorität und gesellschaftlicher Funktionsmacht und einer dem Suffizienzprinzip folgenden sozialstaatlichen Versorgung noch nicht hinreichend. Denn die Ordnung fairer Chancengleichheit ist immun gegen die Ungleichheitsauswirkungen der natürlichen Begabungsverteilung und die unterschiedlichen Einflüsse der Familie auf die Entwicklung der Talente und Anlagen. Wir sind für unsere Handlungen verantwortlich, wir sind auch für das verantwortlich, was wir aus uns machen und insofern sind. Wir sind aber nicht für das verantwortlich, was wir zu Beginn unserer Lebenskarriere mit uns, in uns, an uns und um uns vorfinden. Uns bleibt nichts anderes übrig, als uns hinzunehmen. Der eine hat aber nun bei der Lotterie der Natur das große Los gezogen und ist bei der Verteilung der natürlichen Fähigkeiten mit Talent, Begabung und Durchsetzungskraft überreich ausgestattet worden, der andere hat hingegen nur eine Niete erwischt und muss sich sein ganzes Leben lang mit einer überaus ärmlichen Fähigkeitenausstattung abmühen.

Und nicht nur das natürliche Schicksal verteilt die Startbedingungen ungleich; auch das Sozialschicksal ist zu den Menschen nicht fair: Der eine findet in seiner Familie die beste Ausgangssituation vor; einer behüteten Kindheit folgt eine erfolgreiche Karriere; der andere ist zeitlebens von den Narben der sozialen Verwahrlosung gezeichnet und kommt keinen Schritt voran. Diese unverdiente, weil unverantwortete Ungleichheit der Startbedingungen der individuellen Lebenskarrieren ist dem Egalitaristen ein Dorn im Auge. Sie durch ein Arrangement der Verteilungsgerechtigkeit, durch kompensatorische Redistributionen auszugleichen ist sein erklärtes moralisches Ziel. Die Verteilungsgerechtigkeit hat dafür Sorge zu tragen, dass die »Anteile der Menschen an den Früchten und Lasten der gesellschaftlichen Zusammenarbeit nicht durch gesellschaftliche oder natürliche Zufälligkeiten« bestimmt werden.[1]

Das ist eine ungemein starke Forderung. Demokratien sind gleichheitsversessen – wir kennen die scharfsinnigen Bemerkungen Tocquevilles hierzu. Mit der zunehmenden Empfindlichkeit des gesellschaftlichen Moralbewusstseins wächst unsere Diskriminierungsintoleranz. Demokraten sind fortwährend der Ungleichheit und der Verursachung von Ungleichheit auf der Spur und lassen in ihrem Bemühen nicht nach, die gesellschaftliche Ungleichheit auszumerzen. Umstürzende Reformen der Ausbildungssysteme sollten in den sechziger Jahren in der Bundesrepublik die familienbedingte Chancenungleichheit korrigieren und den Kindern die Entscheidung über den Verlauf der eigenen Lebenskarrieren zurückgeben. Die kompensatorische Pädagogik der Demokraten glich einer Befreiungsarmee, die das Begabungspotential der Kinder aus der klassengesellschaftlichen Unterdrückung befreien wollte. Sie zeigte eine beachtliche Konsequenz; sie begnügte sich nicht mit der Errichtung offener Bildungsinstitutionen, sondern marschierte in die Familien selbst ein, verlegte deren Orientierungsentscheidung für die Ausbildungskarrieren der Kinder von der Familie nach außen, in den gesellschaftlich neutralen Raum, und erschuf Orientierungsstufen und Gesamtschulen. Aber aller egalitaristischer Gerechtigkeitsfuror der Demokratie endete doch an den Verteilungslaunen der Natur. Es galt, natürlichen Begabungsausstattungen den Weg zur selbstbestimmten Entwicklung zu ermöglichen; es galt auch, denjenigen, die durch die Natur eklatant benachteiligt waren, gesellschaftliche Solidarität zu zeigen.

Der Gedanke einer moralischen Gerechtigkeitskritik der Natur gehört jedoch nicht zum Standardrepertoire des ansonsten immer empörungsbereiten demokratischen Egalitarismus; und die Radikalität der Konzeption einer die natürliche Fähigkeitenverteilung mit umgreifenden Gerechtigkeitspolitik, einer den sozialen und kulturellen Raum überschreitenden und den Naturbereich einbeziehenden Schicksalskorrektur war dem traditionellen Egalitarismus fremd. Für Rawls und seine egalitaristischen Anhänger ist dieser Gedanke jedoch nur die Frucht gerechtigkeitstheoretischer Folgerichtigkeit. Aus dem Blickwinkel der Verteilungsgerechtigkeit besteht zwischen der gesellschaftlichen Ausgangsungleichheit, die die Individuen um sich vorfinden, und der natürlichen Ausgangsungleichheit, die die Individuen an sich und in sich vorfinden, keinesfalls ein prinzipieller Unterschied; sie sind beide gleichermaßen moralisch skandalös, bedürfen beide eines sozialstaatlichen Ausgleichs durch kompensatorische Umverteilungsmaßnahmen.

2. *Verteilungsgerechtigkeit, Natur und Freiheit*

Die Konzeption der egalitären Verteilungsgerechtigkeit beruht auf einer übertriebenen Interpretation der vertrauten moralischen Intuition, dass distributive Gerechtigkeit etwas mit Verdienst zu tun haben muss. Eine gerechte Verteilung ist eine Verteilung *kat' axian* (der Würdigkeit gemäß). Das Verdienstlichkeitskriterium der Egalitaristen ist die eigene Leistung. Das, was man sich durch eigene Leistung erarbeitet hat, gehört einem, und niemand darf es einem nehmen, auch der Sozialstaat nicht. Das jedoch, was einem zufällt, muss nach Maßgabe allgemeiner Gerechtigkeitsregeln egalitaristisch ausgeglichen werden. Und zu dem, was einem zufällt und nicht selbst erarbeitet worden ist, gehören alle natürlichen und herkunftsbedingten Eigenschaften und Fähigkeiten, Dispositionen und Einstellungen, die wesentlich für Erfolg und Misslingen der Lebenskarriere sind. Der Egalitarismus der Verteilungsgerechtigkeit duldet keinen genetischen und sozialen *windfall profit.* Er verlangt daher wohlfahrtsstaatliches Einschreiten, eine kompensatorische Umverteilungspolitik, die die nichtvorhandene natürliche und soziale Ausgangsgleichheit der individuellen Lebensprojekte nachträglich fingiert und die moralische Verteilungswillkür von Natur und Geschichte bricht. Der amerikanische Rechtsphilosoph Ronald Dworkin hat diese Intuition auf die Formel gebracht, dass eine gerechte gesellschaftliche Verteilungsstruktur zugleich »ambition-sensitive« und »endowment-insensitive« sein müsse.[2] Ein Verteilungssystem ist dann gerecht, wenn es die leistungsverursachte Ungleichheitsproduktion zulässt, die begabungsbegründete Ungleichheit hingegen korrigiert und jedermann mit einem gleich wertvollen Ressourcenbündel, mit einem gleich wertvollen Startpaket ausstattet. Die Gesellschaft des egalitären Liberalismus ist bei Dworkin eine Kompensationsmaschinerie, die durch einen individuell zugeschnittenen negativen oder positiven Ausgleich von natürlichen Benachteiligungen und Begünstigungen den Individuen faire Lebensbedingungen garantieren soll. Der Gerechtigkeitspolitiker übernimmt die Rolle eines Handicappers, der den leichteren Jockeys Bleigewichte in die Taschen schiebt.

Die Doppelforderung nach einem zugleich ›begabungs-unempfindlichen‹ und ›leistungs-empfindlichen‹ Verteilungsmuster ist offenkundig der gerechtigkeitstheoretische Ausdruck des menschlichen Schicksals, selbstbestimmt handeln zu können, aber dabei immer unter vorgegebenen Bedingungen handeln zu müssen. Das Prinzip der Ressourcengleichheit gründet also in einem *Cartesianismus der Verteilungsgerechtigkeit,* dessen Verwirklichung eine umfassende ursachenkompetente Analyse voraussetzt, mit der wir das komplexe Kausalitätsgeflecht unseres Lebens entwirren und die einzelnen Ursachenstränge identifizieren können, um zuverlässig herauszufinden, »welche Faktoren der ökonomischen Position einer Person sich ihrer Entscheidungen verdanken und welche Auswirkungen von Vorteilen und Nachteilen sind, die nicht von ihren Entscheidungen herrühren«[3].

Wie aber sollen die verdienten und unverdienten Anteile am Lebenserfolg ermittelt werden? Wie soll das durch Eigenleistung Erworbene von dem getrennt werden, was sich vorgefundenen günstigen natürlichen und sozialen Anfangsbedingungen verdankt? In der Theorie, sei es der des Cartesius, sei es der kantischen, lässt sich der energetisch-produktive Kern der Subjektivität mühelos von den Einflüssen der natürlichen Umstände trennen, in der Wirklichkeit jedoch kommt man mit diesem simplen subjektivitäts-metaphysischen Dualismus nicht weit. Kein individuelles Entscheidungsprogramm, keine subjektive Präferenzordnung, die nicht auch Spiegel des Sozialisationsmilieus ist, die nicht auch in den vorgegebenen Mustern der natürlichen Umstände wurzelt, die jeder Mensch in Gestalt seiner genetischen und körperlichen Verfassung an und in sich vorfindet. Selbst Stimmungsprofile, optimistische Einstellungen, Durchsetzungsvermögen und das Ausmaß an Risikobereitschaft – alles Leistungsfermente – haben ein Widerlager in der genetischen Identität. Die Auswirkungen der Lotterie der Natur beeinflussen auch das Entscheidungsverhalten und Verhaltensrepertoire der Individuen. Eine trennscharfe Sortierung der illegitimen und legitimen Ungleichheitsursachen ist ebenso unmöglich wie eine genaue Bestimmung des Redistributionsausmaßes.

Der folgende Einwand wiegt aber noch viel schwerer. Die Egalitaristen wollen, dass die Leistung ihren Lohn empfängt – darin zeigt sich ihr liberales Erbe. Sie wollen aber auch die gerechtigkeitstheoretische Neutralisierung aller vorgegebenen Ungleichheiten, die die Subjekte in ihrer unterschiedlichen Natur, in ihren unterschiedlichen sozialen Startpositionen und auch noch während des Verlaufs der Lebenskarrieren vorfinden. Daher müssen sie auf die illusionäre Idee verfallen, einen selbstverantwortlichen abstrakten Persönlichkeitskern aus der Hülle seiner natürlichen und sozialen Vorgegebenheiten herauszuschälen. Alles das, was in dem starken Sinne zufällig ist, dass es auch in anderer Form um uns und in uns vorgefunden werden könnte, wird damit der politisch-egalitären Bewirtschaftung unterstellt, wird zum Gegenstand steuerpolitischer Abschöpfung oder kompensatorischer Zuwendung. Aber wir sperren uns dagegen, dass unsere Begabungen und Fertigkeiten uns nicht zugesprochen werden, und betrachten es als eine Form von Enteignung, wenn sie lediglich als von uns nur treuhänderisch verwaltete Gemeinschaftsressourcen angesehen werden, deren Ertrag gänzlich zur gerechtigkeitsstaatlichen Verteilungsdisposition steht. All das, was die Theorie der Verteilungsgerechtigkeit als natürlich und sozial Zufälliges und Willkürliches der gerechtigkeitspolitischen Egalisierung überantwortet, das macht uns aus, das prägt unseren Charakter, unsere Persönlichkeit, unsere Identität, all das sind wir. Ich kann doch nicht darum einen Anspruch auf staatliche Transferleistungen erheben, weil ich ich bin und kein Anderer, Erfolgreicherer, mit besseren natürlichen und sozialen Startvoraussetzungen Ausgestatteter.

Aber genau das meinen die Egalitaristen; genau darin sehen sie die Aufgabe der Gerechtigkeit: die Verteilungsentscheidungen des Zufalls, des Glücks zu korrigieren, die Verteilungsergebnisse der genetischen Lotterie, die Natur zu berichtigen: »Die Aufgabe der Verteilungsgerechtigkeit ist es, die Individuen für ein ungünstiges Schicksal zu entschädigen. Einige Leute sind mit Glück gesegnet; andere werden vom Unglück verfolgt. Es gehört zur Verantwortung der Gesellschaft, d. h. von uns allen gemeinsam, die Verteilung der Güter und Übel, die den unübersichtlichen Lotterien unseres Lebens entstammen, zu ändern. Die Verteilungsgerechtigkeit verlangt, dass der Glückliche einiges oder alles von dem, was er seinem Glück verdankt, dem Unglücklichen gibt.«[4] Diese Aufgabenbeschreibung hat keine Berührung mehr mit dem Selbstverständnis einer sozialen, sozialstaatlich formierten Marktwirtschaft. Der Egalisierungsetatismus verlangt offenkundig nichts weniger als die individuenadressierte Kompensation eines missgünstigen Natur- und Sozialschicksals. Jeder Unglücksfall, jede Benachteiligung, jedes Pech ruft nach staatlichem Ausgleich, für den die Schicksalsbegünstigten und Glückspilze haftbar gemacht werden.

3. Selbstorganisation des Neides

Der Egalitarismus ruft erhebliche Bedenken hervor, philosophische wie politische.[5] Die politische Realisierung seiner Gerechtigkeitsvorstellungen führt zu einem expansiven Etatismus leviathanischen Ausmaßes, zur administrativen Enteignung des Bürgers. Die Organisationsform, die ihn politisch wirklich werden ließe, müsste dem totalitären Sozialismus zum Verwechseln gleichen. Betrachtet man Menschenbild und Gesellschaftsvorstellung genauer, die dem Egalitarismus unterliegen, dann wähnt man sich in den hobbesschen Naturzustand versetzt, nur dass jetzt die Machtkomparatistik einer Benachteiligungskomparatistik gewichen ist. In beiden Fällen ist es aber eine Welt des immerwährenden Sichvergleichens, des immerwährenden Taxierens, damit eine Welt der Fremdbestimmung, die den Wert der Einzelnen extern, durch die Bilanz allseitiger Positionsvergleiche, festlegt. Soziale Beziehungen und Lebenskarrieren werden von dem Egalitaristen ausschließlich kompetitiv verstanden; alles ist ein Wettrennen egozentrischer Individuen. Und der Gerechtigkeitspolitiker ist der Handicapper, der durch komplementäre Erschwerungs- und Erleichterungsaktionen die unterschiedlichen Startbedingungen nachträglich, während des Rennens, auszugleichen versucht. So setzt sich der kompetitive Kapitalismus, dessen Signatur der hobbessche Naturzustand trägt, im Egalitarismus als strukturbildendes Prinzip fort. Genauso wie der Machtvorsprung dem hobbesschen Menschen handfeste Wettbewerbsvorteile verschafft, bringt der Benachteiligungsvorsprung der Klientel des egalitaristischen Sozialstaates Vorteile im Kampf um die höchsten Ausgleichsquoten.

Und noch in anderer Hinsicht erweist sich der Egalitarismus als Zwillingsbruder des von ihm bekämpften Kapitalismus: beide teilen den ökonomistischen Glauben. So wie für den Kapitalisten alles käuflich ist, sich die ganze komplexe Wirklichkeit auf ökonomische Kategorien reduzieren lässt, so ist für den Egalitaristen alles ökonomisch kompensierbar. So komplex auch immer die unterschiedlichen lebensethischen Ausgangslagen und Verlaufsformen der Individuen sein mögen; alles ist vergleichbar, alle Differenzen sind nach dem Benachteiligungs-/Bevorzugungsalphabet buchstabierbar und daher finanziell ausgleichbar.

Wenn sich staatliches Handeln als individuensensibler Schicksalsausgleich versteht, wird die Dimension des Politischen zerstört. Politik ist nicht mehr Sorge um den Bürger, nicht mehr Diskriminierungsbekämpfung und Sorge um Bürgerlichkeit ermöglichende Umstände. Der Bürger ist in diesem egalitären Gerechtigkeitsstaat längst ausgestorben. Die traditionelle politische Anthropologie erfährt im Egalitarismus eine erstaunliche Neufassung. *Der Egalitarismus ist die politische Theologie der Benachteiligung.* In seiner Welt gibt es nur Bevorzugte und Benachteiligte, Schicksalsbegünstigte und Schicksalsbeladene, sozial Privilegierte und sozial Deprivilegierte. Und jeder Benachteiligte hat die Definitionshoheit über seine Benachteiligung und das kompensationspflichtige Ausgleichsausmaß, ist zur eigenständigen Handhabung des Lebenskarriereabstandsmessers, des Invidiameters, befugt. Damit ruft diese egalisierungsverpflichtete Gesellschaft zur Selbstorganisation des Neides auf. Eine paradoxe Tiefenstruktur des Egalisierungsetatismus wird sichtbar: der Egalitarismus produziert nicht nur Gleichheit, sondern notwendig immer auch ihr Gegenteil; als Ungleichheitskompensation schüttet er fortwährend Prämien für Inegalität aus und erklärt damit die Selbsternennung zum Opfer zur Erfolgsstrategie.

Das hat politisch und moralisch bedenkliche Konsequenzen. Die Selbsternennung zum Opfer verlangt nach einer Dramatisierung der Ungleichheit. Ungleichheitsdramatisierung verträgt sich aber nicht mit einer differenzierten Ungleichheitswahrnehmung. Die *Ungleichheit der Un-*

gleichheiten gerät aus dem Blick, differenzierungsunfähig ebnet der Egalitarist alle Ungleichheitsunterschiede ein. Daher ist der Dramatisierung von Ungleichheit immer die Gefahr der Verharmlosung von Armut, Not und Elend, von Unterdrückung, Ausbeutung und Erniedrigung eingeschrieben. Denn entweder wird der Egalitarist den moralpolitischen Gewinn realisieren wollen, der mit der Verschleifung der internen Ungleichheitsstufen verbunden ist und jede Gleichheitsabweichung, jede vergleichsweise geringere Ressourcenausstattung, jede Benachteiligung mit den moralischen Schreckensfarben der Not und des Elends anmalen, oder er wird Armut, Not und Elend, Unterdrückung, Ausbeutung und Erniedrigung als Fall von Gleichheitsabweichung und als Folge geringerer Ressourcenausstattung verharmlosen und damit politische Ursächlichkeit und Verantwortlichkeit verwischen. In beiden Fällen setzt das egalitaristische Programm moralische Glaubwürdigkeit und politische Ernsthaftigkeit aufs Spiel.

4. Naturkritik und Schicksalsentmachtung

Der Egalitarismus unterschätzt die systematische Reichweite seiner einschlägigen Argumente. Die Rede von der moralischen Willkür natürlicher und sozialer Ausgangsverteilungen, von der Ausgleichsbedürftigkeit ungleicher Begabungsausstattungen ist alles andere als harmlos. In unmäßigem Moralismus verlässt sie den Binnenraum individuellen und gesellschaftlichen Handelns und dehnt moralische Beurteilungs- und Behandlungsweisen auf die Natur aus. Letztlich rückt der Egalitarismus damit den Wohlfahrtsstaat in religiöse Dimensionen. Er entwirft den Verteilungsegalitarismus als gerechtigkeitstheoretische Schöpfungskorrektur. Der seinem Design folgende Wohlfahrtsstaat wird zu einer Art Zweitschöpfung, in der die moralischen Versäumnisse der Begabungsverteilung der Erstschöpfung dadurch korrigiert werden, dass die Begünstigten von den Benachteiligten in Kompensationshaft genommen werden.

Es ist nicht so, dass die menschliche Natur die Politik im allgemeinen und die Gerechtigkeit im besonderen nichts anginge. Natürlich bilden die fundamentalen menschlichen Bedürfnisse den Bezugspunkt allen politischen Handelns. Aber es ist eines, politische Ordnungen zur maximalen Befriedigung allgemeiner menschlicher Grundbedürfnisse zu etablieren und eine kollektive Versorgung einzurichten, um diejenigen, die ihre Grundbedürfnisse nicht durch eigene Leistung befriedigen können, mit dem Nötigsten zu versehen, jedoch ein anderes, Gerechtigkeit als egalitaristisches Revisionsunternehmen für naturgegebene ungleiche Begabungs- und Fähigkeitenausstattungen zu organisieren und wohlfahrtsstaatliche Steuererhebung und Steuerverteilung als umwegige Korrektur einer moralisch inakzeptablen genetischen Ungleichheit zu verstehen. Indem der Egalitarismus seine moralische Aufmerksamkeit auf die Effizienz, Qualität und Lebenserfolgsproduktivität der unterschiedlichen menschlichen Fähigkeiten- und Begabungsausstattungen richtet, hat er einen großen Fehler begangen. Die Gerechtigkeit kümmert sich weder um das Individuum noch um die Natur. So wie sich rechtsstaatlicher Takt darin zeigt, die zwangsbewehrte Wirksamkeit staatlichen Handelns an der Haut des Menschen enden und alles, was im Inneren vor sich geht, außer Acht zu lassen, so zeigt sich sozialstaatlicher Takt darin, die Natur außer Acht zu lassen und Umverteilungsprogramme nicht zur moralisch-egalitären Kompensation unterschiedlicher kontingenter genetischer Ausstattungen zu verwenden.

Wie weit mag wohl dieser metaphysisch-hybride Auftrag, das Schicksal zu korrigieren, reichen? Zuständig für solche Korrekturen ist die Technik. Technik ist autonomiekompetent, erhöht die Spielräume der Freiheit und der Selbstbestimmung. Wo gestern noch das Fatum herrschte, haben wir heute bereits Optionen. Wenn der Freund der Gleichheit ein hinreichend tiefes Verständnis seiner eigenen Überzeugungen besitzt, dann muss er zu einem leidenschaftlichen Befürworter der Technik werden. Denn erst die Technik eröffnet wirkliche Egalisierungschancen, ersetzt die Ungleichheitskosmetik der Transferzahlungen durch eine Behandlung der Ungleichheitswurzeln selbst. In dem Maße, in dem die Kapazitätslandkarte unserer Gene unter die Kontrolle einer manipulativen Technik gerät, in dem Maße mindert sich die Herrschaft des genetischen Zufalls. Dem Egalitaristen muss jedes technische Mittel recht sein, um die *Zivilisation der Gleichheit* voranzutreiben. Überdies ist es ein weitaus verlässlicheres Mittel als die Kompensationsmaschinerie des Systems der progressiven Einkommenssteuer, kommt zudem nicht zu spät, sondern verrichtet sein Distributionswerk gleichsam im biologischen Urzustand eines jeden.

Es ist also nicht verwunderlich, dass im Kielwasser des Human Genome Project zunehmend mehr gerechtigkeitsethische Untersuchungen sich mit dem Verhältnis von Genetik und Gerechtigkeit beschäftigen und nach Ausgleichsprogrammen fragen, um den Unterschied zwischen den »genetic haves and genetic havenots« auszugleichen.[6] Die genwissenschaftliche und gentechnologische Entwicklung arbeitet offenkundig der egalitaristischen Sozialstaatsphilosophie in die Hände. Wenn man ein solch ausschweifendes Verständnis von Benachteiligung hat, dass jede Differenz in der natürlichen Ausstattung mit erfolgspragmatischen Fähigkeiten und Eigenschaften einen kompensationswürdigen Benachteiligungsfall darstellt, dann sind egalisierungstechnologische Initiativen unausweichlich und fester Bestandteil des politischen Programms des Egalitarismus. Der Egalitarist ist ein ernstzunehmender Anwärter auf den Posten eines Gärtners im Menschenpark.

Wie weit also mag die Theorie der Gleichheit den Egalitarismus der Lebenserfolgsressource, die wir selbst sind, vorantreiben? Schönheit, zumal in einer so äußerlichkeitskultischen Gesellschaft wie der unsrigen, ist eine soziale Macht. Muss nicht angesichts der überaus kläglichen Ergebnisse der natürlichen Ästhetiklotterie einerseits und der unleugbaren Startvorteile der Schönen andererseits der Egalitarist revoltieren? Eine Schönheitssteuer einführen oder freie Kosmetik oder freies Hanteltraining für alle einschlägig Bedürftigen? 1960 hat L. P. Hartley ein Buch mit dem schönen Titel *Facial Justice* veröffentlicht. Es gehört in die Gattung der Utopien, die bekanntlich allesamt sozialtechnologische Großversuche mit dem Ziel der vollständigen Ausrottung aller Kontingenzen darstellen; es berichtet von dem Gerechtigkeitsskandal der Schönheit, von dem unverdienten Aussehen, dem angeborenen schönen Gesicht, den Vorzügen der großen Augen und den Wettbewerbsvorteilen der klar geschnittenen Züge, es berichtet von der benachteiligenden Hässlichkeit und der marginalisierenden Unansehnlichkeit. Und es berichtet von dem politischen Programm der egalisierenden Gerechtigkeit, das durch die Entwicklung einer risikolosen und unaufwendigen Gesichtschirurgie ermöglicht wurde und somit die blinde natürliche Verteilung ästhetischer Eigenschaften durch Gesichtsplastiken der ausgleichenden Gerechtigkeit überformen kann, so dass nur noch ästhetische Durchschnittlichkeitsvarianten existieren und die körperliche Individualität sich auf eine karrierepolitisch neutrale Mediokritätsvariation beschränkt. Damit hätte das »Antlitzgleichmachungs-Zentrum« dann die Ungerechtigkeit der Natur überwunden und die soziale Macht der Schönheit gebrochen.

5. Neid und Verteilungsgerechtigkeit

Es ist verständlich, dass Helmut Schoeck in seinem Buch *Der Neid und die Gesellschaft*[7] aus Hartleys utopischem Roman ausgiebig zitiert, bietet dieser doch reiches Belegmaterial für gerade die Gestalt von verabscheuungswürdigem Gleichheitswahn, die die Gerechtigkeit instrumentalisiert und als Kampfmittel der Neider gegen die neiderregende Ungleichheit einsetzt, gegen das neiderregende Mehr der anderen an Reichtum, Schönheit, Intelligenz, Lebenserwartung oder was sonst immer zur Neiderregung taugen mag. Natürlich ist das Ressentiment nicht die Wiege der

Moral und der Neid nicht der Vater der Verteilungsgerechtigkeit; gleichwohl vermag sich der Neid mit der egalisierenden Gerechtigkeit moralpolitisch gut zu verbünden und seine niedrigen Beweggründe hinter dem Vorwand der gerechtigkeitsethischen Optimierung der Verhältnisse trefflich zu verbergen. Gerade weil die Gerechtigkeit aufgrund der ihr eingeschriebenen Gleichheitsorientierung offenkundig leicht vom Neid missbraucht werden kann, diesem hilft, von seiner eigenen Nichtswürdigkeit abzulenken und die ganze moralisch-politische Aufmerksamkeit auf die Ungleichheit zu richten, muss sie vor dem Neid gerettet werden. Und die beste Weise, die Verteilungsgerechtigkeit vor dem Neid zu retten, ist, ihre begriffliche Bedeutung genau zu umreißen, ihren normativen Geltungsbereich sorgfältig abzustecken und sie vor moralischem Utopismus und metaphysischer Überheblichkeit zu schützen.

Die Egalitaristen haben diese enge Verbindung zwischen Neid, Gleichheit und Verteilungsgerechtigkeit gesehen und ins Zentrum ihrer Konzeption gestellt.[8] Die Verteilungsgerechtigkeit, die sich auf Gleichheitssuche begibt, versteht sich explizit als Programm der Neidvermeidung, der Entneidung der Gesellschaft. Sowohl Rawls als auch Dworkin entwerfen ihre gerechtigkeitstheoretischen Szenarien ausdrücklich als Utopien der Neidfreiheit, verstehen ihren Kampf gegen Ungleichheit als Unternehmen, dem zerstörerischen Neid alle Nahrung zu entziehen. Striktes Desinteresse an dem anderen herrscht unter dem rawlsschen Schleier der Unwissenheit, unter dem die Individuen einvernehmlich sich über die Verfassung ihrer Gesellschaft einigen sollen. Nur dann hat in diesem Modell die Gerechtigkeit offenkundig eine Chance, wenn die Selbstwertschätzung der Individuen sich von aller Vergleichung mit anderen unabhängig macht. Und dann ist diese Unabhängigkeit gegeben, wenn jeder alle Vergleiche mit anderen zufriedenstellend hinter sich gebracht hat und in der Ausstattung keines anderen mehr einen Anlass zu seiner Beneidung erblickt. Darum darf eine Gesellschaft sich dann als gerecht und wohlgeordnet bezeichnen, wenn ihre Wirklichkeit sich der im legitimatorischen Szenario der Egalitaristen entworfenen Neidfreiheit annähert. Die egalitäre Verteilungsgerechtigkeit wirbt nicht allein durch normative Vorzüglichkeit, sondern auch durch integrationspolitische Effizienz für sich: als Entneidungsinstrument verhindert sie, dass die im Sichvergleichen außer sich geratende Gesellschaft zerrissen wird. Ist jeder mit einem gerechten Anteil versehen, dann können alle in friedlicher Koexistenz, aneinander und an der Position der anderen uninteressiert, nebeneinanderher leben.

Auch Dworkin misst die gerechtigkeitsethische Qualität des Prinzips der Ressourcengleichheit an seiner Eignung, Neid nicht aufkommen zu lassen. Dann herrscht Ressourcengleichheit, dann bestehen gleiche natürliche und soziale Startbedingungen, wenn niemand den anderen um seine lebenskarrierepolitischen Ressourcen zu beneiden braucht. Zur Verdeutlichung erzählt er eine Geschichte von einer Auktion, die Motive der traditionellen Naturzustandstheorie variiert. Schiffbrüchige haben sich auf eine Insel gerettet. Um die Ressourcen der Insel unter sich zu verteilen, veranstalten die Insulaner eine Auktion, auf der jeder, mit gleichem Startkapital und allen Informationen über die auf der Insel verfügbaren Güter ausgestattet, sich die Ressourcen ersteigern kann, die er für sein Lebensprojekt benötigt. Am Ende der Auktion wird jeder mit dem Ergebnis zumindest in dem Sinne zufrieden sein, dass er keinen anderen um dessen ersteigertes Ressourcenbündel beneidet: niemand möchte mit jemand anderem tauschen. Dieser »Neidtest«[9] kontrolliert den egalitaristischen Anspruch, dass jeder durch das Verteilungssystem in gleicher Weise berücksichtigt worden ist. Jeder hat für seine Projektressourcen bezahlt, und jeder zieht die von ihm erworbenen Projektressourcen jeder anderen ersteigerten Ressourcenkombination vor. Dementsprechend fällt eine Güterverteilung dann durch den Neidtest, wenn zumindest einer glaubt, dass das Güterset eines anderen für seine Lebenspläne geeigneter sei als das eigene, von ihm ersteigerte. Neidfreiheit ist also Ausdruck der Opportunitätskostengleichheit der Ressourcenbündel: niemand hätte lieber sein Geld für den Erwerb anderer Ressourcen ausgegeben; niemand hat das Gefühl, dass ihm durch die Verwendung seiner Mittel für seine Ressourcen ein Vorteil entgangen ist.

Aber es ist nicht damit getan, dass wir den Insulanern gleiches Startkapital geben. Der Egalitarismus verlangt nach größeren Investitionen, um dem Kriterium der Neidfreiheit gerecht zu werden. Denn bislang ist ganz außer Acht gelassen worden, dass sich die Individuen hinsichtlich ihrer nicht gewählten, sondern an und in sich vorgefundenen natürlichen Ausstattung in einem beneidungsrelevanten Ausmaß unterscheiden können. Und diese unterschiedliche natürliche, nichtgewählte Ausstattung bestimmt die Verwendung der gewählten Ressourcen, ist für die Durchführung des Lebensprojekts von Belang, kann seinen routinierten Ablauf stören, kann ihm Misserfolg bescheren, es gar zum Scheitern bringen, kann ihm aber auch eine beneidete Exzellenz verschaffen. In derselben Sekunde, in der die Statik der Ressourcenversteigerung abgeschlossen ist und die Dynamik des wirklichen Lebens beginnt, entsteht der Neid; denn die Gerechtigkeit des Auktionsresultats setzt sich nicht durch die Geschichte dessen, was die Einzelnen aus ihren Projektressourcen machen, fort. Jetzt machen sich vielmehr die neiderzeugenden natürlichen Ungleichheiten und Benachteiligungen bemerkbar und lassen die Lebensprojekte auseinandertreten, lassen Ungleichheiten entstehen, die nicht Konsequenzen selbstverantworteter Entscheidungen sind, sondern Folgen vorgefundener Benachteiligung und Privilegierung. Selbst wenn wir eine auktionale Gleichverteilung externer Ressourcen sicherstellen könnten, bleibt doch eine signifikante Ungleichheit in der Ausstattung der Lebenserfolgsressource, die man selbst ist. Hier tritt nun die egalitäre Verteilungsgerechtigkeit auf den Plan. Sie hat in der immer neiddurchsetzten wirklichen Welt die Verhältnisse so zu ordnen, dass man dem Ideal der Neidfreiheit möglichst nahe kommt.

Beide Egalitaristen entwerfen also ihre Gerechtigkeitsethik als Theorie der Entneidung der Gesellschaft, setzen Verteilungsgerechtigkeit als moralisches Antidot gegen eifersüchtige Vergleichssucht, als Neidtherapie an. Ist eine gerechte Verteilung leistungssensibel und begabungsunaufmerksam, dann besagt das, dass alle durch natürliches und soziales Geburtsschicksal vorgefundenen und für die Lebenskarriere vorteilhaften Eigenschaften legitim beneidbar sind, alle durch Ehrgeiz und Einsatz erzielten Leistungsresultate hingegen nicht beneidet werden dürfen. Wenn sich der aus Vergleichung entspringende Neid auf vorfindliche, nicht selbst erarbeitete Vorzüge richtet, ist er von moralischer Relevanz, muss sich die Verteilungsgerechtigkeit seiner Entneidung annehmen. Wenn sich jedoch der Neid an eigenständig erbrachten Leistungen entzündet, ist er moralisch unentschuldbar und zu ächten. Auf dem Gebiet der lebenskarrierepolitischen Ressourcen, der vorfindlichen, zufallenden natürlichen und sozialen Eigenschaften, die für Verlauf und Gelingen der Lebenskarriere bedeutsam sind, der Bestimmungen, die lediglich widerfahren, ist der Neid für den Egalitaristen also ein unfehlbar agierendes ungerechtigkeitsheuristisches Instrument. Schlägt das Invidiameter aus, herrscht Ungerechtigkeit.

Es kommt also darauf an, in welcher Welt sich der Egalitarist befindet: als Idealwelt-Theoretiker gilt sein Bestreben der Neidfreiheit; als Realwelt-Kritiker jedoch kann er ein Apologet des Neides werden. Neid ist angesichts gravierender, eklatanter Ungerechtigkeit durchaus entschuldbar. Der Egalitarist schert aus der festgefügten ethischen Phalanx abendländischer Neidverächter aus. Unter Ungerechtigkeitsbedingungen wird der Neid zu einem Symptom; nicht derjenige ist moralisch zu tadeln, der ihn empfindet, sondern die Verhältnisse sind zu verwerfen, die in den Individuen derart inferiore Empfindungen auslösen. Neid, so Rawls' motivationspsychologische Neidentschuldung, ist fremdgerichteter Ausdruck mangelnder Selbstachtung, die ihrerseits Folge einer eklatant benachteiligenden Güterversorgung ist. »Manchmal sind die neiderregenden Umstände so zwingend, dass man, so wie die Menschen nun einmal sind, von niemandem vernünftigerweise verlangen kann, seine Hassgefühle zu überwinden. Jemand kann ... so schlecht gestellt sein, dass seine Selbstachtung verletzt wird; dann kann man Verständnis dafür haben, dass er sich zu kurz gekommen fühlt. Man kann es geradezu moralisch übelnehmen, dass man neidisch gemacht wird, wenn nämlich die Gesellschaft so große Ungleichheit ... zulässt, dass das nur die Selbstachtung herabsetzen kann. Für die davon Betroffenen sind Neidgefühle nicht vernunftwidrig ... Ist der Neid eine Reaktion auf den Verlust der Selbstachtung unter Umständen, unter denen es unvernünftig wäre, andere Gefühle zu erwarten, dann nenne ich ihn entschuldbar.«[10]

Diese Rehabilitierung des Neides gleicht strukturell der bekannten Verteidigung von Revolution und Gewalt. Obwohl Gewaltfreiheit ein ordnungspolitisches Ideal und Gewalt daher strikt zu ächten ist, können politische Verhältnisse doch so unterdrückend und gewalttätig sein, dass Gewaltanwendung seitens der Geschundenen entschuldbar ist. Offensichtlich hat sich Rawls dieses Argumentationsschema für seine ethische Exculpation des Neides ausgeborgt. Freilich hat der Egalitarismus ein weitaus intimeres Verhältnis zum Neid, als dieses Ultima-ratio-Argument glauben macht. Der Neid ist für ihn keine ethische Grenzsituation, die nur bei gravierenden Gerechtigkeitsmängeln eintritt. Der Egalitarismus breitet ihn vielmehr über die gesamte Alltäglichkeit gesellschaftlicher Ungleichheit aus; er ist als unermüdlicher Inegalitätsproduzent auch eine immer sprudelnde Quelle des Neides. Und indem er durch die Radikalität des philosophischen Gedankens noch weit über das Egalisierungsprogramm des traditionellen Sozialismus hinausgetrieben wird und die ganze menschliche Naturausstattung mit in den gerechtigkeitspolitisch zu beaufsichtigenden Bereich einbeziehen will, gibt er auch dem gerechtigkeitspolitisch zu therapierenden Neid ein nahezu grenzenloses Betätigungsfeld.

Das egalitaristische gerechtigkeitsethische Programm der Entneidung muss sich gleich zweifach den Vorwurf der Naivität gefallen lassen. Zum einen kann ihm Naivität aus der Ecke der Moralgenealogen und der Ressentimenttheoretiker vorgeworfen werden. Naiv sei der Egalitarismus, so sagen diese, weil er offenkundig völlig vergessen habe, dass die Moral selbst eine Erfindung des Ressentiments sei, folglich schwerlich zu seiner Überwindung eingesetzt werden könne. Zum anderen muss die Entneidungsgerechtigkeit den weitaus schwerwiegenderen Einwurf gewärtigen, dass Ungleichheitsreduktion nicht den Neid zum Verstummen bringt, sondern ihn nur höher aufflammen lässt. In einer Welt wachsender Gleichheit gewinnen die notwendig immer noch verbleibenden Ungleichheiten völlig unbeschadet ihrer Winzigkeit größte Bedeutung. Der Neid ist weitaus erfinderischer als jede Egalisierungspolitik. Daraus ist zu lernen, dass der Sozialstaat nicht weit kommt, wenn er sich als egalisierende Antwort auf den Neid begreift. Sein Egalisierungswerk wird immer zu spät kommen. Sein Handeln wird ihm durch die Selbstorganisation des Neides diktiert. Betrachtet er es als seine Aufgabenstellung, durch kompensatorische Umverteilung die widerfahrenen natürlichen und sozialen Benachteiligungs- und Bevorzugungsursachen auszugleichen, dann wird ihn die invidio-egalitaristische Spannung zerreißen.

Anmerkungen

1 John Rawls, *Theorie der Gerechtigkeit,* Frankfurt/M. 1975, S. 95.
2 Ronald D. Dworkin, »What is Equality? Part I: Equality of Welfare«, in: *Philosophy and Public Affairs* 10/1982, S. 185–246; ders., »What is Equality? Part II: Equality of Resources«, in: *Philosophy and Public Affairs* 10/1982, S. 283–345.
3 Ronald D. Dworkin, *A Matter of Principle,* Oxford 1985, S. 208.
4 Richard Arneson, »Rawls, Responsibility, and Distributive Justice«, in: Maurice Salles, John A. Weymark (Hg.), *Justice, Political Liberalism and Utilitarianism,* zit. n. Elizabeth S. Anderson, »What is the Point of Equality?«, in: *Ethics* 109/1999, S. 289 f.
5 Vgl. Wolfgang Kersting, »Verteilungsgerechtigkeit oder politische Solidarität? Über die Schwierigkeiten einer philosophischen Sozialstaatsbegründung«, in: Petra Kolmer/Harald Korten (Hg.), *Recht – Staat – Gesellschaft. Facetten der politischen Philosophie,* Freiburg 1999, S. 112–139; ders., »Politische Solidarität statt Verteilungsgerechtigkeit? Eine Kritik egalitaristischer Sozialstaatsbegründung«, in: ders. (Hg.), *Politische Philosophie des Sozialstaats* a.a.O., S. 202–256; ders., *Theorien der sozialen Gerechtigkeit,* Stuttgart 2000; Angelika Krebs (Hg.), *Gleichheit oder Gerechtigkeit?,* Frankfurt/M. 2000.
6 Vgl. Maxwell J. Mehlman, Jeffrey R. Botkin, *Access to the Genome. The Challenge to Equality,* Washington D.C. 1998; Allen Buchanan, Dan W. Brock, Norman Daniels, Daniel Wikler, *From Chance to Choice. Genetics & Justice,* Cambridge 2000.
7 Freiburg 1966.
8 Vgl. Frank Nullmeier, *Politische Theorie des Sozialstaats,* Frankfurt/M. 2000, S. 60 ff.
9 Ronald D. Dworkin, »What is Equality? Part II: Equality of Resources«, a.a.O., S. 287.
10 John Rawls, *Theorie der Gerechtigkeit,* a.a.O., S. 579.

Michael Hartmann
Bildung und andere Privilegien

1.

»Hören Sie auf mit Geld. Das weckt nur Sozialneid.« Mit dieser Aussage reagierte Winfried Schäfer, damals noch amtierender Trainer des Ex-Bundesligisten Tennis Borussia Berlin, Ende der letzten Saison auf eine Frage der *Berliner Zeitung,* sein Gehalt von 150 000 DM pro Monat betreffend. Schäfers Antwort ist typisch für eine Einstellung, die immer häufiger bei den Spitzenverdienern und den Reichen der Republik festzustellen ist. Der Begriff des Sozialneids hat Konjunktur. Er soll suggerieren, dass jeder, der kritische Fragen nach den Einkommens- und Vermögensverhältnissen hierzulande stellt, im Grunde nichts anderes ist als ein Neidhammel, der anderen ihren verdienten Erfolg nicht gönnt.

Für Rainer Hank, den vom Main an die Spree gewechselten ehemaligen *FAZ*-Redakteur und jetzigen Leiter des Wirtschaftsressorts des *Tagesspiegels,* ist der Sozialneid in Deutschland ein entscheidendes Hindernis für die wirtschaftliche Gesundung. Unter dem Titel »Das Ende der Gleichheit« hat er im Frühjahr sowohl ein Buch als auch den Eingangsessay einer gleichnamigen *Tagesspiegel*-Reihe veröffentlicht. In beiden präsentiert er sich als entschiedener Befürworter des angelsächsischen Modells des Kapitalismus und der damit einhergehenden sehr stark polarisierten Einkommensverteilung. Eine drastische »Spreizung« der Einkommen und Lebenslagen ist für ihn nicht nur unvermeidlich, sondern sogar gerecht, denn sie gehorche im Unterschied zu den Gepflogenheiten des bundesrepublikanischen Sozialstaats »den Regeln der Fairness und honoriert Bildung, Fähigkeiten und Wissen«. Die in Deutschland übliche »Gleichmacherei« sei dagegen in erster Linie auf den hierzulande verbreiteten Neid zurückzuführen.

Hank spricht am klarsten aus, was die Debatte um den angeblich so schädlichen Sozialneid in Deutschland bezwecken soll: Ihr Ziel ist die Neugewichtung zentraler Kategorien in unserer Gesellschaft. Die Begriffe der sozialen Gerechtigkeit und der Gleichheit sollen an Einfluss verlieren und in den Hintergrund treten, die der »Leistungsgerechtigkeit« und Freiheit im Gegenzug zu den gesellschaftlich dominierenden werden. Wer viel »leiste«, so die Forderung, solle auch viel verdienen und besitzen dürfen. Der für Deutschland charakteristische Neid auf die Tüchtigen und Erfolgreichen müsse im Interesse des Landes endlich überwunden werden. In der Wissensgesellschaft müssten Bildung und Wissen als zentrale Ressourcen auch angemessen honoriert werden. Das sei wirkliche Gerechtigkeit, auch wenn sie mit einer gravierenden Ungleichverteilung der Einkommen und Vermögen einhergehe. Alles in allem wird für eine stärkere Orientierung am angelsächsischen Modell plädiert, in dem der Erfolg inklusive seiner Begleiterscheinungen neidlos anerkannt werde.

Eine derartige Argumentation wirft eine ganze Reihe von Fragen auf. Die Kritiker der sogenannten »Neidgesellschaft« bleiben die Antwort auf die beiden zentralen Fragen schuldig. Was ist eigentlich Sozialneid und was bedeutet Leistungsgerechtigkeit?

2.

Was Sozialneid ist, diese Frage lässt sich auf den ersten Blick scheinbar leicht beantworten. Die Masse der Bevölkerung neidet den »Reichen« und Erfolgreichen ihren Wohlstand, so die gängige Meinung derjenigen, die diesen Begriff verwenden. Anlass dazu hätte der Normalverdiener in den letzten 20 Jahren ja auch genug gehabt.

Die Einkommen und Vermögen sind in Deutschland heute äußerst ungleich verteilt. Nach Schätzungen des Deutschen Instituts für Wirtschaftsforschung (DIW) besaßen bereits Mitte der neunziger Jahre 1,3 Prozent aller Haushalte fast ein Viertel und ganze 4,3 Prozent über 41 Prozent des gesamten Geldvermögens.[1] Die *Financial Times* Deutschland geht in einem Artikel vom 11.4.2000 davon aus, dass die obersten 4 Prozent inzwischen sogar über die Hälfte des Geldvermögens ihr eigen nennen können. Ein wesentlicher Grund für diese Ballung von Vermögen ist die Polarisierung der Einkommen in den letzten 20 Jahren. Stiegen die Einkünfte aus unselbständiger Arbeit von 1980 bis 1997 inflationsbereinigt gerade einmal um 33 Prozent netto (ohne Berücksichtigung der Sozialabgaben), so lag der Zuwachs bei den Einkünften aus Unternehmertätigkeit und Vermögen in demselben Zeitraum bei 126 Prozent netto. Pro Kopf gerechnet ist die Kluft noch größer. Hier steht einer Steigerung von nur 1 Prozent sogar eine von 100 Prozent gegenüber.[2]

Seit 1997 dürfte sich die Schere weiter zugunsten der Bezieher hoher Einkommen geöffnet haben. Ein Indiz dafür sind die (mit der Angleichung an angelsächsische Gepflogenheiten begründeten) exorbitanten Anhebungen der Bezüge von Spitzenmanagern. Wie das Personalberatungsunternehmen Spencer-Stuart ermittelt hat, konnten die Vorstandsmitglieder der 30 im DAX vertretenen Konzerne in nur drei Jahren eine Erhöhung ihrer Gehälter um 40 Prozent auf durchschnittlich ca. 2,5 Millionen DM durchsetzen. Die größte Steigerung gab es bei den Vorstandsgehältern der Deutschen Bank – 250 Prozent –, absolut liegen die Vorstände von DaimlerChrysler mit durchschnittlich 17 Millionen DM vorn. Bei den Aufsichtsräten lässt sich dieselbe Entwicklung beobachten. Ihre Bezüge kletterten sogar um fast 45 Prozent auf 127 000 DM pro Kopf. Die Deutsche Bank liegt mit einer Steigerung von 360 Prozent auf 486 000 DM auch hier an der Spitze.

Wenn die *Welt* davon spricht, dass 50 Prozent unseres Steueraufkommens von den 10 Prozent der Steuerpflichtigen mit den höchsten Einkommen erbracht würden, ist das angesichts solcher Zahlen nichts anderes als eine Verdummung der Leser. Zwar ist unstreitig richtig, dass die obersten 5 Prozent der Einkommensteuerzahler rund 41 Prozent und die unteren 50 Prozent nur ganze 9 Prozent des Einkommensteueraufkommens tragen, diese Zahl führt aber völlig in die Irre, da der Anteil der Einkommenssteuer am gesamten Steueraufkommen nicht berücksichtigt wird. Er ist seit langen Jahren nämlich deutlich rückläufig. Machte die Einkommens- und Körperschaftssteuer 1960 noch fast ein Viertel der gesamten Steuereinnahmen und das Doppelte der Lohnsteuer aus, lag sie 1970 mit gut 18 Prozent immerhin noch gleichauf, so betrug sie 1998 mit nur noch 6 Prozent gerade mal ein knappes Sechstel der Lohnsteuer.[3] Eine Änderung dieser Entwicklung ist auch unter der jetzigen Regierung Schröder nicht zu erwarten, wie die Pläne zur Steuerreform, u. a. mit einer spürbaren Senkung des Spitzensteuersatzes, deutlich zeigen.

Welchen Spielraum es für eine weitere »Spreizung« der Einkommen und Vermögen noch gibt, zeigt ein Blick in das gelobte Land aller Kritiker der deutschen »Neidgesellschaft«, die USA. Nach Angaben des Federal Reserve Board konzentrierte sich dort bereits 1995, also noch vor der Explosion der Aktienwerte, ein Drittel des gesamten Volksvermögens auf das oberste Prozent der Einkommensbezieher. Nach Schätzungen sind es aufgrund der Aktienhausse mittlerweile schon fast 40 Prozent. Allein die reichsten 0,5 Prozent der Bevölkerung hielten 1995 fast ein Drittel aller Aktien (31,5 Prozent), und fast die Hälfte aller Anleihen (46,5 Prozent) in Privatbesitz befand sich in ihren Händen. Dieses halbe Prozent verfügte damit über das Doppelte bzw. sogar das Fünffache dessen, was die unteren 90 Prozent zusammen ihr eigen nennen konnten. Ein zu diesen 0,5 Prozent zählender Haushalt kam auf ein Durchschnittseinkommen von 700 000 Dollar pro Jahr und ein Durchschnittsvermögen von 11,5 Millionen Dollar, während es die unteren 90 Prozent der Haushalte im Durchschnitt auf gerade einmal 33 000 Dollar Jahreseinkommen und 72 000 Dollar Vermögen brachten.[4] Wenn deutsche Spitzenmanager inzwischen das Hundertfache eines Facharbeitereinkommens verdienen, so liegen sie doch immer noch weit hinter ihren US-Kollegen zurück. Die bringen es bereits auf das 420fache, eine Vergrößerung der Einkommensspanne um fast 1000 Prozent binnen knapp zweier Jahrzehnte.

3.
Der Blick in die USA zeigt aber auch – und darin ist den Kritikern zuzustimmen –, dass die Höhe der Einkommens- und Vermögensdifferenzen allein noch keinen ausreichenden Grund für eine gesamtgesellschaftliche Diskussion über die Verteilung des Reichtums darstellt. In den USA löst die Kluft zwischen Arm und Reich, obwohl sie deutlich größer ist als hierzulande, öffentlich erheblich weniger Kritik aus. Ist es also doch der den Deutschen anerzogene oder vielleicht angeborene Sozialneid, der sie diese Frage so heftig debattieren lässt?

Die Antwort lautet ganz eindeutig nein, und das aus einem ganz einfachen Grund. Diejenigen, die diesen Begriff verwenden, missachten ein zentrales Charakteristikum jeglicher Form von Neid. Neid bedarf zu seiner Ausbildung der sozialen Nähe. Es ist nicht die absolute Größe der Differenz in Vermögen, Einkommen, Status etc., die Neid hervorruft, sondern der unmittelbare Vergleich mit jenen, die uns ähnlich oder fast gleich sind, aber dennoch etwas besitzen, was wir selbst gerne hätten. Alle Klassiker der Philosophie und Soziologie sind sich, soweit sie sich mit der Frage des Neids befasst haben, darin einig.

Schon Aristoteles sieht Neid nur »gegenüber Gleichgestellten«, gleichgestellt »nach Geschlecht, Verwandtschaft, Alter, Haltungen, Ruf und Vermögen«. Mit ihnen nämlich wetteifert man, nicht jedoch mit denen, »denen man nach eigener oder fremder Ansicht weit unterlegen ist oder denen man weit überlegen ist.«[5] Der englische Philosoph Francis Bacon drückt es so aus: »Wo kein Vergleich ist, da ist auch kein Neid; und daher werden Könige auch von niemandem beneidet außer von Königen.«[6] Der einzige Soziologe, der sich mit dem Thema Neid ausführlich beschäftigt und ihm sogar ein ganzes umfangreiches Buch gewidmet hat, der Deutsche Helmut Schoeck, formuliert es ebenfalls ganz eindeutig: »Neid entfaltet sich unter Gleichen oder beinahe Gleichen.«[7]

Man beneidet denjenigen, der unter ansonsten vergleichbaren Bedingungen etwas besitzt – sei es Geld, sei es eine Position oder sonst etwas –, was man selbst nicht nur gerne hätte, sondern dessen Besitz man sich auch als mit den eigenen Fähigkeiten und Möglichkeiten vereinbar vorstellen kann. Der Neid des Sachbearbeiters richtet sich deshalb gegen den Kollegen, der zum Gruppenleiter ernannt worden ist, und nicht gegen den Bereichsleiter oder gar ein Vorstandsmitglied. Letztere befinden sich außerhalb der Vergleichsgruppe, die für das Aufkommen von Neid relevant ist. Dass man selbst hätte Bereichsleiter oder gar Vorstandsmitglied werden können, liegt in der Regel jenseits des eigenen Vorstellungsvermögens. Den Posten des Gruppenleiters aber traut man sich durchaus zu. Warum ihn der Kollege bekommen hat und nicht man selbst, erscheint einem folglich oft als ungerecht oder zufällig.

Das genau aber ist die ideale Basis für Neid. Damit er entsteht, muss man einen Vergleich herstellen können. So wie der Sachbearbeiter seinen Gruppenleiter ob seines glücklichen oder ungerechtfertigten beruflichen Aufstiegs beneidet, so richtet sich der Neid des Allgemeinmediziners gegen den Facharzt, der des habilitierten, aber nicht berufenen Wissenschaftlers gegen den verbeamteten Professor, der des erfolglosen Schauspielers gegen den erfolgreichen. In allen Fällen ist eines unabdingbar: Derjenige, der neidet, bringt aus seiner Sicht die Voraussetzungen mit, um die Position des jeweils Beneideten einnehmen zu können. Ein erfolgloser Leistungssportler beneidet nicht den erfolgreichen Arzt oder Schauspieler, sondern den erfolgreichen Sportler. Vielfach beneidet er sogar nur den Sportler, mit dem er sich sinnvollerweise tatsächlich vergleichen kann. Ein Gewichtheber beneidet also in der Regel keinen Florettfechter. Die körperlichen Voraussetzungen für diese beiden Sportarten sind einfach zu unterschiedlich.

Um neiden zu können, muss man das, was der andere erreicht hat, in seiner eigenen Vorstellung selbst auch erreichen können. Die Voraussetzungen müssen grundsätzlich gegeben sein. Wenn sie eindeutig fehlen, sei es, weil die körperliche Konstitution bestimmte Betätigungen einfach nicht zulässt, sei es, weil die soziale Herkunft etwas von vornherein so gut wie sicher ausschließt, sei es, weil die beruflichen Positionen zu weit auseinander liegen, dann findet der Neid auf den anderen keine Grundlage.

Der Begriff Sozialneid ist daher in einschlägigen wissenschaftlichen Veröffentlichungen auch so gut wie nie zu finden. Selbst Schoeck, dessen scharfe Kritik an der progressiven Einkommens-, der Erbschafts- und der Vermögenssteuer sowie allen sonstigen auf »sozialistischen« Gleichheitsvorstellungen beruhenden politischen Maßnahmen der der heutigen Kritiker der »Neidgesellschaft« sehr ähnlich ist, benutzt in seinem Standardwerk *Der Neid und die Gesellschaft* den Begriff des sozialen Neids gerade zweimal, und das bei über 300 Seiten Text und weit über tausend Nennungen des Wortes Neid. Zudem versteht er inhaltlich etwas ganz anderes darunter. Er weist zu Recht darauf hin, dass »der durchschnittliche Wähler auf sehr große Einkommen kaum einen konkreten Neid spürt«[8], und erklärt die Diskussion über die von ihm als strafende und rachsüchtige Steuern bezeichneten Einkommens-, Erbschafts- und ähnliche Steuern folgerichtig (im Gegensatz zu seinen heutigen Epigonen) auch nicht mit der Haltung der breiten Bevölkerung, der Diskussion an den Stammtischen, sondern mit dem »Egalitarismus kleiner intellektueller Kreise«, die dem gleichen Sozialmilieu entstammen wie die von ihnen angegriffenen »Reichen«. Die soziale Nähe bleibt in seiner Argumentation unabdingbare Voraussetzung des Neids.

Was heute in den Medien als Sozialneid bezeichnet wird, ist daher auch keine besondere Form oder Spielart des individuellen Neids. Es ist vielmehr der Ausdruck eines allgemeinen Gerechtigkeitsempfindens, eines Gefühls der breiten Bevölkerungskreise dafür, was als eine halbwegs gerechte Einkommens- und Vermögensverteilung anzusehen wäre. Dieses mittlerweile vielfach als »Relikt von vorgestern« verspottete Erbe vor allem der alten Arbeiterbewegung ist in Ländern wie Deutschland verständlicherweise stärker ausgeprägt als in den USA, die eine solche Tradition nie wirklich besaßen.

Deshalb existiert in dieser Frage auch zwischen den beiden (von Autoren wie Hank) immer als Vorbild gepriesenen Gesellschaften Großbritanniens und der USA immer noch ein erheblicher Unterschied. Trotz aller Veränderungen durch Thatcherismus und New Labour sind die überlieferten Werte der britischen Arbeiterbewegung nicht völlig verschwunden. So hat es zum Beispiel selbst Maggie Thatcher wegen des massiven Widerstands großer Teile der Bevölkerung nicht gewagt, das staatliche nationale Gesundheitssystem zu zerschlagen. Wie groß die Differenz zwischen den USA und Großbritannien in puncto Neid ist, zeigte sich Ende 1999 bei einer heftigen Diskussion auf der Internetseite der BBC News über eine Aussage von Prinz Edward in der *New York Times.* Prinz Edward hatte darin geäußert, dass man im Gegensatz zu den USA in Großbritannien »jeden hasst, der Erfolg hat«. Die meisten britischen Teilnehmer an der Debatte attackierten den Prinzen scharf, während diejenigen, die aus den USA stammten oder aus Großbritannien dauerhaft dorthin übergesiedelt waren, ihm in ihrer überwiegenden Mehrzahl Recht gaben.

4.

Auch wenn der Begriff des Sozialneids, wie gezeigt, im Kern nichts anderes darstellt als einen Versuch, Forderungen nach mehr sozialer Gerechtigkeit als einen Ausdruck individuellen hässlichen Neids zu diffamieren, so bleibt doch immer noch der zweite Punkt, die von den Kritikern der »Neidgesellschaft« ebenfalls geforderte Ersetzung sozialer Gerechtigkeit durch Leistungsgerechtigkeit. Vielleicht ist sie ja trotz der Untauglichkeit des Sozialneidbegriffs berechtigt. Was also heißt Leistungsgerechtigkeit? Im normalen Sprachgebrauch, und genau das suggerieren die Verfechter dieser Maxime ja auch, versteht man darunter, dass jedermann seine gesellschaftliche Position und sein Einkommen nur seiner Leistung verdanken solle, weder Herkunft noch Beziehungen oder ähnliche »leistungsfremde« Faktoren dürften eine Rolle spielen.

Was liegt also näher, als die Anhänger des angelsächsischen Modells beim Wort zu nehmen und die Realität der »Leistungsgerechtigkeit« in den USA genauer unter die Lupe zu nehmen. Da Wissen und Bildung die entscheidenden Leistungskriterien der »modernen« Gesellschaft sein sollen, stellen die Zukunftsbranchen Mikroelektronik, Internet und Gentechnologie einen guten Indikator für das Maß an »Leistungsgerechtigkeit« dar, das in den USA zu beobachten ist.

Auf den ersten Blick ist das Bild stimmig. Geht man die wichtigsten Personen in diesen Branchen durch, so haben sie fast alle etwas gemein. Sie haben an einer der renommierten und anerkannt leistungsstarken Eliteuniversitäten des Landes studiert. Bill Gates und Steve Ballmer, die Führungsfiguren von Microsoft, haben sich beim Studium in Harvard kennengelernt, die Yahoo-Gründer David Filo und Jerry Yang in Stanford (ebenso wie übrigens schon vier Jahrzehnte zuvor die Gründer von Hewlett-Packard, William R. Hewlett und Dave Packard). Der Chef von Sun, Scott McNealy, war sowohl in Harvard als auch in Stanford. Gordon Binder, der Chairman von Amgen, hat in Harvard, Jeff Bezos der Gründer von Amazon, in Princeton studiert, Gordon Earl Moore, der Chef von Intel, am Californian Institute of Technology und Irvin M. Jacobs, der Gründer von Qualcomm, an der Cornell Universität und am MIT. Nimmt man noch die Spitzenmanager von Apple, AOL und eBay dazu, Steve Jobs, Steve Case und Pierre Omidyar, die mit dem Reed-College, dem Williams-College und der Tufts University drei nicht ganz so berühmte, aber fast ebenso exklusive und genauso teure Privatuniversitäten besucht haben, bleiben als Absolventen einer staatlichen und vergleichsweise normalen Universität nur Michael Dell, der Gründer von Dell, John T. Chambers, der Chef von Cisco, und Lawrence J. Ellison, der Gründer von Oracle. Auch eine Ebene tiefer ist die Situation nicht anders. Bei eBay haben von den zehn Topmanagern (außer Gründer Omidyar) jeweils drei in Harvard und in Stanford ihren Abschluss erworben. Die führenden Repräsentanten der Zukunftsbranchen haben damit sogar eine noch größere Vorliebe für die Eliteuniversitäten als die Spitzenmanager der anderen Wirtschaftssektoren, von denen immerhin fast jeder Zweite an einer der 13 Topuniversitäten der USA studiert hat[9].

Insgesamt ein eindeutiges Bild. Wer es in den Zukunftsbranchen und auch in der Wirtschaft generell zu etwas bringen will, muss in der Regel zuvor die Aufnahmeprozedur für eine der Eliteuniversitäten überstehen. Da diese Institutionen den Anspruch haben, nur die besten Köpfe eines Jahrgangs aufzunehmen, und zwar unabhängig von deren sozialer Herkunft und vom Einkommen der Eltern, spricht erst einmal vieles dafür, dass die Milliardäre, Millionäre und Spitzenmanager der USA ihre Position und ihr Einkommen zumindest im Kern[10] tatsächlich ausschließlich ihrem herausragenden Wissen zu verdanken haben, es also wirklich jeder schaffen kann, vorausgesetzt, er bringt das entsprechende geistige Rüstzeug mit.

Diese Formel setzt allerdings voraus, dass der Anspruch der exklusiven Privatuniversitäten der USA, nur die fähigsten High-School-Absolventen eines jeden Jahrgangs zu immatrikulieren, auch der Realität entspricht. Der erste Eindruck scheint das zu bestätigen. Wenn man sich die Werte anschaut, die die angenommenen Studierenden in dem für die Bewerbung wesentlichen und landesweit einheitlichen Scholastic Assessment Test (SAT) erbringen, so bewegen sie sich durchweg in den höchsten Regionen. An den absoluten Topeinrichtungen wie den Ivy League Universitäten Harvard, Princeton, Yale und Columbia oder den vergleichbaren kalifornischen Privatuniversitäten Stanford und CalTech, die aufgrund ihrer extrem restriktiven Aufnahmepraxis nur zwischen 11 Prozent und 18 Prozent der Bewerber zum Studium zulassen, kommen über 75 Prozent der Neuanfänger, der sogenannten Freshmen, in den beiden zentralen SAT-Kategorien, Verbal und Math, auf eine Punktzahl von jeweils mehr als 680 Punkten, 25 Prozent sogar auf eine zwischen 770 und der Höchstzahl von 800 Punkten.[11] Aber auch an den mit Zulassungsquoten von 20 Prozent bis 40 Prozent nicht ganz so selektiven Eliteuniversitäten wie den restlichen Ivy League Institutionen Pennsylvania, Cornell, Dartmouth und Brown oder dem MIT, John Hopkins, Chicago bis hin zu Carnegie Mellon oder Tufts liegen 75 Prozent der Neuanfänger bei 650 bis 760 Punkten. Der Durchschnittswert aller Studienanfänger beträgt demgegenüber gerade einmal 500 bis 510 Punkte, und das seit langen Jahren ohne jede Veränderung.[12] Die Sachlage scheint eindeutig zu sein. Die Eliteuniversitäten werden ihrem Anspruch gerecht.

Erste Zweifel an diesem klaren Befund kommen auf, wenn man sich die soziale Zusammensetzung der Freshmen näher anschaut. So stammt an der mit einer Zulassungsquote von 28 Prozent für Spitzenuniversitäten nicht einmal besonders selektiven University of Pennsylvania nur knapp jeder fünfte Anfänger aus einer Familie, die ein Einkommen von maximal 60 000 Dollar pro Jahr hat, also zu den unteren zwei Dritteln der US-amerikanischen Familien zählt, und sogar nur gut jeder zehnte aus einer, die über nicht mehr als höchstens das durchschnittliche US-Familieneinkommen von jährlich ca. 45 000 Dollar[13] verfügen kann.

Noch skeptischer wird man, wenn man einen Blick auf die Zulassungsquoten jener Bewerbergruppen wirft, die einzeln aufgeführt werden. Dabei fällt nämlich vor allem eines ins Auge: Die Kinder von ehemaligen Studierenden, den sogenannten Alumni, weisen außergewöhnlich hohe Quoten auf. So werden in Princeton nur 11 Prozent aller Bewerber zugelassen, aber 40 Prozent der Alumni-Kinder. Letztere stellen dann auch 12 Prozent der Freshmen, obwohl sie nur 3 Prozent der Bewerber ausmachen. An der University of Pennsylvania liegt die Zulassungsrate für den Ehemaligennachwuchs ebenfalls bei 40 Prozent. Ein Anteil von etwa 40 Prozent scheint für die Kinder der Alumni über die Jahre festgeschrieben zu sein. Penny Hollander Feldman hat am Beispiel Harvard bereits für den Zeitraum von 1960 bis 1975 einen vergleichbar hohen Wert von 42,6 Prozent festgestellt, bei einer Durchschnittsquote für alle Bewerber von damals allerdings noch 22 Prozent.[14] An Universitäten wie Harvard, Princeton oder Yale haben die Kinder von Ehemaligen damit heutzutage sogar eine größere Chance, einen Studienplatz zu bekommen, als jene Bewerber, die Spitzen-SAT-Scores von über 770 Punkten vorweisen können. Selbst an der University of Pennsylvania mit ihrer mehr als doppelt so hohen Aufnahmequote kommt die Spitzengruppe der Bewerber mit mehr als 750 Punkten auf keine höhere Quote als die Alumni-Kinder. Von einer reinen Leistungsauslese kann also ganz offensichtlich nicht die Rede sein.

Wie groß die Vorteile sind, die der Nachwuchs von Ehemaligen hat, zeigt sich sehr deutlich, wenn man andere mögliche Selektionsverfahren zum Vergleich heranzieht. Feldman führt einen solchen Vergleich für Harvard durch und kommt dabei zu einem eindeutigen Ergebnis: Der hohe Anteil des Alumni-Nachwuchses könnte nur dann stabil bleiben, wenn die Studienplätze direkt von der Finanzkraft der Bewerber und ihrer Familien abhängen würden, indem sie zum Beispiel gegen Höchstgebot versteigert würden. Kämen dagegen Verfahren zum Einsatz, bei denen ausschließlich die intellektuellen Fähigkeiten oder aber das Zufallsprinzip ausschlaggebend wären, sänke ihr Anteil um ungefähr die Hälfte.[15]

Für die vollkommen unrepräsentative soziale Rekrutierung der Studierenden an den Eliteuniversitäten sind drei Gründe ausschlaggebend. Zunächst ist nicht zu bestreiten, dass die Kinder aus den gehobenen Klassen und Schichten der Gesellschaft in den üblichen Tests bessere Ergebnisse erzielen. Der durchschnittliche SAT-Score steigt mit dem Einkommen der Eltern kontinuierlich an und erreicht in der Gruppe derer, die aus Familien mit einem Einkommen von 100 000 Dollar und mehr stammen, einen

Wert, der mit 560 bis 570 Punkten gut 10 Prozent über dem Durchschnitt liegt.[16] Wer in den besseren Kreisen aufwächst, hat eben von Kindesbeinen an günstigere Bedingungen, sich intellektuell zu entwickeln. Dies gilt für das unmittelbare familiäre Umfeld ebenso wie für die schulische Ausbildung. Die Kinder aus den wohlhabenderen Familien kommen nicht nur in den Genuss einer sie stärker fördernden wie fordernden häuslichen Atmosphäre, sie gehen auch auf die besseren Schulen.

Dabei handelt es sich vielfach um Privatschulen. Diese Schulen, deren exklusivste wie etwa die Philips Exeter Academy, die Taft School oder die St. Pauls School einen ähnlichen Ruf wie die Eliteuniversitäten haben, weisen eine deutlich bessere Ausstattung, qualifiziertere Lehrer und vor allem eine erheblich günstigere Schüler-Lehrer-Relation auf. Während an den öffentlichen High Schools im Schnitt knapp 15 Schüler auf einen Lehrer kommen, sind es an den privaten nur gut 11[17], an den exklusiven wie Philips Exeter sogar nur 5[18]. Unter solchen Bedingungen lernt man in der Regel mehr und kann entsprechend höhere Testergebnisse erreichen. Diese Schulen stehen nun aber nicht jedermann gleichermaßen offen. Durchschnittliche Schulgebühren von ca. 9000 Dollar pro Jahr für die nicht konfessionell gebundenen Privatschulen und jährliche Steigerungsraten von über 10 Prozent[19] sorgen dafür, dass die Kinder der oberen Schichten und Klassen hier überwiegend unter sich sind. An den Topschulen wie Taft, die Gebühren von fast 20 000 Dollar pro Jahr verlangen sowie weitere 6000 bis 7000 Dollar für Unterbringung und Verpflegung, kommt trotz finanzieller Unterstützung eines jeden dritten Schülers durch Stipendien nicht einmal jeder siebte Schüler aus einer Familie mit max. 60 000 Dollar Jahreseinkommen und gerade einmal jeder sechste aus einer mit max. 80 000 Dollar Einkommen. Über vier Fünftel der Schüler stammen also aus dem oberen Fünftel der Gesellschaft. Im Schnitt weisen zwei Drittel der Familien, die ihre Kinder auf private Internatsschulen schicken, ein Einkommen auf, das mindestens das Dreifache des Durchschnittseinkommens beträgt.[20]

Die besseren schulischen Leistungen und höheren SAT-Scores resultieren also nicht nur aus den günstigeren häuslichen Bedingungen, sie spiegeln auch die unterschiedlichen finanziellen Möglichkeiten wider, die sich den Familien je nach Klassenlage bieten. Die Tatsache, dass die Absolventen von Privatschulen an den Eliteuniversitäten mit einem Anteil von 35 bis 45 Prozent um ungefähr das Vierfache überrepräsentiert sind[21], ist daher ein klares Indiz für eine nicht nur auf die unterschiedliche individuelle Leistungsfähigkeit zurückzuführende soziale Selektion bei der Rekrutierung der Studierenden.

Verstärkt wird dieser Effekt durch die enormen Summen, die das Studium an einer der bekannten Privatuniversitäten verschlingt. Gebühren, Unterbringung und Verpflegung für ein vierjähriges Undergraduate-Studium belaufen sich im Schnitt auf 30 000 bis 35 000 Dollar pro Jahr.[22] Bücher und sonstige Aufwendungen schlagen noch einmal mit gut 2000 Dollar jährlich zu Buche. Dies gilt nicht nur für die Topadressen wie Harvard, Princeton oder Stanford. Nicht ganz so renommierte Privatuniversitäten wie zum Beispiel die Tufts University oder das Williams College sind nicht billiger. Wer nach dem Bachelor weiterstudieren will, also einen Master- oder einen Doktortitel erwerben oder an einer Professional School Jura, Medizin oder Wirtschaft studieren will, muss in der Regel sogar noch etwas tiefer in die Tasche greifen. Im Durchschnitt muss er bei den renommierten Universitäten mit Kosten von 40 000 bis 45 000 Dollar jährlich rechnen, in der Spitzengruppe sogar mit über 50 000 Dollar.

Derartige Summen sind für Normalverdiener nicht aufzubringen. Zwar gibt es an allen Universitäten umfangreiche finanzielle Unterstützungsprogramme, diese können die soziale Selektionswirkung der Studienkosten aber nur abschwächen. So erhalten je nach Universität zwischen gut 40 Prozent (z. B. in Yale) und knapp 70 Prozent (z. B. in Stanford) der Undergraduate-Studierenden Stipendien und/oder Darlehen, diese Unterstützung ist aber nicht ganz problemlos. Zum einen sind die Eigenkosten für einen durchschnittlichen Vollzeitstudierenden an einer Privatuniversität auch nach Abzug aller Finanzhilfen noch sehr hoch: 1995/96 waren es immerhin über 14 000 Dollar. Selbst diejenigen aus dieser Gruppe, deren Eltern weniger als 20 000 Dollar verdienen, müssen trotz aller Hilfen noch erhebliche Mittel selbst aufbringen, 1995/96 fast 8500 Dollar.[23] An den Eliteuniversitäten dürften die Beträge noch deutlich höher liegen. Zweitens muss jeder Unterstützungsempfänger zwischen 35 und 45 Prozent seiner Ersparnisse beisteuern. Drittens schließlich, und das wiegt vielleicht am schwersten, handelt es sich bei der gebotenen Unterstützung zu einem erheblichen Teil um verzinsliche Darlehen.

Von den Vollzeitstudierenden (Undergraduate) an Privatuniversitäten mit unteren (bis 25 000 Dollar) bzw. mittleren (bis 70 000 Dollar) Familieneinkommen erhielten 1995/96 zwar ungefähr 90 Prozent finanzielle Unterstützung. Diese bestand aber bei fast drei Vierteln zu einem mehr oder minder großen Teil aus Darlehen, im Durchschnitt gut 4300 Dollar pro Jahr. Die Verschuldung nach dem Bachelor-Abschluss lag damals allgemein bei etwas über 14 000 Dollar pro Studierendem.[24] Da die Studierenden aus den unteren und mittleren Einkommensgruppen am stärksten verschuldet sind und die höchsten Darlehenssummen an den Privatuniversitäten mit den höchsten Gebühren einhergehen (am MIT sind zum Beispiel 56 Prozent der Absolventen verschuldet, und zwar mit durchschnittlich 22 500 Dollar), dürfte die Verschuldung bei jenen Studierenden, die aus den nicht so wohlhabenden Kreisen der Gesellschaft stammen und gleichwohl an einer der Eliteuniversitäten studieren, noch erheblich größer sein. Weiterführende Studiengänge müssen generell zu einem wesentlich höheren Prozentsatz durch Darlehen finanziert werden. Und so liegt zum Beispiel an der Business School der University of Chicago der Anteil derer, die Zuschüsse oder Stipendien erhalten, nur noch bei 20 Prozent verglichen mit 69 Prozent im Undergraduate-Studium.

Die durch Leistungstests und Studienkosten stattfindende soziale Selektion erfährt durch die für die endgültige Zulassung verantwortlichen Admissions Committees noch eine weitere Verschärfung. Wie Feldman zeigt, spielen hier persönlichkeitsgebundene Kriterien eine entscheidende Rolle. Sie begünstigen den Nachwuchs der oberen Gesellschaftsschichten ganz eindeutig. Während es in der Bewertung der geistigen Fähigkeiten durch die Zulassungskommission zwischen den Schülern von Privatschulen und den anderen Bewerbern keinerlei Unterschiede gibt, liegen Erstere bei der Bewertung der Persönlichkeit deutlich vorn.

Dieser Vorsprung hat einen »objektiven« und einen »subjektiven«, das heißt von der Betrachtungsweise des Komitees abhängigen Grund. Objektiv haben die Kinder, die an Privatschulen und vor allem an den renommierten unter ihnen ausgebildet worden sind, eine breitere Förderung ihrer Persönlichkeit erfahren. Der subjektive Aspekt besteht darin, dass die Kommissionsmitglieder bei ihrer Bewertung der Persönlichkeit (bewusst oder unbewusst) ein Auftreten und Verhalten favorisieren, das dem ihrigen im Großen und Ganzen entspricht[25], sich also vor allem für Kinder aus den »besseren Kreisen« der Gesellschaft entscheiden.

Verstärkt wird die Begünstigung dieser Bewerbergruppe noch durch zwei weitere Mechanismen. Einmal bestehen zwischen den renommierten Privatschulen und den bekannten Privatuniversitäten relativ enge Kontakte. Diese werden systematisch gepflegt, gerade was die Beziehungen zwischen den Leitungsorganen der Schulen und dem »Admission Committee« betrifft. Zum anderen sind die Privatuniversitäten zu einem großen Teil von den Spenden wohlhabender Alumni oder der Unternehmen, in denen jene tätig sind, abhängig. Daher werden die Kinder von Ehemaligen auch bewusst bevorzugt, um den Zugang zu diesen Geldquellen zu sichern. Man spricht von ihnen ganz offen als von den »lineage types« – »candidates who probably couldn't be admitted without the extra plus of being a Harvard son«[26]. Wer angesichts solcher Selektionsmechanismen von einer reinen Leistungsauslese spricht, verkennt die Realität oder verfälscht sie bewusst.

5.
Wenn die Kritiker der bundesdeutschen »Neidgesellschaft« heute vehement fordern, endlich der Leistungsgerechtigkeit den Vorrang vor der sozialen Gerechtigkeit einzuräumen, weil Erstere nicht nur für die Wettbewerbsfähigkeit der deutschen Wirtschaft unverzichtbar sei, sondern auch den Regeln der Fairness gehorche, statt neidgesteuert zu sein, dann verzerrt diese Argumentation die Wirklichkeit ebenso wie die Verwendung des Begriffs »Sozialneid«. Es geht Leuten wie dem Chefvolkswirt der Deutschen Bank, Norbert Walter, nicht um Leistungsgerechtigkeit, wenn sie zum Zwecke einer weiteren Senkung der Einkommenssteuern die Privatisierung von Kindergärten und Schulen fordern und unter Hinweis auf die Selbstverantwortung des Bürgers davon sprechen, die »meisten Bundesbürger könnten die Ausbildung ihrer Kinder selbst finanzieren«[27]. Sie haben neben einer Reduzierung der Steuerbelastung für die Wohlhabenden auch eine grundsätzliche Änderung des Bildungssystems im Auge. Durch eine stärkere Verlagerung der Ausbildungskosten auf die Familien sowie die Etablierung von privaten Bildungsinstitutionen soll die Binnendifferenzierung des Bildungssystems weiter vorangetrieben werden. Wer genug Geld hat, soll in die Lage versetzt werden, seine Kinder auf Schulen und Hochschulen zu schicken, die von der allgemeinen (und durch die geforderten Steuersenkungen noch verstärkten) Finanzmisere des öffentlichen Bildungswesens verschont bleiben. Ob es sich dabei um private Einrichtungen nach angelsächsischem Vorbild handelt oder um staatliche Elitebildungsinstitutionen nach französischem Muster, ist letztlich zweitrangig. Man schreitet auf beiden Wegen voran, um in einer Art Zangenangriff das bisherige, immer noch vergleichsweise stark am Prinzip der Chancengleichheit orientierte bundesdeutsche Bildungswesen von Grund auf umzukrempeln.

Obwohl die Spitzenpositionen in unserer Gesellschaft auch ohne die Abschlusszertifikate exklusiver Schulen und Hochschulen vom Nachwuchs des gehobenen Bürgertums besetzt werden[28], bleibt für die besseren Kreise der Gesellschaft bei der derzeitigen Struktur des Bildungswesens nämlich ein entscheidendes Problem bestehen. Auch deren Kinder leiden in ihrer übergroßen Mehrzahl, da sie öffentliche Schulen und Universitäten besuchen, unter den durch stetige Mittelkürzungen hervorgerufenen Mängeln dieses Systems. Sie können sich diesen Mängeln im Augenblick fast nur durch den Wechsel ins Ausland entziehen. Bei einer erheblich verstärkten Binnendifferenzierung wäre das anders. Dann könnte das gehobene Bürgertum den eigenen Nachwuchs in Bildungseinrichtungen schicken, die aufgrund einer wesentlich besseren finanziellen Ausstattung das gewünschte Niveau aufweisen, und dem Rest der Bevölkerung das zunehmend marode Restsystem überlassen. Ob diese für die eigenen Kinder reservierten Institutionen dann überwiegend in staatlicher Regie geführt würden oder in privater, ist letztlich egal. Wie das französische Beispiel zeigt, wo der Staat den elitären Grandes Écoles mit ihren wenigen zehntausend Studierenden über ein Drittel des Hochschuletats zur Verfügung stellt, während die Universitäten und sonstigen Hochschulen mit ihren zwei Millionen Studierenden sehen müssen, wie sie mit den restlichen gut 60 Prozent über die Runden kommen, kann sich die Differenzierung unter staatlicher Regie genauso entfalten wie bei einer Dominanz privater Elitebildungsstätten, die für das US-Bildungssystem charakteristisch ist.

Der Effekt ist letztlich in beiden Fällen der gleiche. Man würde die durch die familiäre Sozialisation ohnehin schon bestehenden Vorteile der Kinder aus den besseren Kreisen endgültig zementieren, anstatt – wie es unter der Prämisse der Chancengleichheit noch der Fall war – den Versuch zu unternehmen, sie wenigstens teilweise auszugleichen. Wenn prominente Jungpolitiker der Grünen in einem Thesenpapier dazu aufrufen, in der Bildungspolitik »Chancenfairness« an die Stelle der alten »Gleichmacherei« zu setzen[29], so zeigt das deutlich die politische Wirkung der unter dem Banner der Leistungsgerechtigkeit geführten öffentlichen Debatte. So wie mit dem Begriff des »Sozialneids« jede kritische Diskussion der immer ungleicher werdenden Einkommens- und Vermögensverhältnisse als ausschließlich »neidgesteuert« diffamiert werden soll, so soll der Begriff der Leistungsgerechtigkeit wesentlich dazu beitragen, die großen sozialen Unterschiede hierzulande nicht nur zu legitimieren, sondern sie durch einen grundlegenden Umbau des Bildungssystems auch noch weiter zu verfestigen und zu vertiefen.

Anmerkungen

1 Unberücksichtigt bleiben dabei alle nicht deklarierten Vermögen, also z. B. alle ins Ausland transferierten Gelder. Angesichts der großen Zahl von bundesdeutschen Konteninhabern in Luxemburg, auf den Kanalinseln und in anderen »Steueroasen« dürfte die reale Vermögensverteilung daher noch weit ungleicher sein.

2 Alle Angaben nach Martin Klauss, *Politik für mehr Reichtum. Daten und Anmerkungen zur Entwicklung von Reichtum und Armut in Deutschland,* Freiburg 1998.

3 Eigene Berechnungen nach *Statistisches Taschenbuch '99* des Bundesministeriums für Arbeit und Sozialordnung, Bonn 2000, Tab. 1.23.

4 Doug Henwood, *Wall Street. How it works and for whom,* London/New York 1998, S. 67. Welche Macht das ökonomisch bedeutet, wird klar, wenn man sich vor Augen hält,

dass das oberste Prozent der Haushalte die Kontrolle über fast ein Viertel aller Aktien und damit über viele Firmen ausübt.

5 Aristoteles, *Rhetorik,* Paderborn 1959, S. 135 f.

6 Francis Bacon, *Essays,* London 1972, S. 26.

7 Helmut Schoeck, *Der Neid und die Gesellschaft,* Freiburg 1971, S. 228 (Erstauflage: Freiburg/München 1966).

8 A.a.O., S. 201.

9 Michael Hartmann, »Auf dem Weg zur transnationalen Bourgeoisie?«, in: *Leviathan,* 27, S. 127.

10 Da es hier nur um die grundsätzliche Frage nach dem Zusammenhang zwischen Leistung und Position geht, bleiben die mit der Börsenhausse verbundenen enormen Gewinne für die Inhaber von Aktienpaketen und -optionen unberücksichtigt.

11 Diese wie auch alle folgenden Angaben über die US-Universitäten stammen, wenn nicht anders vermerkt, aus den aktuellen (sich bei den Anfängern auf den Jahrgang 1999 beziehenden) Daten, die die Universitäten auf ihren Internetseiten veröffentlichen, und aus dem »College-Ranking 2000« der Zeitung *U.S.News.*

12 *Digest of Education Statistics 1998,* Tab. 131. Die SAT-Punktzahl bewegt sich zwischen 200 und 800 Punkten.

13 Das durchschnittliche Haushaltseinkommen liegt sogar nur bei 37 000 Dollar.

14 Penny Hollander Feldman, *Recruiting an Elite,* New York 1988, S. 111 ff.

15 A.a.O., S. 176 f.

16 *Digest of Education Statistics 1998,* Tab. 133.

17 U.S. Census Bureau, *Statistical Abstracts of the United States: 1999,* S. 176.

18 Diese Zahl wie auch alle folgenden über die exklusiven Privatschulen entstammen deren Internetseiten.

19 F. Howard Nelson, »Trends in Private School Cost and Tuition: No Immunity from the Disease«, Paper Proposal for the 1998 AEFA Meeting, S. 5.

20 Pete W. Cookson/Caroline Hodges Persell, *Preparing for Power. America's Elite Boardings Schools,* New York 1985, S. 58.

21 Von allen High-School-Absolventen stellen die Privatschüler nur ungefähr 10 Prozent (U.S. Census Bureau), a.a.O, S. 164.

22 Das bedeutet eine Steigerung um (inflationsbereinigt) fast 30 Prozent binnen eines Jahrzehnts bei praktisch gleichgebliebenen durchschnittlichen Familienrealeinkommen.

23 L. Berkner/A. G. Malizio, »Student Financing of Undergraduate Education: 1995–96«, in: *National Center of Education Statistics, NCES 98–076,* November 1998, S. 134 f.

24 A.a.O., S. 38, 48.

25 S. dazu auch Michael Hartmann, *Topmanager. Die Rekrutierung einer Elite,* Frankfurt/New York 1996.

26 Penny Hollander Feldman, a.a.O., S. 95. Der neue US-Präsident Georg W. Bush ist dafür ein prominentes Beispiel. Seine Aufnahme in Yale verdankt er ausschließlich dem großen Einfluss seines Vaters und seines Großvaters, die als Ehemalige von Yale eine positive Entscheidung des Admission Comitee »herbeiführen« konnten, obwohl die Leistungen des Bewerbers Georg W. Bush deutlich unterhalb des üblichen Niveaus lagen.

27 So in einem Interview mit der *Welt* am 19. 11. 1999.

28 S. Michael Hartmann, »Die deutschen Spitzenmanager«, in: *Kursbuch 139,* »Die neuen Eliten«, Berlin 2000, S. 97–109.

29 *Frankfurter Rundschau* vom 21. 8. 2000.

Florian Illies
Generation Neid

Zu den wenigen wirklichen Vorteilen der Generation Golf gehört, dass niemand auf sie neidisch ist. Man könnte vielleicht sogar so weit gehen, zu sagen: Gerade die Tatsache, dass diese Generation von den anderen, älteren, und auch von der ersten jüngeren Generation noch nicht einmal des Neides für würdig befunden wurde, führte dazu, dass sie sich überhaupt als Generation fühlte. Das Ignoriertwerden kann ähnliche Mobilisierungskräfte und Gruppenzugehörigkeiten stiften wie die Achtung, der Hass und der Neid. Die Generation Golf ist also auch insofern eine seltsame Generation, als sie tatsächlich glaubte, weder beneidet zu werden noch andere zu beneiden. Doch je länger der von Helmut Kohl gegründete und von Gerhard Schröder kongenial weitergeführte Freizeitpark Deutschland existiert, umso stärker dämmert uns, wie naiv dieser Glaube zum Teil ist. Nur beneidet, das werden wir wirklich nicht: Das elementare Erlebnis des Krieges ist selbst für die älteren Generationen insofern Vergangenheit, als es fünfzig Jahre und fast zwei Generationen später kaum mehr als emotionales Bewertungsmuster für die Nachwachsenden taugt. Auch die Unüberschaubarkeit der technischen Zukunft, der Möglichkeiten der Gentechnologie und die Unmöglichkeit einer sicheren Rente lassen uns sehr unbeneidet ins 21. Jahrhundert gehen. Grausame Initiationsriten wie sie die Naturvölker angeblich aus Neid der Älteren auf die Jungen pflegen, scheinen für uns nicht mehr nötig zu sein.

Selbst die 68er, die, als sie unsere Lehrer waren, uns noch neideten, dass wir alles frei Haus bekamen, wofür sie einst auf die Straße gehen mussten, dass wir, ohne es zu goutieren, jene moralischen und gesellschaftlichen Freiheiten als Selbstverständlichkeit erleben, die sie einst für sich zu erkämpfen versuchten, selbst diese 68er sind heute neidfrei. Der kollektive Marsch durch die Psychologiebücher hat allgemein die Erkenntnis durchgesetzt, dass das Streiten für etwas selbst ein existenzieller Wert ist, auch wenn erst nachfolgende Generationen die Folgen genießen können. Kampflos kommt man nicht lange weiter.

Als in diesem Winter, am Anfang des 21. Jahrhunderts, die deutsche Politik in einem letzten großen Aufbäumen noch einmal versuchte, 68 und die Folgen zu bewältigen, sich noch einmal an der Symbolfigur Joschka Fischer die Pubertät der Republik vor Augen zu führen, da verriet selbst noch die Debatte in ihrer Schattenhaftigkeit, wie stark die Strahlen damals gewesen sein müssen. Die Alte-Kameraden-Koketterie, die Fischer zur Schau trug, hatte dabei etwas ebenso Verstörendes wie die Argumentation der Opposition aus braven CDU-Bundestagsabgeordneten und aufgeregten Springer-Chefredakteuren, die ohne irgendeinen nennenswerten erfahrungsbedingten Reflexionsgewinn ebenfalls da weitermacht, wo sie 1970 aufgehört hat. »Gnadenlos«, so bemerkte Hans Magnus Enzensberger, »wird ein vor dreißig Jahren verendeter Hund durchs Dorf getrieben«. Die einzig interessante Volte in dieser Nostalgierunde war die Wanderung des Kontinuitätsverdachts. Fischer erklärte das Verhalten seiner Generation und seiner Freunde Ende der sechziger Jahre damit, dass man die Bundesrepublik wegen des Schweigens über das Dritte Reich unter Kontinuitätsverdacht gestellt habe. Mit diesem Kontinuitätsverdacht und Identitätswahn, unter dem zwischenzeitlich auch das Tragen von gebügelten Hemden und die Freude über Tore der deutschen Fußball-Nationalmannschaft stand, nervte fortan eine ganze Generation von Gemeinschaftskundelehrern, Zeit-Redakteuren und evangelischen Jugendbetreuern die Generation Golf. Es gibt, so ging die linke Lehre, keinen wirklichen Bruch, nur lange Linien, von Preußen zu Hitler, von Bismarck zu Kohl, von Ernst Jünger zu Botho Strauß. Am Anfang des neuen Jahrhunderts hat nun der deutsche Kontinuitätswahn Joschka Fischer selbst eingeholt. Man will ihm nicht glauben, dass er sich geändert hat. Und leider führt die intellektuelle Armut der Attacken dazu, dass er nun auch für die Abkehr von dieser Phase seiner Biographie wieder Stolz entwickelt.

Zeitgleich mit diesem langsam zurückkehrenden Stolz der 68er beschleichen nun die Generation Golf erste echte Zweifel über die Vorzüge des Aufwachsens in einer leicht trancehaften Konsensrepublik. Luhmanns Wort vom »Dagegensein ist Dabeisein« haben wir lange als spöttisches Abwehrinstrument benutzt, um die Protesthaltung der Älteren als naiven Selbstbetrug zu entlarven, der in Wahrheit systemstabilisierend wirkte. Und lange haben wir, weil die Stimmen der Atomkraftgegner und anderer Aufrechter so hysterisch, ihre Pullover so albern und ihre Flugblätter so schlecht gelayoutet waren, diese merkwürdigen Formen des Protests mit den Inhalten verwechselt. Doch nach sechzehn Jahren Helmut Kohl und zwei Jahren Gerhard Schröder und Joschka Fischer beginnt in uns eine Sehnsucht zu wachsen nach einer Politik, die ein »Dagegensein« wieder möglich macht. Denn das Absurde ist ja, dass man das sichere Gefühl hat, auf die Politik und die Gesellschaft der Bundesrepublik am Anfang des 21. Jahrhunderts nicht mehr reagieren zu müssen, weil die eigenen Reaktionen bereits längst in Entscheidungen eingebaut sind. Es ist nicht mehr nötig, sich zu irgendetwas zu verhalten. Vielleicht nicht einmal mehr möglich. Und zwar: weder zu Personen noch zu Parteien noch zu Entscheidungen. Wahrscheinlich baut sich so langsam ein ganz merkwürdiger Neid der Jüngeren auf die Älteren auf: Man könnte es eine Sehnsucht nennen. Eine leicht weinerliche Sehnsucht nach Zeiten, als neue Suhrkamp-Taschenbücher im Herbst wichtiger waren als die Rückkehr von Mon Cherie in die Regale, als es noch nicht möglich war, sowohl für Moskau als auch für Washington zu sein, und als man sich bei Bundestagswahlen noch zwischen Freiheit und Sozialismus entscheiden musste.

Wir sind zwar froh, dass wir die Gleichsetzung von Moral und Leben überwunden haben, dass wir uns nicht mehr entschuldigen müssen dafür, wenn wir einen innerdeutschen Flug buchen und nicht die Bahn nehmen oder wenn wir Kaffee kaufen, der nicht fair gehandelt und im Dritte-Welt-Laden verkauft wird. Aber manchmal würde man sich wahrscheinlich doch freuen, wenn es wenigstens noch moralische oder gesellschaftliche Ansprüche oder Regeln gäbe, gegen die man überhaupt verstoßen kann. Wenn es noch eine SPD gäbe, die sozialdemokratisch wäre, Grüne, die ökologisch denken, und eine CDU, die sich noch erinnerte, dass das C in ihrem Namen darauf hinweist, dass sie eine christliche Politik vertreten soll. Die Tatsache, dass sowohl die CDU unter Helmut Kohl als auch Rot-Grün unter Schröder und Fischer, sobald sie an der Macht waren, alle ihre Ideale von einer jeweiligen geistig-moralischen Wende vergaßen angesichts der völligen Konzentration auf den Machterhalt, erhöht die Illusionslosigkeit unserer Generation von Jahr zu Jahr.

So werden wir uns denn von nun an so lange mit diesem merkwürdigen Neid auf die Älteren herumschlagen, bis er dann bald abgelöst werden wird durch den Neid auf die Jüngeren, die, genetisch entschlüsselt, irritiert auf uns herabschauen werden, weil wir wohl die letzte Generation sein werden, die noch nicht selbst bestimmen konnte, ob ihre Kinder gesund werden oder krank und blond oder braunhaarig.

Sabine Sauer
Im Abfall

Ebeye. Die grösste Müllkippe der Südsee

KIKKOMAN
Soy Sauce

Klaus Hartung
Der Neid und das Soziale

1. Die Hegemonie des Sozialen

»Wenn Neid ein Fieber wäre, so wäre die Welt schon gestorben.«
(Sprichwörterlexikon von K. F. Wander, 1863–1880)

Seit der Gründung der Bundesrepublik hat der Begriff des Sozialen eine beispiellose Karriere gemacht. Mit dem Anfang der siebziger Jahre verbreitet sich der Wort- und Bedeutungskreis des Sozialen in geradezu epidemischen Dimensionen. Das Persönliche, die Psyche, die Politik, die Wirtschaft und das öffentliche Leben stehen nicht nur in sozialer Wechselwirkung, sondern werden noch zusätzlich vom Sozialen imprägniert. Das Besondere wird zum Ärgernis; Autonomie ist verdächtig; der individuelle Erfolg fast asozial. Von der Sozialpsychiatrie bis zur Soziolinguistik zieht gewissermaßen eine höhere Ebene der geistes- und humanwissenschaftlichen Disziplinen ein. Sie steht nicht nur für einen epistemologischen Fortschritt, sondern für Fortschritt der Gesellschaft schlechthin. Alle Politikfelder geraten unter die Hegemonie der Sozialpolitik. Phylogenese und Ontogenese der menschlichen Natur vereinigen sich in der Soziogenese. Das Soziale steht für das Allgemeine, das Höhere, das Ganze. Ein Archäologe in einem späteren Jahrhundert würde jedenfalls das Soziale als Leitfossil einer neuen deutschen Nationalkultur identifizieren.

Die Ausnahmen lassen sich an der Hand abzählen. Wir haben noch keine soziale Verteidigungspolitik, obwohl die Öffentlichkeit mit großer Befriedigung beobachtet, dass unsere Soldaten nach dem ersten Kriegseinsatz im Balkan nun mit der Dächerreparatur und Trinkwasserversorgung beschäftigt sind. Wir haben auch noch keine Sozio-Außenpolitik. Allerdings wird aus der allgemeinen Europapolitik immer mehr eine europäische Sozialpolitik. Auch gibt es keine Sozialpolizei. Aber es wird gern betont, dass die richtige Polizeiarbeit immer auch »ein Stück weit« Sozialarbeit sein muss. Sozialreligionen, Sozialchristentum und Sozialglauben gibt es auch noch nicht. Erstens wäre ja der Begriff nun wirklich sehr missverständlich; zweitens bekommt im christlichen Selbstverständnis die Sozialethik in dem Maße mehr Bedeutung, wie der Glaube in den Hintergrund tritt und zur Privatsache wird. Die Predigten ähneln Sozialkundereferaten mit Bibelzitaten. Das staatliche Inkasso der Kirchensteuer wird nur noch mit der Sozialarbeit der Kirchen und nicht etwa mit der Schuldigkeit eines Christenmenschen gegenüber Gott begründet.

Mit dem Sozialen ist nicht zu spaßen. Wer den Begriff in unpassende Wortverbindungen bringt, die ihm verpuppte Sonderinteressen oder Parteipolitik unterstellen, der gerät in moralischen Verdacht und gilt als Sozialfeind. Als in den siebziger Jahren die CDU die sozialpolitischen Vorstellungen der Sozialdemokratie als »Sozialneid« kritisierte, wurde ihr schlicht Menschenverachtung vorgeworfen. Dabei fällt die Dominanz des Sozialen gar nicht auf. Ein Historiograph späterer Zeiten wird vielleicht das Soziale ebenso expansiv und beherrschend finden wie einst das deutsche Wesen, an dem unter Wilhelm II. die Welt genesen sollte, oder den Rassebegriff im Dritten Reich. Was auch kaum bemerkt wird: die Tendenz zur beschwörenden Tautologie. So tritt zum Beispiel die Stadtplanung für die »soziale Stadt« ein, wiewohl die europäische Stadt selbst schon ein hochentwickeltes soziales Gebilde ist. Irgendwann wird es denn auch die deutsche Sozialgesellschaft geben, so wie wir von der Spaß-, Freizeit- und Dienstleistungsgesellschaft reden. Bei dem Sozialen ist der Begriff auch der Inhalt. Das Soziale ist auch sozial; es ist autopoetisch. Für das Soziale gilt das nicht, was die Menschheit inzwischen aus bitteren Erfahrungen von allen anderen allgemeinen Prinzipien und Ansprüchen weiß: dass sie ins Gegenteil umschlagen können. Die Sozialpolitik ist in sich immer sozial. Schlimmstenfalls ist sie nicht konsequent genug oder muss noch weiterentwickelt werden oder ist unterfinanziert. Asozial kann sie nie werden, sowenig wie das Gute sich in das Böse verwandeln kann. Obwohl – es gibt da inzwischen Unsicherheiten, nachdem die Menschheit doch erfahren hat, welche Verheerungen der gute Wille anrichten kann.

Es geht hier natürlich nicht um die politische Kritik einer bestimmten Sozialpolitik oder der Sozialgeschichte und des Sozialstaats im präzisen Sinne des Wortes. Hier interessiert der ideologische und identitätsstiftende Überschuss des Sozialen. Es steht für die neudeutsche Identität, die man durchaus Leitkultur nennen könnte. In der gilt die Idee der Nation als überholt und der Ruf nach nationaler Identität als gefährlich. Wenn es aber an das Soziale der Nation geht, die sozialen Standards europäisiert werden sollen, schrillen die Alarmglocken. Das ist sozusagen ein Fall für den deutschen Sozialnationalismus.

Unser Staat ist seinem Wesen nach ein Sozialstaat. Das – und nicht das Gewaltmonopol – ist seine Legitimationsquelle. Die Wirtschaftsform, die soziale Marktwirtschaft, gilt unter dem Markennamen »rheinischer Kapitalismus« als Vorbild für die Welt. Wer die sozialen Standards kritisiert, bewegt sich am Rande des Tabubruchs. Der sogenannte Neoliberalismus, im Grunde nur ein vorsichtiger Versuch einer deutschen Softversion der Reaganomics, der über Rhetorik nicht hinauskam, wurde sofort als Gefahr für die Republik gesehen. Die Neoliberalen galten gleich als »Staatsfeinde von rechts«. Die Globalisierung begreifen viele als heimtückischen Unterwanderungsversuch unserer Gesellschaft. Sie hat ungefähr denselben Stellenwert wie bei den Nazis das Weltjudentum. Der Neoliberale gefährdete nicht nur unseren Staat, sondern auch unseren Konsens. Seine »soziale Kälte« vergällt die machtgeschätzte Kuscheligkeit unserer Sozialkultur.

Natürlich hat das Soziale nie ernsthaft den Kapitalismus bedroht, auch wenn die jammernden Wirtschaftsverbände diese Gefahr immer wieder an die Wand malen. Da war Erich Honneckers Unsinn von der »Einheit von Wirtschafts- und Sozialpolitik« eine ausreichende Warnung. Sie war ja auch das Todesurteil für die DDR – nicht nur weil sie konsequent in die Pleite der DDR führte, sondern weil es auch implizit eine Ohnmachtserklärung der Diktatur war. Obwohl im Namen der Einheit von Wirtschafts- und Sozialpolitik ein politischer Brotpreis galt, der niedriger war als Schweinefutter, wagte die Partei mit ihrem ganzen Führungsanspruch es nicht, den Menschen ein Minimum an wirtschaftspolitischer Ratio zuzumuten. Aber dennoch ist sie ein lehrreiches Beispiel dafür, welchen gefährlichen Unsinn man mit dem Sozialen anstellen kann.

Die historischen Gründe dafür, dass das Soziale fast sakrale Bedeutung bekommen hat, liegen auf der Hand: Der Vorrang des Sozialen gehört zum Gründungsethos der Bundesrepublik. Ihm entspringt ohne allen Zweifel der großartige Erfolg der zweiten deutschen Demokratie, einer Demokratie muss man sagen, die bisher mühelos alle Belastungsproben gemeistert hat. Drei wesentliche Legitimationsquellen gab es: Aus der Erfahrung der Massenverelendung und ihrer Konsequenzen in der Weimarer Republik verliehen die Väter und Mütter des Grundgesetzes der sozialen Frage Verfassungsrang. So wurde beispielsweise der Länderfinanzausgleich mit dem Ziel gleicher Lebensverhältnisse kodifiziert. Zweitens wurde die Geschichte der Bundesrepublik geprägt von der Konkurrenz der Systeme. Die sozialen Errungenschaften mussten sich immer am DDR-Sozialismus messen lassen können. Die dritte Legitimationsquelle ist etwas schwieriger zu erfassen. Es ist die 68er Bewegung. Sie wird heutzutage auch als eine zweite, nachholende Gründung der Bundesrepublik verstanden.

Die antiautoritäre Revolte war der Ernstfall der jungen Demokratie. Die Jugend des Wirtschaftswunderlandes nutzte radikal die demokratischen Freiheiten – selbstverständlich in der Überzeugung, dass es sie nicht wirklich gebe. Es ging um den Ausbruch aus der »formalen Demokratie«, aus dem »System«, um die Befreiung der Menschen und der »lohnabhängigen Massen« vom Konsumterror, es ging um die Revolution. Als Hauptfeind wurden diejenigen Kräfte des »Systems« identifiziert, die die Massen von ihren revolutionären Möglichkeiten ablenken. Das waren die Sozialdemokratie, die Reformpolitik der sozial-liberalen Koalition und vor allem der Sozialstaat. Paradoxerweise stärkte dann 68 den Sozialstaat und verlieh ihm die unvergleichliche Hegemonie. Was die Revolte mitbrachte, war – ungeachtet aller revolutionären Verblendung – ein jugendlicher gesellschaftspolitischer Optimismus. Der Mensch war im Prinzip gut. Er musste nur aus den Zwängen seiner Soziogenese befreit werden. Als die Revolution sich als Schimäre entpuppte, sah sich eine ganze Generation vor die lähmende Alternative zwischen Anpassung oder Sektierertum gestellt. Als Ausweg wurde das weite Feld des Sozialen entdeckt. Der Sozialstaat bot die Chance, im Staat gegen den Staat zu arbeiten und dem »Volk zu dienen«. Hier liegt die nachhaltigste Wirkung der 68er Bewegung: Sie führte in den folgenden Jahrzehnten zu einem öffentlichen Dienst und einem Berufsbeamtentum, die mit dem Obrigkeitsstaat brachen und ihn durch die Ethik des sozialen Engagements ersetzten. Die Voraussetzungen waren allerdings schon 1961 mit dem Bundessozialhilfegesetz geschaffen worden, das die öffentliche Fürsorge abschaffte und durch das Recht auf Sozialhilfe ersetzte. Aber es waren die 68er, die diese Rechte popularisierten. Als Avantgarde im »Abzocken« der »Staatsknete« akkumulierten sie ein reiches Erfahrungswissen im coolen Umgang mit dem Staat und schulten das untere Drittel der Gesellschaft.

Es war also die Jugendrevolte, die den Sozialstaat ideell und ethisch aufgeladen hat. Er beschränkte sich nun nicht mehr nur auf Reaktion, Kompensation, distributive soziale Gerechtigkeit und Integration gegenüber gesellschaftlichen Widersprüchen, Ungerechtigkeiten und Ungleichheiten. Er gab mehr und mehr die Ziele der Gesellschaft vor. Die Utopie, die als revolutionäre Ideologie gescheitert war, begann in ihm zu irrlichtern. Der Sozialstaat wurde zum Vorreiter einer Gesellschaft der sozialen Gerechtigkeit und Gleichheit und zum wahren Sachwalter der Interessen des »kleinen Mannes«. Im Zuge dieser Ideale wurde der Anspruch des Sozialstaats immer totaler. Sein Credo tendierte in Richtung einer allgemeinen Daseinsvorsorge, des Glücks von oben und der Übernahme des Gesundheits-, Berufs-, ja des Lebensrisikos selbst. Was aber in dem sozialstaatlichen Wertekanon überhaupt nicht vorkam, das waren die Gegenleistungen und die Verantwortung des Einzelnen gegenüber der Allgemeinheit.

Die Grenzen zwischen Staat und Gesellschaft wurden fließend. Der Sozialstaat wurde Teil des Alltags. Er entwuchs jeder staatstheoretischen

Rationalität. Heutzutage gibt es weder eine klare Vorstellung von den gesellschaftlichen Kosten des Sozialstaats noch eine ernstzunehmende Debatte etwa über das Preis-Leistungs-Verhältnis. Kein Mensch kann mehr überblicken, was im Namen von Eingliederung, Integration, sozialer Gerechtigkeit alles an Hilfen, Maßnahmen, Therapien, Modellprogrammen, Steuererleichterungen, Subventionen, empirischen Studien, Wissenschaften, Ausbildungsprogrammen, Spezialisierungen etc. entstanden ist und wie alles funktional miteinander zusammenhängt. Es ist ein Ring von sozialstaatlichen Legitimationswissenschaften entstanden, die wiederum die Praxis, die Ausbildung, die Programme und Angebote fördern. Das ist nicht zuletzt der Grund für die nicht genug bekannte Tatsache, dass der größere Teil des sozialstaatlich bestimmten Transfers dem Mittelstand zugute kommt.

Im Grunde ist der Sozialstaat das erfolgreichste Arbeitsbeschaffungsprogramm der Geschichte. Es hat den einzigartigen Vorteil, dass es sich seinen Markt selbst schafft. Und außerdem ist sein Produkt, das Soziale, immer gefragt. Denn mit jeder Behinderung, mit jeder Ungerechtigkeit, mit jeder Problemlage überhaupt, für die ein sozialstaatliches Programm entwickelt wird, entdecken die Beteiligten logischerweise eine Behinderung, eine Ungerechtigkeit, eine Problemlage, die noch nicht erfasst wurde. Der Sozialstaat hat die Mitte der Gesellschaft erobert und sie in Abhängigkeit gebracht. So etwas nennt man den sozialstaatlichen Konsens. So weit, so gut. Trotz aller Fragen.

Aber nach mehr als fünf Jahrzehnten erfolgreicher Integrationspolitik, Eingliederung, Sozialhilfe, sozialer Gerechtigkeit, Walten des Gleichheitsgrundsatzes, nach so viel Umverteilung, nach dem Transfer von Billionen und Aberbillionen von Mark in die Hände der Bedürftigen und Betroffenen, nach einer Epoche des Ausbaus und der Verstärkung des sozialen Netzes darf doch, muss doch einmal gefragt werden: Was kam dabei raus? Die Epoche ist die glücklichste, friedfertigste und wohlhabendste in der ganzen deutschen Geschichte. Die Erbengeneration darf sich der größten Vermögensübertragung aller Zeiten erfreuen. Die Deutschen sind genug gereist, um zu wissen, dass wir in Sachen Lebensstandard, soziale Sicherheit und Gesundheitsfürsorge außerordentlich gut dastehen. Außerdem haben die Deutschen die Hälfte des Zahngolds der ganzen Welt im Mund. Und nicht zuletzt ist uns sozusagen die Einheit eher in Gleichheit als in Freiheit gelungen, gewissermaßen als nationale Sozialmaßnahme.

Eigentlich wäre eine Art Patriotismus der Zufriedenheit zu erwarten oder wenigstens eine Art nationaler Stolz über den Erfolg. Endlich verleiht die Muse der Geschichte den Deutschen eine Aura des Gelingens. Und gleich in doppelter Portion. Vielleicht sind solche Erwartungen etwas lebensfremd. Schließlich vergessen die Angehörigen des Sozialstaats eines nie: dass sie Steuerzahler sind und die öffentlichen Wohltaten aus der eigenen Tasche kommen. Nichts gegen diese demokratische Nüchternheit. Aber eines darf man dann doch erwarten: selbstgewisse Normalität und ein ganz normales Selbstbewusstsein in Deutschland.

Die Realität ist anders. Die Stimmung ist schlecht oder misslaunig. Deutsche Larmoyanz und *the german angst* fällt Ausländern sofort auf. Der deutsche Nationalcharakter hat heruntergezogene Mundwinkel und einen scheelen Blick. Er sieht ein bisschen so aus wie das öffentliche Gesicht des DDR-Bürgers vor der Wende. Es gibt bestimmte Glaubenssätze, die von unseren sozialen Legitimationswissenschaften unentwegt beschworen werden: die Armut, die wächst; die Segregation, die zunimmt, die Schere zwischen Arm und Reich, die sich immer weiter öffnet; das soziale Netz, das immer mehr zerrissen wird. Die Hauptkritik der 68er, wonach der Sozialstaat die (eigentlich) »revolutionären Massen« befrieden würde, erweist sich als völlig falsch. Irgendwie wird alles schlechter. Nichts ist nie genug.

Frage also: Welches Motiv, welche Leidenschaft können es sein, die durch nichts stillbar sind; die desto unersättlicher und zerstörerischer werden, je mehr sie bekommen? Da gibt es nur eines: den Neid. Sollte also die Beziehung zwischen Sozialstaat und Sozialstaatsvolk vom Neid beherrscht sein?

Aber wer ist derart neidisch und unzufrieden? Die Einzelnen? Eher nicht. Die immer wieder beschworenen Ärmsten der Armen? Natürlich nehmen es die Kommunen, zumal wenn sie unter Defiziten leiden, mit der Sozialhilfe genauer. So wurde von Prügeleien auf Sozialämtern und Polizeischutz für Angestellte berichtet. Aber die Mehrheit der Sozialhilfeempfänger erweist sich durchaus als erfahrene und ausgefuchste Kenner ihrer Rechte. Der Rest der Deutschen? Als Einzelwesen ist er von seinem hohen Lebensstandard überzeugt. Er hält sich für humorvoller als selbst die Briten. Als Einzelner ist er Teilhaber an der Spaß- und Freizeitgesellschaft, profiliert sich durch sinkende Arbeitsmoral und einen allgemeinen Hedonismus. Der ehemalige DDR-Bürger, der von der besorgten Sozialwissenschaft permanent analysiert wird, zeigt ziemlich konstant folgende Meinung: etwa siebzig Prozent sagen zwar immer, »uns geht es schlechter«; aber etwa derselbe Prozentsatz erklärt in Umfragen: »mir persönlich geht es besser«. Wahrscheinlich ist das eine gesamtdeutsche Haltung.

Wenn der Einzelne nicht die Neidstruktur beherrscht – wer dann? Die Gruppen und Verbände? Das trifft schon eher. Jede Gruppe, jeder Verband, der im öffentlichen Raum agiert, wird immer nachweisen, dass es der jeweils vertretenen Klientel schlechter geht. Die Ärzte, die Bauern, der Mittelstand, die Unternehmer undsoweiter sind reihum die »Sparschweine« und »Prügelknaben der Nation«. Die Mehrheit der Deutschen steht chronisch vor dem Bankrott. Die Angestellten und Beamten sind wechselseitig benachteiligt und sorgen daher blind für die wechselseitige Gehaltsverbesserung. Und die Arbeiter sind grundsätzlich benachteiligt, weil sie immer erfolgreich behaupten können, dass die Unternehmensgewinne schneller gestiegen sind als die Löhne. Sollte es einmal nicht so sein, interessiert das keinen Menschen. Aber das alles ist das unvermeidliche Spiel in einem Sozialstaat, der sich im Laufe der Geschichte eine Allzuständigkeit angelastet hat. Das gehört zur sozialstaatlichen Folklore. Immerhin erreicht die neidische Konkurrenz der Gruppen und Verbände eines: ein äußerst unerquickliches Selbstverständnis von Gesellschaft und – eine große Unlust, an diesen Verhältnissen irgendetwas zu ändern. Nach mehr als fünfzig Jahren Sozialstaat besitzen wir keine selbstbewusste und beruhigend stabile bürgerliche Kultur mit einem breiten Mittelstand von hohem Lebensstandard (das ist nur in der objektiven Wirklichkeit so), sondern eine Mehrheit von Minderheiten, Betroffenen, Zukurzgekommenen – die immer mehr wollen, aber eines auf jeden Fall nicht: Veränderung.

Hier wird – das ist die These – dieser Widerspruch, den man als stabile Missgunst oder strukturkonservative Unzufriedenheit bezeichnen könnte, auf den Neid zurückgeführt. Der Neid scheint sich im Herzen des Allgemeinen, im Kern des Sozialen breitgemacht zu haben. Das wäre nun ein weiterer Widerspruch: Der Neid, dieses asoziale Motiv, agiert ausgerechnet im Sozialen. Wie sollte man sonst den jüngsten politischen Unsinn erklären: die Sache mit dem Benzinpreis und BSE. Wieso sollen Pendler ein Anrecht auf eine Entfernungspauschale haben? Das ist eine Prämie für kostspielige Zersiedlung der Landschaft. Wieso soll der Landwirtschaft, die dabei ertappt wird, dass sie jahrelang die Volksgesundheit dem Profit geopfert hat, das Berufsrisiko abgenommen werden? Aber es reicht, dass diese jüngsten Opfergruppen sich virtuell mit allen anderen neidisch vergleichen könnten.

Wo sind die Grenzen des Sozialstaats? Jeder weiß, dass es sie geben muss; dass sein Totalitätsanspruch nicht nur nicht zu bezahlen ist, sondern auch totalitär wird und die Freiheit bedroht. Die Situation des Sozialstaats heute ähnelt dem Tier in Kafkas Erzählung »Der Bau«: Es hat die Sicherheit des Baus nach außen perfekt abgesichert und muss feststellen, dass eine unfassbare Gefahr von innen her droht. Adolf Dreßler, lange Zeit der Hagen von Tronje des deutschen Sozialstaats, hat vor einiger Zeit zugegeben: »Niemand kennt die Umverteilungseffekte der staatlichen Transferleistungen.« Dieser Satz ist eine der radikalsten Bankrotterklärungen in der Geschichte der Bundesrepublik.

Er beleuchtet die Gefahr, die von innen kommt: den Legitimationsverlust. Immer mehr Sozialarbeiter, Psychologen, Sozialpädagogen in Einrichtungen und Ämtern verstehen sich als Sisyphos in einer labyrinthischen Welt, in der nicht einmal klar ist, ob sie wenigstens den Stein bergauf rollen. Der gesellschaftspolitische Optimismus der siebziger Jahre ist längst dahin. Ein anthropologischer Pessimismus nimmt zu. Auch die normalen Leute beginnen zu bezweifeln, ob das Gemeineigentum, ihre Steuergelder, gut angelegt ist. Je mehr sie zweifeln, desto weniger sehen sie das Soziale. Der Neid wächst und mit ihm der Verdacht, dass der Sozialstaat allzu viele Profiteure und Nassauer ernährt. In dem Essay »Die große Wanderung« macht Enzensberger die hellsichtige Bemerkung, dass die Menschen persönlich sehr großzügig und hilfsbereit sein können, aber aggressiv und böse werden, wenn jemand das abstrakte Gemeineigentum antastet. Die Gleichheit, die das Gemeineigentum verspricht, kann schnell in eine Gleichheit für Unsresgleichen und gegen Fremde, Ausländer oder andere umschlagen.

Hat der Sozialstaat die Menschen besser, sozialer, solidarischer gemacht? Die Frage ist tabuisiert. Die Antwort ist aber klar. Jeder weiß, dass der Mensch als Sozialstaatsbürger unangenehm, missgünstig, wenig hilfsbereit ist. Die Stadtplanung als Sozialplanung hat asozial tote Stadträume geschaffen, mit einer Bewohnerschaft, die nichts gegen die Verwahrlosung unternimmt. In diesen Häusern kann der tote Nachbar monatelang unentdeckt nebenan liegen. Die Bildungspolitik als Sozialpolitik hat zur Bildungskatastrophe geführt. Die Klage über den Mangel an Zivilcourage und das allgemeine Geht-mich-nichts-an wächst. Wir leben in Solidarsystemen und bekommen Solidarität gepredigt. Aber entstanden ist eine Abschiebegesellschaft. Gerät jemand in eine Krise, erwarten wir, dass der Staat sich darum kümmert. Als Privatmenschen sind die Deutschen Spendenweltmeister. Aber als sozialstaatliche Kollektivwesen gönnen sie einander nichts und kümmern sich nicht umeinander. Mit anderen Worten: das Soziale und der Neid – das ist ein aktuelles Thema.

2. Die Verstaatlichung des neidischen Blicks. Drei Beispiele

»Der sich festeinrichtende Neid ist die Nivellierung, und während eine leidenschaftliche Zeit spornt, hebt und stürzt, erhöht und erniedrigt, tut eine reflektierte leidenschaftslose Zeit das Gegenteil, sie würgt und hemmt, sie nivelliert.« (Sören Kierkegaard)

Bei der Verteilung von Gemeineigentum entsteht Neid. Das lernt man schon als Kind, wenn am Familientisch Brüder und Schwestern um den Nachtisch streiten. Eltern müssen sich gewissermaßen als Ideologen der familiären Gleichheit bewähren, damit nicht eines der Kinder mit seinem Neid außer Kontrolle gerät. Was uns hier aber interessiert, ist nicht, wie die Gleichheit mit dem Neid, sondern wie der Neid mit der Gleichheit umgeht.

Drei Beispiele: Seit Jahren kämpft das Berliner Hotel »Adlon« um einen roten Baldachin für die Gästeauffahrt. Aber das Bezirksamt Mitte verweigert die Genehmigung. Es argumentiert, ein derart erheblicher Eingriff in das Straßenbild sei nur durch ein höheres Allgemeininteresse zu rechtfertigen. Da aber ein Baldachin nur einer Minderheit von reichen Gästen zugute komme, gebe es keinen Grund für eine Ausnahmeregelung.

Das verwahrloste und entleerte historische Zentrum Berlins soll wieder besiedelt und rekonstruiert werden. So gibt es das Projekt, auf der Fischerinsel, deren barocke Straßenzeilen einst für sechs Plattenbau-Hochhäuser geopfert wurden, kleinteilige Stadthäuser im Geiste des geschichtlichen Ortes zu bauen. Als Bauherren und Bewohner soll vor allem der Mittelstand geworben werden. Ostberliner Politiker, westberliner Stadtplaner und Stadtsoziologen sehen in dem Programm eine sozialpolitische Provokation und weisen darauf hin, es sei den Bewohnern »vor Ort« in den Hochhäusern nicht zuzumuten, dass ihnen Häuser für »Besserverdienende« vor die Nase gesetzt würden.

Drittes Beispiel: Das Bezirksamt Kreuzberg hat eine Studie zur Wohnungssituation in Auftrag gegeben. Die Wissenschaftler ermitteln für ein Viertel eine außerordentliche hohe Attraktivität, Zufriedenheit und wachsende Einkommenskurve. Die Schlussfolgerung: es wird dringend empfohlen, zu intervenieren und billigen Wohnraum zu sichern. Sonst würden, so gibt der Text zu verstehen, gutverdienende junge Singles oder Paare insbesondere den (vergleichsweise sehr hohen) Anteil an Sozialhilfeempfängern verdrängen. Dass das Bezirksamt sich diese Analyse zu eigen machen wird, darf vermutet werden. Seit Jahren wird zum Beispiel der Einbau von Fahrstühlen nicht genehmigt, um den Ausbau von hochwertigen Dachgeschosswohnungen nicht zu fördern.

Alle drei Fälle handeln vom Konflikt zwischen Privatinteressen und öffentlichem Interesse. Es sind vielleicht etwas überzogen wirkende Beispiele für Paragraphenreiterei oder sozialpolitischen Dogmatismus. Aber untypisch sind sie keineswegs. Hier wird vielleicht gegen den Grundsatz der Verhältnismäßigkeit verstoßen. Aber dass Einzelinteressen im Namen des allgemeinen Interesses beurteilt werden, wird niemand infrage stellen. Und das öffentliche Interesse, das Allgemeine also, definiert sich in allen drei Fällen als ein sozialpolitisches Credo, als das Soziale.

Nun stelle man sich vor, in jenen drei Fällen würde der Wort- und Assoziationskreis »sozial« gelöscht. Was zeigten diese Beispiele dann? Nichts als blanken Neid. Hier wird etwas nicht gegönnt, hier wird den einen etwas verwehrt, weil andere es nicht haben, den Baldachin nämlich, das schöne neue Stadthaus, den munteren, lebenslustigen Kiez, die Dachwohnung mit Aufzug. Der Neid muss gar nicht erst vermutet werden. Er artikuliert sich vielmehr ziemlich unverhohlen und weitaus offener, als er sich gewöhnlicherweise äußert. Schlägt da der persönliche Neid eines Beamten durch? Eher unwahrscheinlich. Der Beamte hätte dann weitaus weniger angreifbar formuliert. Man muss vermuten, dass etwas Anderes zugrunde lag: reine Routine. Unter dieser Annahme jedenfalls wird die ganze Geschichte spannend. Denn das hieße, dass das anerkannte Allgemeine, die sozialpolitische Perspektive selbst vom Neid durchdrungen werden kann und wird. Die Amtssprache oder der soziologische Begriff operiert mit sozialen Phantomen, die man »Bevölkerungsdurchschnitt« oder »kleiner Mann« oder »Betroffener« nennen könnte. Der Staat selbst steht verbittert im Regen, während der Luxusgast unter dem Baldachin zu seiner Suite geleitet wird. Hier ärgert sich das Amt stellvertretend für das Abstraktum Bevölkerung, dass jemand sich ein Haus genau dort bauen darf, wo »man selbst« zur Miete wohnt.

Die Wahrheit ist, dass in allen drei Beispielen im Namen des Allgemeinen eklatant gegen das allgemeine Interesse verstoßen wird. Natürlich muss jede Stadt daran interessiert sein, dass Gäste möglichst viel Geld ausgeben. Wer aus einem Baldachin eine Störung des Straßenbildes konstruiert, ist geistig nicht zurechnungsfähig. Noch skandalöser ist das Beispiel mit der Fischerinsel. Es gehört zu den zentralen stadtsoziologischen Erfahrungen, dass allein sozial gemischte Viertel überlebensfähig sind. Tatsächlich sind die sechs Plattenbauhochhäuser mit ihrer tristen Umgebung und homogenen Mieterschicht von Leerstand, Isolation und Verslumung bedroht. Selbst wenn die »Betroffenen« sich über den Zuzug von »Besserverdienenden« ärgern könnten, müsste er ihnen unter allen Umständen zugemutet werden. Das Gleiche gilt für das Kreuzberger Viertel. Was die genannte Studie konstatiert, ist schlicht ein gesunder Kiez, der gefälligst vom Staat in Ruhe gelassen werden soll. Aber in beiden Fällen wird eine Haltung eingenommen, die man Sozialrassismus nennen könnte.

Die »Besserverdienenden« erscheinen als ein Menschenschlag, dessen Ausbreitung möglichst verhindert werden muss, und zwar im Namen des Sozialen.

Wir begegnen hier einem allgemeinen und anonymen Subjekt, das neidvoll und eifersüchtig die Belange des »kleinen Mannes«, der unbekannten Mehrheit verwaltet. Es begegnet den Erfolgreichen prinzipiell mit dem Verdacht, sie könnten ihren Erfolg auf Kosten der weniger Erfolgreichen erzielt haben. Das lässt sich natürlich immer nachweisen. Wenn das die zentrale Perspektive des Sozialstaats ist, dann steht er dem untergegangenen Realsozialismus ziemlich nahe.

In dem Theorem von der Unzumutbarkeit sozialer Ungleichheit werden zwar tendenziell die Besserverdienenden, die Begabten, die Angehörigen einer Elite diskriminiert. Aber das ist keineswegs das Schlimmste. Das öffentliche Handeln, das mit solchen Maximen operiert, schafft ein Klima des Ressentiments. Eine nivellierende Muffigkeit, eine freudlose Pedanterie gegen alles Vitale, Innovative und Autonome schlägt einem aus solchem Amtsverständnis entgegen. Vor allem zeigt der Staat als Sachwalter der abstrakten Mehrheit zugleich eine gute Portion von Menschenverachtung, insbesondere gegenüber denen, in deren Namen er handelt. Denn vom »kleinen Mann«, vom Durchschnitt der Bevölkerung, vom Betroffenen kann man ja gar nichts erwarten, weder Selbstverantwortung noch Gegenleistungen für das Gemeinwesen. Der Homunculus des Sozialstaats ist zwar Objekt öffentlicher Leistungen, führt aber per definitionem eine nichtöffentliche Existenz. Darum werden an ihn auch keine Ansprüche zur Beteiligung am öffentlichen Leben gestellt. Zivilcourage ist für ihn ein Fremdwort. In der Öffentlichkeit hingegen agieren Subjekte, also Individuen, die ungleich sind.

Die Sozialisierung und Verstaatlichung des Neides mag den Einzelnen entlasten. Aber wer das akzeptiert – und wir tun es alle –, nimmt auch eine ziemlich unaufgeklärte Gesellschaft und ein großes Defizit an ziviler Kultur hin. Dieser Zustand ist weder wünschenswert noch auf Dauer haltbar. Das letzte Jahrhundert hat gezeigt, zu welchem Horror eine Gesellschaft fähig ist, wenn Politik und Staat den Neid der Mehrheit zur Maxime des Handelns machen.

3. Neid, Gleichheit und einige historische Lehren

»Im Revolutionsjahr 1848 sagte eine Kohleträgerin zu einer reichgekleideten Dame: ›Ja, Madame, jetzt wird alles gleich werden. Ich werde in Seide gehen und sie werden Kohle tragen.‹«
(Anekdote, zit. v. Georg Simmel)

Der Neid kann wie ein Virus den gesellschaftlichen Organismus durchdringen und sich selbst so gegensätzliche Prinzipien wie das Soziale und die Gleichheit aneignen. Was also ist der Neid? Wie funktioniert er? In der *Fröhlichen Wissenschaft* sagt Friedrich Nietzsche, »Neid und Eifersucht sind die Schamteile der menschlichen Seele«. Neid muss verhüllt werden. Er ist ein Motiv, das niemand zugeben will. Neid kann nur in kurzen Perioden des menschlichen Lebens offen gezeigt werden – in der Kindheit am Sandkasten und im Altersheim. Selbst über blinden Hass, ja Mordlust lässt sich noch reden. Wir können sagen: »Den könnte ich umbringen.« An der Wahrheit des Motivs wird da niemand zweifeln. Aber zugleich wird niemand davon alarmiert sein oder die Polizei rufen. Denn wer das zugesteht, zeigt ja schließlich, dass er sich kontrollieren und einen Konjunktiv bilden kann. Bei Neid gibt es keinen Konjunktiv. »Man bedenke«, heißt es in Hermann Melvilles Erzählung »Billy Budd«, »dass sich wohl mancher Angeklagte in Hoffnung auf mildere Bestrafung zu den schrecklichsten Strafen bekannt; hat aber je einer im Ernste zugegeben, dass er *neidisch* sei? Jeder fühlt, dass der Neid noch mehr erniedrigt, als das gemeinste Verbrechen.«

Am Anfang war der Neid eine Angelegenheit der Götter. Die Gottheiten wurden noch nicht als moralisch handelnde Wesen gedacht, sondern als Verkörperungen von Naturmächten. Sie konkurrierten miteinander und achteten scharf darauf, dass ihnen ausreichend geopfert wurde. Fühlte sich ein Gott schlecht bedient, wurde er wild und rachsüchtig. Nicht die Menschen neideten den Göttern das ewige Leben, sondern jene den Menschen das Dasein. Deswegen mussten die Menschen wohlüberlegt und trickreich opfern. Sie mussten sich vor dem bösen Blick der Götter hüten, die die schöne Jugend, das Glück oder die künstlerische Einmaligkeit bei Menschen nicht ertragen konnten. Eine bemerkenswerte Pointe der Menschheitsgeschichte: Der Neid taucht zuerst bei den Höheren auf.

Nachdem der Neid den Olymp verlassen hatte, erkannten die Griechen sehr genau, dass sie mit ihm ein gesellschaftliches Problem hatten. Ihre Gesellschaftstheorie war auch eine Theorie, wie man den Neid am besten bewältigt. Sie interpretierten den »demokratischen« Neid als Ansporn für soziale Gerechtigkeit und Gleichheit. Der Ostrakismus, die Verbannung allzu einflussreicher oder auch nur glücklicher Männer durch das anonyme Scherbengericht, war ein Versuch, dem Neid die Spitze abzubrechen. Aus Neid und Hybris drohte immer die Tyrannei zu entstehen. Was Aristoteles als gesellschaftliche Lösung vorschlägt, lässt irgendwie an den Realsozialismus denken: Für ihn ist eine Gesellschaft mit Gleichheit auf einem niedrigen Niveau, die vor allem durch die harte Arbeit einer landwirtschaftlichen Produktionsweise geprägt ist und dem Einzelnen nicht die Zeit lässt, »nach fremden Dingen zu begehren«, am ehesten vor den Angriffen des Neides gefeit. In der Schrift *De invidia et odio* begreift auch Plutarch den Neid als Teil der menschlichen Natur und diskutiert die Methoden, wie man am besten in der Gesellschaft damit umgehen kann. Darin ist ein bemerkenswerter Rat zu finden: Wer sich vom Neid nicht freimachen kann, soll wenigstens nicht den eigenen Bruder oder Freund beneiden, sondern den Neid auf Fremde oder Feinde ableiten. Fremdenhass als Neidtherapie also!

Mit dem Christentum schwindet die antike Nüchternheit und die soziologische Rationalität im Umgang mit dem Neid. Die Kirchenväter und die christliche Lehre hatten kein Verständnis mehr für die hohe Bewertung der irdischen Dinge, die der Neid ihnen zumisst. Der Christenmensch weiß – um der Erlösung und des Seelenheils willen –, dass das irdische Glück Schein ist und für jegliches Unglück der himmlische Trost wartet.

In der Geschichte der Philosophie und der Theologie führt die Beschäftigung mit dem Neid in zwei gegensätzliche Richtungen: Entweder geht es um das Individuum und seine Triebseite – wie bei der Moraltheologie, der Ethik, der philosophischen Lebenslehre –, dann wird reflektiert, wie man dieser Leidenschaft Herr werden oder sie durch Entsagung und Glaubensübungen ausschalten kann. Die Triebdynamik der Leidenschaft beunruhigt zwar immer; aber ihr wird ein bestimmtes Ideal menschlicher Existenz entgegengesetzt: das Ideal des Gebildeten, des Gläubigen, des Asketen, des Stoikers, des aufgeklärten Pflichtbewusstseins bis hin zum »neuen Menschen«.

Oder man macht sich keine Illusionen über die Gewalt und Destruktivität, die in der menschlichen Natur liegen, sondern stellt die Frage ins Zentrum, wie aus der sozialen Unvernunft und dem Zerstörungstrieb des Neides etwas Vernünftiges, ein stabiler gesellschaftlicher Zusammenhang entstehen kann. Der Neid ist dann nicht nur Ansporn für Gesellschaftsverfassungen und Staatsbildung, sondern auch Gegenstand von Gesellschafts- und Staatstheorie. In der Zerstörungskraft des Neides wird dann nicht nur das Zerstörerische, sondern auch die Kraft gesehen. Dieses Thema beginnt die Philosophie im Prozess der Entstehung der bürgerlichen Gesellschaft zu dominieren. Bei Thomas Hobbes ist der Neid – eine »Begehrung«, die schon der »Wille selbst« ist – Ursache für die Bildung des (absolutistischen) Staates, der den »Willen aller« dem Willen eines »Einzigen« unterwerfen soll. Für Mandeville gehört der Neid zu den »strengen Fronherren«: denn sie »halten die Mitglieder der Gesellschaft bei der Arbeit fest und bringen sie dazu, dass sie sich sämtlich den Mühen und Plagen ihres Standes unterwerfen«.

Die Rolle des Neides für die Bildung des Staates und die Organisation der kapitalistischen Produktionsweise wird in den folgenden Jahrhunderten entweder kritisch oder affirmativ abgehandelt. Das menschliche Gewinnstreben, das nach Adam Smith zum Fortschritt führt, produziert durch die damit entstehenden Ungleichheiten auch den Neid. Damit der wiederum nicht den Fortschritt gefährdet, bedarf es des Staats, der den Neid kontrolliert. Für Marx ist er eine versteckte Form der Habsucht, die in der kapitalistischen Konkurrenzgesellschaft gedeiht und »alle Leidenschaften und alle Tätigkeiten« der sozialen Beziehungen bedroht. Die Flucht in den »rohen Kommunismus« hilft allerdings auch nicht. In ihm verwandelt sich der Neid in »Nivellierungssucht« und Gleichmacherei.

Den kulturkritischen Schriften Freuds kommt das große Verdienst zu, eine Theorie zu entwickeln, die die Ontogenese des Neides mit der Gesellschaft und ihrem Wertesystem verbindet. In dem Essay »Massenpsychologie und Ich-Analyse« beleuchtet er die Triebseite des Gerechtigkeits- und Gleichheitsideals. Sie entstammen dem »infantilen Neid«. Das Kind in der Konkurrenz mit anderen Kindern um die Liebe der Eltern muss lernen, ihn zu bearbeiten. »Infolge der Unmöglichkeit, seine feindselige Einstellung ohne eigenen Schaden festzuhalten, wird es zur Identifizierung mit anderen Kindern gezwungen, und es bildet sich in der Kinderschar ein Massen(!)- oder Gemeinschaftsgefühl, welches dann in der Schule seine weitere Entwicklung erfährt. Die erste Forderung dieser *Reaktionsbildung* ist die nach Gerechtigkeit, gleicher Behandlung für alle. Es ist bekannt, wie laut und unbestechlich sich dieser Anspruch in der Schule äußert. Wenn man schon selbst nicht der Bevorzugte sein kann, so soll doch wenigstens keiner von allen bevorzugt werden … Was man dann später in der Gesellschaft als Gemeinschaft, esprit de corps usw. wirksam findet, verleugnet nicht seine Abkunft vom ursprünglichen Neid. Keiner soll sich hervortun wollen, jeder das Gleiche sein und haben. Soziale Gerechtigkeit will bedeuten, dass man sich selbst vieles versagt, damit auch die anderen darauf verzichten müssen, oder, was dasselbe ist, es nicht fordern können. Diese Gleichheitsforderung ist die Wurzel des sozialen Gewissens und des Pflichtgefühls … Das soziale Gefühl ruht also auf der Umwendung eines erst feindseligen Gefühls in eine positiv betonte Bindung von der Natur einer Identifizierung.« In diesem Sinne funktionieren Freud zufolge die »künstlichen Massen« wie Armee und

Kirche – durch die Identifizierung eines Kollektivs mit dem Führer. Der Mechanismus, den Freud hier beschreibt, ist die Sublimierung. Aber in der Logik seiner Analyse liegt auch die Möglichkeit einer Umkehrung des Sublimierungsprozesses, die Möglichkeit der Entsublimierung. Hier interessiert vor allem die Gefahr, wie die Identifikationsinstanzen der Massen – Staat, Führer oder Politbüro – sie dazu bringen können, wieder zum infantilen Neid zu regredieren – gegen Minderheiten, Diskriminierte, Klassenfeinde etc., und zwar im Namen der Sublimationsideale der Gerechtigkeit und Gleichheit.

Wie man sieht, ist die Gleichheit eben nicht einfach ein aus der Zukunft leuchtendes Menschheitsideal. Sie ist nicht einmal ein Ideal, das – wie die Freiheit – die Größe des Menschen widerspiegelt. Das Prinzip der Freiheit setzt die Fähigkeit des Menschen voraus, sich auch aus den Zwängen seiner inneren Natur zu befreien. In der Gleichheit hingegen steckt unauslöschbar eine verborgene und vertrackte Verstrickung mit der zerstörerischen Natur des Menschen. Ob nun mit Freud die Gleichheit als Reaktionsbildung auf den infantilen Neid begriffen wird oder ob sie im Sinne der griechischen Philosophen als eine gesellschaftspolitische Maxime zu sehen ist, die den Bürgerkrieg aus Neid bannen soll – zeigt sich doch eine Antinomie: Die Menschen wollen die Gleichheit, um ihrem Neid zu entgehen. Aber die Gleichheit vermag wiederum den Neid nicht zu bannen. Er rumort in ihr erst recht.

Solche Überlegungen sind in unserer Sozialkultur prinzipiell tabu. Wer in der bundesrepublikanischen Gesellschaft der Gleichheitsexperten und Besitzstandswahrer von Sozialneid redet, wird pathetisch zurückgewiesen. Er gilt als Verräter und Verächter des jahrhundertelangen Kampfes der ausgebeuteten Menschen um Brot und soziale Gerechtigkeit. Die Hoffnung, dass in unserer Gesellschaft, die ein nie dagewesenes Maß an öffentlichem Wohlstand erreicht hat, auch die Bereitschaft wachsen würde, nüchtern und gelassen die dunkle Seite unserer sozialen Welt zu sehen, ist ganz und gar vergeblich. Es fällt offenbar schwer zu sehen, wie die heiligen Prinzipien der Menschheit in der Geschichte auch zu Komplizen des Bösen werden können. Das Prinzip der sozialen Gerechtigkeit und Gleichheit muss ängstlich vor der Kontamination durch die Geschichte in Schutz genommen werden. So spricht Vittorio Hösle in seiner politischen Ethik von der »missverstandenen Gleichheit«, wenn der Neid im Namen der Gleichheit agiert. Die Ideale und Utopien wurden höchstens missbraucht, von den Falschen benutzt, beschmutzt und verraten. Wenn die Utopien scheiterten und die Ideale ein Gräberfeld hinterließen, heißt es dann: umso schlimmer für die Wirklichkeit.

Aber wer meint, der Missbrauch der Ideale komme nur aus dem Missbrauch, der Verrat nur aus dem Verrat, der sagt auch, das Böse komme allein aus dem Bösen. Damit wären wir aber wieder beim altbösen Feind, dem Teufel, von dem uns nur ein Heiland erlösen kann. Aufklärung und Kritik hingegen müssen sich vor allem für das Böse interessieren, das aus dem Guten kommt.

Der Neid, das sagen schließlich die Märchen, die Spruchweisheiten, die Bibeltexte, die Philosophen – von der Lebenserfahrung ganz zu schweigen –, ist prinzipiell unstillbar. Und der Neid hat vor allem, wie wir uns erinnern, eine Haupteigenschaft: er muss sich verbergen. Tatsächlich drängt der Neid zum Allgemeinen. Er ist ein Advokat; er denkt in Abstraktionen; er wird sofort prinzipiell. Er ist ein Agitator der sozialen Gerechtigkeit und ein eifersüchtiger Hüter der Gleichheit. Vor allem benutzt er Sprachcodes, in denen er nicht vorkommt oder die zumindest Rückschlüsse auf ihn erschweren. Und das ist mit Vorliebe die Sprache des Rechts, der Prinzipien, der Ideale. Der Neid ist ein Populist, der es eilig hat, aus der Idee der Gleichheit die Praxis der Gleichmacherei zu entfesseln. Aber in der Nähe einer Gleichheit, die der Neid sich zugerichtet oder wie ein Alien übernommen hat, besteht Lebensgefahr. Das ist die Lehre des letzten Jahrhunderts.

Das vergangene schreckliche Jahrhundert ist nicht nur das Jahrhundert der Massenkriege und Massenvernichtung, sondern auch das Jahrhundert gewaltiger und gewalttätiger Gleichheitsexperimente. Und beides gehört zusammen. Die verschiedenen Versuche mit der *Animal farm* haben nicht nur gezeigt, wie unter Gleichen immer diejenigen herrschen, die gleicher sind als andere. Die Geschichte der Gleichheit, die immer an ihrem Totalitätsanspruch scheiterte und seit der Sklavenhaltergesellschaft der griechischen Demokraten die Ungleichen ausbeutete oder ausschloss, ist im letzten Jahrhundert in ein Inferno geraten. Im Namen der Gleichheit wurden die Ungleichen geschaffen, identifiziert, erfasst und vernichtet: Klassenfeinde, Kulaken, Agenten, Volksfeinde, Rassenfeinde. Denjenigen, die einmal als ungleich identifiziert waren, bot die Gleichheit keinerlei Rettungsmöglichkeit. Sie hatten keine Chance, sich anzugleichen, selbst wenn sie Macht und Vermögen preisgaben. Die Neider im Amt waren unersättlich. Angesichts der Millionen Toten, die der Aufbau der Sowjetmacht mit sich gebracht hat, ist es fragwürdig, im Namen der Menschheitsideale oder Utopie an einem prinzipiellen Unterschied zum Nationalsozialismus festzuhalten. Auch im nationalsozialistischen Rassismus herrschte der Furor der Gleichheit: die Rassengleichheit. Homogene Rassenherrschaft oder homogene Klassenherrschaft – für die Ungleichen war dies gleichbedeutend: Sklaverei und Tod. Das letzte Jahrhundert war das Gräberfeld der Gleichheit.

Unsere Gesellschaft muss zu ihrem großen Erschrecken akzeptieren, dass es wieder Ansätze zu antisemitischen Bewegungen gibt, und versucht hilflos, den Rassismus durch Antirassismus zu bannen. Im 19. Jahrhundert war man klüger und erkannte den sozialpolitischen Kern des Rassismus. Aber der sozialdemokratische Spruch, dass der »Antisemitismus der Sozialismus der Dummen ist«, klingt im Lichte des letzten Jahrhunderts beklemmend naiv. Nicht die analytische Formel ist falsch, sondern der intellektuelle Dünkel. Auf den gefühlsmäßigen Antikapitalismus wird vom Standpunkt des wissenschaftlichen Sozialismus herabgeblickt. Der Blick ist auf tragische Weise blind. August Bebel, von dem dieser Satz stammt, ahnte nicht, dass in dem dummen antisemitischen Antikapitalismus und dem von Menschheitsidealen getragenen wissenschaftlichen Sozialismus der gleiche Sprengstoff lauerte.

»Das zwanzigste Jahrhundert ist nun in der Freisetzung des Neides und des abstrakten, zum gesellschaftlichen Prinzip erhobenen Neides weiter gegangen als irgendeine frühere Gesellschaft seit den Naturvölkern«, schreibt der Gehlen-Schüler Helmut Schoeck, von dem eine der raren Monographien über den Neid stammt. Für solche Einsichten zog sich Schoeck den chronischen Hass seiner akademischen Kollegen zu. Das Schreckliche aber ist: der zum gesellschaftlichen Prinzip erhobene Neid wird nicht nur freigesetzt. Ideale, Prinzipien, Rechtsauffassungen radikalisieren auch den Neid und machen ihn totalitär. Hannah Arendts Formel von der »Banalität des Bösen« meint diese Radikalisierung des Neides durch das Prinzip.

Der Neid ist das offenbare Geheimnis des Genozids und des Holocaust. Wie kann es sein, dass Nachbarn Nachbarn foltern, vergewaltigen und auf die barbarischste Weise ausrotten können, obwohl sie doch über Jahrhunderte zusammenlebten – diese Frage stellte zuletzt der Bürgerkrieg in Bosnien. Die Wahrheit: Nicht obwohl, sondern weil es Nachbarn waren, war es möglich. Des Nachbarn Hab und Gut, sein Lebenserfolg, sein Glück ist gesichert durch ein Netz sozialer Regeln und Tabus. Man muss es radikal zerstören oder – was im Grunde dasselbe ist – den Nachbarn entmenschen, um an sein Hab und Gut zu gelangen. Nur eine Waffe taugte dafür: das höhere Prinzip.

Das ist die unheimliche und beklemmende Seite des Neides. Er operiert verdeckt und vornehmlich im Namen von Prinzipien, die ihn ausschließen. Und auch danach versteckt er sich hinter den entsetzlichen Verbrechen, die er hervorrief. Wer macht denn das zum Thema, dass die ethnischen Säuberer, Folterer und Vergewaltiger nebenbei die Häuser ihrer gequälten Nachbarn bezogen? Weder die Täter noch die Opfer reden davon.

Die triste niederträchtige Wahrheit des Neides ist offenbar noch beschämender als alle die entsetzlichen Taten, wie Melville erkannte. Was mit dem Eigentum der Opfer hinterher geschah, bleibt immer im Halbschatten. Erst die neuere Erforschung der stalinschen Säuberung von 1934 bis 1938 erhellt, welche Rolle die Gier nach der besseren Wohnung spielte – eine Tatsache, die den Zeitgenossen durchaus bekannt war: So erwähnt Georg Lukács in seinen Memoiren, er habe sich unter dem Großen Terror einigermaßen sicher gefühlt, weil seine Wohnung so wenig begehrenswert war.

Die historische Forschung zieht zwischen dem Gesetz »zur Wiederherstellung des Berufsbeamtentums« von 1933 oder den Nürnberger Judengesetzen und Auschwitz eine Linie. Aber dennoch kann kaum behauptet werden, diese Tatsache stehe im Zentrum der deutschen Gedenkkultur. Die Deutschen haben relativ früh akzeptiert, dass »in ihrem Namen« die größten Verbrechen der Menschheit begangen wurden. Aber sie verdrängen bis heute, dass damit auch der größte Raubzug ihrer Geschichte verbunden war. Seit 1933 organisierte das Dritte Reich die rassistische Sozialisierung. An ihr waren ungleich mehr Menschen beteiligt als an der unmittelbaren und mittelbaren Vernichtung in den Lagern. Verteilt wurden die Arzt- und Anwaltspraxen, die Beamtenstellen, die Unternehmen vom Konzern bis zum kleinen Ladengeschäft. Erst fünfzig Jahre nach Kriegsende scheint es möglich zu sein, die Arisierung zum öffentlichen Thema zu machen. Niemand wagt heute abzuschätzen, wie groß die Zahl der Deutschen ist, die durch diese Sozialisierung sich Wohnungen, Einrichtungen, Grammophone, Radios, Wertgegenstände, Schmuck ihrer jüdischen Nachbarn aneigneten.

Angesichts jenes Horrors drängt sich eine zynische Variation des marxschen Satzes auf: Es reicht nicht, dass der Neid zur Wirklichkeit drängt; die Wirklichkeit muss auch zum Neide drängen. Aber was haben diese düsteren Erinnerungen an die mörderischen Exzesse des Neides mit der Wirklichkeit unserer heutigen Sozialstaatsgesellschaft zu schaffen? Sie ist larmoyant und bieder. Die Rolle des Neides mag nachgewiesen werden; aber er tötet nicht. Er verdirbt höchstens die allgemeine Stimmung. Außerdem scheint es einen fundamentalen Unterschied zu geben: Unsere Nachkriegsgesellschaft ist so reich geworden, dass sie, wie Helmut Schoeck schreibt, sich die »Illusion und den Luxus leisten« kann, »der gute Wille der Neider sei käuflich«. Aber wir wissen, dass der Neid nicht dabei stehen bleiben muss, dass er ohne Objekt existieren kann. Außerdem zeichnet sich eine dramatische Übergangsphase ab: Die deutsche Dienstleistungsgesellschaft steht noch am Anfang, aber die deutsche »Sozialgesellschaft« hat im Bewusstsein aller ihre äußerste Wachstumsgrenze erreicht. Die Illusion sozialstaatlicher Lebensgarantie muss beschnitten werden. Aber im Namen welcher Prinzipien kann mehr Eigenbeteiligung verlangt werden? Wie lässt sich individuell Ungleichheit ertragen, wenn der Staat nicht mehr Gleichheit verspricht? Wächst da nicht die Gefahr, dass der Neid, den der Sozialstaat in sich gebannt hat, freigesetzt wird? Dämmert da nicht die Stunde der Populisten?

4. Neidlose Gleichheit? Zwei deutsche Erfahrungen

»Die moderne Gleichheitslehre ist aber offensichtlich eine Leistung des *Ressentiments.*« (Max Scheler)

Es scheint, dass der Neid der Gesellschaftstheorie eine sehr simple Alternative aufnötigt: Auf der einen Seite wird eine gesellschaftliche Verfassung angestrebt, die den Neid in Rechnung stellt und ihn bis zu einem gewissen Grade bejaht in der Welt der Konkurrenz; die aber gleichzeitig eine hohe Rechtskultur und einen traditionsgesättigten Skeptizismus befördert. Einem solchen pragmatischen Ideal kommt am ehesten eine selbstbewusste bürgerliche Kultur nahe. Auf der anderen Seite steht die Utopie der neidlosen Gesellschaft. Genaugenommen ist jede gesellschaftliche Utopie mit der Vorstellung einer allgemeinen Neidlosigkeit verbunden und hat immer die Gleichheit zur Voraussetzung. Aber die Geschichte der Utopien zeigt auch, dass die Gleichheit allein nie als ganz ausreichend angesehen wird, um die Neiddrohung auszuschalten. Es muss immer noch etwas hinzukommen.

Entweder wird die neidlose Gesellschaft der Gleichen von einer reichen Natur nachhaltig unterstützt. In der Südseestimmung vieler Utopien wirkt dann der Neid gleichsam unnatürlich. Oder die neidlose Gesellschaft entwickelt einen Kult der Bedürfnisbeschränkung, der Askese, der Armut. Die Gleichheit gilt dann vor allem als eine Voraussetzung, um die neidlose Gesellschaft oder den »neuen Menschen« zu gebären, der den neiderregenden Besitz gar nicht mehr braucht. Was dann in der Zeit der gesellschaftspolitischen Schwangerschaft passiert, darf als Geburtswehen gerechtfertigt werden. Aber merkwürdigerweise musste der »neue Mensch« im Kommunismus und im Dritten Reich immer mit Prämien gefüttert werden.

Die deutsche Gesellschaft hat Erfahrung mit zwei großen Experimenten einer neidlosen Gesellschaft der Gleichen, deren Auswirkungen bis heute zu spüren sind: Die 68er Bewegung und die DDR. Bei den utopischen Experimenten in der Zeit der antiautoritären Rebellion spielte eine Voraussetzung eine große Rolle: das Lebensalter. Die Jugend ist die neidärmste

Zeit im Leben. Hier überwiegt das Interesse an den eigenen Kräften die Frage nach dem Lebenserfolg der anderen. Dass die letztlich dürftigen und kurzatmigen Experimente der Kommunarden und Wohngemeinschaften eine so große öffentliche Aufmerksamkeit und so langfristige Nachwirkungen erzeugten, hat sicherlich damit zu tun, dass es sich auch um eine Art nachgeholte Jugendzeit der Bundesrepublik handelte, die ihr einen verspäteten Glanz des Anfangs gab, der nach der totalen Niederlage 1945 undenkbar war.

Das Credo lautete: Wir verändern uns, um die Gesellschaft zu verändern. Die Kommune sollte vorweggenommene Utopie und revolutionäre Kampforganisation zugleich sein. So schön das klingt, fragt sich doch, wie ein solch irrsinniges, im präzisen Sinne psychotisches Konzept so attraktiv und erfolgreich werden konnte. Es lag an einer genialen strategischen Volte, die aus der Stickluft der Adenauerzeit einen Treibsatz der Befreiung machte. Der Sozialstaat hatte – so die Analyse – die Massen durch Integration und Konsumterror domestiziert. Also musste beim Individuum angesetzt werden. Seine Neurosen, seine Abhängigkeiten von Verhaltenszwängen und Besitztümern galt es umzukehren und damit die Energien für die »befreiende Aktion« und die »gesellschaftsverändernde Praxis« freizusetzen. Aber trotz aller harten »Psychodiskussionen« in den Wohngemeinschaften, trotz der oft masochistischen Selbstentblößung und der sadistischen Tiefenanalyse des Mitkommunarden tauchte ein Thema nie auf: der Neid.

Selbstverständlich verschärfte die Kommunesituation die Ungleichheit unter ihren Mitgliedern. Anlässe für Neid gab es zuhauf: die Frau des anderen, der Gegensatz zwischen Frühaufstehern und Spätaufstehern, Arbeitenden und Studenten, Frauen und Männern, Eltern und Alleinstehenden. Aber was da an Konflikten aufbrach – die kleinbürgerlichen Ängste, die bürgerliche Besitzgier, die traditionelle Sexualmoral –, wurde großzügig der bürgerlichen Gesellschaft angelastet, die man durch die neuen Lebensformen ja schon tendenziell (das schöne Wort »tendenziell«!) überwunden hatte. Wer mit diesem Wertekanon nicht zurechtkam, war nicht neidisch, sondern höchstens unsolidarisch und reaktionär. Auf diese Weise entstand eine langandauernde Mischung aus Enthusiasmus und Selbstbetrug, aus Selbstaufopferung und Rechthaberei.

Immer bedurfte es höherer Ziele, um nicht zurückzufallen in die Verstrickungen des Selbst: dem Volke dienen; und wenn das Volk zurückwich, dann der Dienst an den Opfern, den Ausgegrenzten, den Beschädigten dieser Gesellschaft. Neidverdrängung steht nicht nur am Anfang der Helfergeneration. Ihr entspringt auch eine höchst unerfreuliche Erbschaft der 68er Zeit, die sich leider auf die gesamte Gesellschaft übertragen hat:

eine Kultur oder besser – ein Moralismus der Missgunst. Erfolg galt als verdächtig. Erfolgreiche 68er standen (und stehen – wie der gegenwärtige Außenminister) unter dem Verdacht des Verrats. Als sich herausstellte, dass die 68er zur Erbengeneration gehören, zeigte sich, dass alle revolutionäre Besitzentsagung eines nicht gelehrt hat: den verantwortungsvollen und zivilen Umgang mit dem Eigentum. Die ersten Erben opferten in Zeiten, als die Zukunft noch in der Dritten Welt lag, ihr Vermögen den Befreiungsbewegungen, um sich später dann Spott einzuhandeln. Aber viele der Erben zeigten im Umgang mit ihrem Erbe ein starkes Nachholbedürfnis. Sie kämpften um materielle Vorteile oft mit größerer Brutalität als die einst verachteten Bürger. Es scheint jedenfalls, dass die Bilanz dieses so aufopferungsvollen Experiments mit der neidlosen Gesellschaft wenig erfreulich ist.

Eine Behandlung des DDR-Versuchs mit der neidlosen Gesellschaft der Gleichen scheint sich zu erübrigen. Er ist schließlich exemplarisch gescheitert. Nach 1989 erteilten die Massen allen Ideen einer reformierten DDR eine klare Absage: »keine Experimente auf unsere Kosten«, hieß es. Und dennoch bleiben die utopischen Bilder vom Professor und dem Betriebsschlosser, die Tür an Tür auf dem gemeinsamen Flur des Plattenbauhochhauses leben. Gewiss, das klingt nach sozialistischer Gartenlaube. Aber steckt darin vielleicht doch mehr als nur eine Projektion in den vergangenen Alltag? Zwar weiß jeder, dass die DDR ein fast byzantinisches System von Privilegien, Zuteilungen, Prämien, Preisen und Qualifikationen entwickelt hat. Dennoch schienen sich die Unterschiede immer wieder zu nivellieren und in eine relativ neidarme Gleichheitskultur zu münden. Der Besserverdienende stand paradoxerweise nicht wie im westdeutschen Kapitalismus unter Verdacht. Er galt viel eher als der Schlauere, dessen Vorteil neidlos anerkannt wurde. Konnte also die DDR zumindest für ein paar Jahrzehnte zeigen, dass sich eine Gesellschaft der Gleichheit und Neidlosigkeit (oder -armut) gestalten lässt?

Immer stand der Westen mit seinem Lebensstandard und seinen Verlokkungen vor Augen. »Weltniveau« hieß das. Der neidvolle Vergleich, der die sozialen Wechselbeziehungen verursacht und zugleich riskant macht, wurde externalisiert. Es herrschte der kollektive Neidvergleich. Was auch immer DDR-Bürger einander neiden mochten, sie saßen als Deutsche zweiter Klasse im gemeinsamen Boot – das machte ihnen der Kellner am Plattensee oder an der Schwarzmeerküste allemal klar. Dennoch gab es auch endogene Gründe für die neidarme DDR-Gleichheit. Wolfgang Engler spricht in seiner sehr aufschlussreichen, wenn auch apologetischen Studie *Die Ostdeutschen* von der »List der Gleichheit«, die sich auch gegen alle Absichten der »Leiterklasse« immer wieder durchsetzte. Er vermag jedenfalls aufzuzeigen, dass »verborgene Ausgleichsprozesse« alle Ungleichheiten durch die Qualifizierungs- und Privilegierungsprozesse des Staates abfingen. Ihm zufolge gab es gar »sozialistische Heiratsregeln«, die zum »interfamiliären Ausgleich der Einkommenslagen« führten: »Selbst schlechtverdienende Männer gehorchten dem allgemeinen Gesetz, bezwangen ihre Eitelkeit und verliebten sich in gut verdienende Frauen. Eros stand unter dem Befehl der Gleichheit.«

Die Gesellschaft, in der der »egalitäre Fremdzweck« durch alle Beziehungen dringt, nennt Engler – im Gegensatz zur bürgerlichen Gesellschaft – »die arbeiterliche Gesellschaft.« Der Terminus trifft – auch in seiner Künstlichkeit. Die DDR, die unter stalinistischen Vorzeichen entstand, hat in der Tat aus der Arbeiter- und Bauernmacht ein totalitäres Prinzip gemacht. »Nichts konnte dem überragenden Einfluss der Arbeiterschaft Abbruch« tun, schreibt Engler. Die Organisationsform des Arbeiters, die Brigade, beherrschte nicht nur die Produktion und interpretierte jedes Plansoll um. Auch jenseits der Berufsarbeit besaßen die Arbeiter Macht: »Hier konnten (sie) gleich einen doppelten Vorteil ausspielen, teils zusätzliche Einkommen realisieren. Außerhäusig kamen Feierabend- und Schwarzarbeit in Betracht, innerhalb des Hauses nahm der Heimwerker dem Handwerker die Arbeit ab.« Die Vorteile einer Stellung im Staatsapparat und in der Partei reichten nicht aus, um scharfe soziale Unterschiede zu schaffen. Engler nennt den Arbeiter in der arbeiterlichen Gesellschaft »ein wahres Glückskind der Geschichte«: »Er musste nichts sein, um etwas zu werden; nichts werden, um etwas zu sein, denn alles, was er sein und werden konnte, war er bereits: ein anerkanntes Mitglied des Gemeinwesens.«

Diese ganze Veranstaltung hatte allerdings einen Haken, der auch einer immanenten Betrachtungsweise nicht entgehen kann: »Die arbeiterliche Gesellschaft, die gewöhnliche Menschen mit nie gekannten sozialen Freiheiten ausstattete, organisierte zugleich deren Missbrauch und erschwerte sinnvolle, anderen Menschen nützliche Gebrauchsweisen außerordentlich.« Was hier etwas geschraubt beschrieben wird, heißt: Mit der Produktivität – und am Ende mit der DDR – ging es den Bach runter. Aber sehen wir darüber hinweg und verfolgen weiter die Frage, ob die Neidarmut aus Gleichheit funktionieren konnte. Alles erklärt jedenfalls der Begriff der arbeiterlichen Gesellschaft nicht. Denn es gab genug heißbegehrte Vorteile – das private Telefon, die Reiseerlaubnis, das Westgeld bis hin zu Sonderzuteilungen in der HO –, die man nur durch Schlangestehen ergattern konnte. Allein der alltägliche Zwang zum Schlangestehen, musste der nicht geradezu den Neid heraufbeschwören?

Obwohl in der DDR-Kultur immer einer dem andern das wegschnappte, was der begehrte, blieb sie neidarm. Der Grund war der Staat.

Er kontrollierte und regelte alles und war auch an allem schuld. Niemand musste neidvoll auf den erfolgreichen Nachbarn starren, wenn beruflicher Misserfolg oder Unglück drohte. Der Lebenserfolg wurde nicht am Nachbarn gemessen. Dafür war der Staat verantwortlich. Der war selbst schuld, wenn aus mir nichts wurde. Das war die Generalexkulpation. Gab es Probleme, dann sollten gefälligst die da oben »sich einen Kopp machen« – eine Haltung, die auf einen wenig zivilen, ja eher infantilen Sozialcharakter schließen lässt. Außerdem gab es mit jedem Nachbarn eine alles verbindende Gemeinsamkeit: den privaten Zugriff auf das Gemeineigentum, das Volkseigentum nämlich. Eine Kultur des Abzweigens, des »Organisierens« und Tauschens beherrschte die wirklichen Beziehungen unter den Menschen. Und diese Gemeinschaft wurde dann sofort wach, wenn die Falschen sich ans Gemeineigentum heranmachten; zum Beispiel die Polen, die den kleinen Grenzverkehr für ihre Einkaufstouren nutzten. In diesen Fällen setzte das Kollektiv den Neid wieder frei.

Unter dem Sturm des kollektivierten und verstaatlichen Neides entwikkelten sich die Kuhlen privaten Glücks. Dort wurde gelebt, gab es Freunde und soziale Wärme. »Die Republik der kleinen Leute« nannte Günter Gauß die DDR, um sie »trotz allem« zu rechtfertigen. Er ahnte wohl nicht, wie zynisch und tödlich diese Charakterisierung war. Jedenfalls hielt diese Gleichheitskultur dem ersten Windhauch wirklichen Lebens nach dem Mauerfall keinen Moment stand. »Endlich dürfen wir egoistisch sein«, sagten die Leute. Und der kollektive Neid wandte sich vernichtend gegen den eigenen Staat und alle sozialistischen Errungenschaften. Es genügte vollauf, dass die Leute das Politbüro in Wandlitz aufstöberten und den rührenden Schatz an Parfüms, Pornovideos und Westautos entdeckten. Ein Sturm erhob sich, der das Politbüro, den Führungsanspruch und den Reststaat hinwegfegte.

5. Das Versagen der Intellektuellen. Die Zeichen einer kulturellen Wende

> »Er ist in einem Staatswesen eine Krankheit wie eine Wundinfektion. Genauso wie eine Infektion sich auf das Gesunde ausdehnen kann, so kann der öffentliche Neid, wenn er nur ersteinmal in ein Staatswesen eingedrungen ist, sich selbst auf die besten Regierungshandlungen ausdehnen und ihnen einen schlechten Geruch verleihen.«
> (*Francis Bacon*)

Der Staat der DDR wurde hinweggeblasen. Aber ihre Gesellschaft blieb. Und sie vererbte die Gleichheitskultur ans vereinte Deutschland. Die Deutschen bekamen weniger die Einheit in Freiheit als die Einheit in Gleichheit. Seit 1990 befragt sich dieses Volk, warum es so wenig Freude über die gelungene Einheit spürt. Ja, warum wohl? Die These ist: Der Neid hatte alle anderen Gefühle aufgefressen.

Die Frage der Freiheit verblasste unter dem übermächtigen Freiheitssymbol, dem Fall der Mauer. Was danach geschah, ist scheinbar überlagert von sozialen Problemen und dem Ost-West-Streit. Das alles wurde in der Öffentlichkeit Eins zu Eins genommen und zum Vereinigungsproblem erhoben. Es ist auch zehn Jahre nach der Vereinigung kaum möglich, die Wirklichkeitsverfälschung aufzuklären, die in dieser Krisensicht vorherrscht, obwohl im Vergleich mit den anderen postkommunistischen Gesellschaften der ehemalige DDR-Bürger trotz aller Probleme der Arbeitslosigkeit vergleichsweise gut dasteht. Woher kam diese Sichtweise? Man wird sehen, wie weit man kommt, wenn die Frage nach dem in der Gleichheit verpuppten Neid als analytischer Leitfaden genommen wird.

Es gibt eine zentrale Erfahrung der Ostdeutschen nach dem Zusammenbruch der DDR, die weitgehend verschwiegen wird, aber alle Logik für sich hat: Als die DDR unterging, brach die Ungleichheit der Menschen über die sozialistische Gleichheits- und Ausgleichskultur herein. Die Anfangszeit entschied oft über Aufstieg oder Abstieg, über Glück oder Unglück. Freundschaften lösten sich auf, Nachbarschaften verschwanden, und der Medizinprofessor beeilte sich, aus dem Plattenbau auszuziehen, und ließ den arbeitslosen Betriebsschlosser in Frust und Suff allein. Die Gleichheitskultur hat die Menschen nicht auf die Ungleichheit vorbereitet. Sie waren ihr vielmehr hilflos ausgeliefert. Zwar waren sie mit der D-Mark den Westdeutschen gleichgestellt. Aber diese Gleichheit der Währung offenbarte auch die riesigen Vermögensunterschiede zwischen Ost und West. Mit welcher Gewalt die Menschen dem selbstzerstörerischen Neid ausgeliefert waren, wenn sie feststellen mussten, dass sie weder in der neuen Westgesellschaft mithalten, noch in die alten Verhältnisse zurückkehren konnten, lässt gerade das fast totale Verschweigen ahnen.

Der einzige erprobte Mechanismus, der die Ostdeutschen vor dieser existentiellen Kränkung retten konnte, war die Aggressionsablenkung. Wer war daran schuld, wenn es zu nichts führte, den Misserfolg sich selbst oder dem eigenen Nachbarn vorzuwerfen? Natürlich die neue Gesellschaft, der Kapitalismus im allgemeinen und der Westdeutsche im besonderen. Der Ost-West-Streit hat hier seine Ursache.

Aber auch der Westdeutsche sah in der Einheit die Gleichheit, und sein Neid erkannte den Preis. Ihm war schnell klar, dass die Kosten für soziale Sicherheit, Renten, Infrastrukturinvestitionen und Arbeitsbeschaffungsmaßnahmen hauptsächlich von ihm bezahlt werden mussten. Aber damit hätte er sich im Namen der historischen Notwendigkeit abgefunden, wenn die Kosten der Einheit nicht auch das Gemeingut, die sozialstaatlichen

Garantien, infrage gestellt hätten. Dies brachte das Ost-West-Neidkarussell erst recht in Schwung. So entstand mit der Einheit jene Inländerfeindschaft, die als Treibsatz in der Ausländerfeindschaft steckt.

Der Vorwurf an die Politik ist berechtigt: Die Leute wurden weder gefragt noch über die Kosten der Einheit aufgeklärt. Es fehlte die Blut-, Schweiß- und Tränenrede, es fehlte auch die Herausforderung, die mit einer Steuererhöhung oder Vermögensabgabe wie nach 1945 verbunden gewesen wäre. Aber die Politikerschelte ist nicht nur lebensfremd, sondern außerordentlich unaufrichtig. Helmut Kohl, als Meister der »Schlangenlehre der politischen Klugheit« (Kant), war ein erfahrener und instinktsicherer Neidpolitiker. Als Pessimist wusste er, dass das Prinzip, wonach vereinen auch teilen heißt, in der rheinischen Sozialrepublik nicht mehrheitsfähig war. Sein politischer Betrug wurde hingegen von allen Parteien geteilt. Im Grunde war die ganze politische Klasse unverantwortlich; ein Hans-Dietrich Genscher wollte unter dem Beifall der Öffentlichkeit den Anspruch auf die Gleichheit der Lebensverhältnisse als Verfassungsgrundsatz festschreiben. Das hätte nicht nur die politische Illusion im Grundgesetz verankert, sondern dem Neid auch gewissermaßen Verfassungsrang verschafft.

Aber das Versagen der Politik darf sich durchaus messen mit dem Scheitern der Intellektuellen im vereinten Deutschland. Sie haben aus dem Zusammenbruch des Sozialismus nicht das gemacht, was ein Leszek Kolakowski forderte: »eine philosophische Erfahrung«. Das Verhältnis der Prinzipien von Gleichheit und Freiheit stand auf der Agenda. Die Wertekollision war offenbar. Die Diskriminierung der Freiheit im Namen durchgehender, vom Neid verschärfter Gleichheitsforderungen konnte keinem Beobachter entgehen. Aber die Debatte wurde nicht geführt.

Diese Tatsache bedeutet weit mehr als nur ein Versagen der deutschen Intellektuellen. Darin steckt auch eine massive Abwehr der osteuropäischen Freiheitsbewegungen und die Flucht aus einer historischen Verantwortung. Die Ostdeutschen wurden durch nichts, durch keine Debatte oder Analysen gezwungen, sich selbst Rechenschaft zu geben, was ihre Gleichheitskultur sie selbst gekostet hat. Im Gegenteil: sofern sich die westdeutschen Intellektuellen überhaupt mit der postsozialistischen Gesellschaft im Osten beschäftigten, vermischten sie die Gleichheitsgrundsätze ihrer Sozialstaatswelt mit den Erwartungen der arbeiterlichen Gleichheitskultur. Eine ungute Mischung. Das Ergebnis: Die Einheit produziert vor allem Opfer, das heißt den großen kollektiven Sozialfall Ostdeutschland.

Für dieses Versagen gibt es viele Gründe. Es offenbart, wie wenig die Einheit von den meisten politisierenden Intellektuellen erwünscht war und wie sehr sie als Gefahr für ihre eigene öffentliche Rolle angesehen wurde. Aber es soll hier nur eine Ursache behandelt werden, der allerdings eine säkulare Bedeutung zukommt. Man hat zu Recht die zweite Hälfte des letzten Jahrhunderts als Zeitalter des Sozialstaats und der Sozialwissenschaften bezeichnet. Ein staatlich-wissenschaftlicher Komplex ist da entstanden, der das Weltbild prägt, gesellschaftliche Legitimationen produziert, Arbeitsplätze schafft und politische Maßstäbe setzt. Dieser sozialwissenschaftliche-sozialstaatliche Komplex zeigt nun bei einem zentralen Thema der menschlichen Sozialisation einen bemerkenswerten blinden Fleck: der Neid spielt keine Rolle. Es gibt keine Sozialgeschichte oder große soziologische Studien über den Neid. In den sozialpädagogischen Handbüchern oder Nachschlagewerken für Sozialarbeiter sucht man das Stichwort Neid vergebens. Aus dem Umkreis des Vokabulars unserer Sozialkultur scheint der ganze Motivkreis des Neides verbannt zu sein.

Diese Blindheit, so darf vermutet werden, hat sicher auch die sozialwissenschaftliche Vorstellungskraft beschädigt. Erklärt sich daraus vielleicht die unheimliche Tatsache, dass ausgerechnet die Leitwissenschaft Soziologie es war, die das größte sozialgeschichtliche Ereignis in der zweiten Hälfte des letzten Jahrhunderts – den Zusammenbruch des Sozialismus – weder erahnte noch nachträglich in seiner paradigmatischen Bedeutung zu erfassen vermochte? Die Eskamotierung des Neidthemas geht aber nicht nur auf Kosten der wissenschaftlichen Imagination. Sie bedeutet auch einen Traditionsabbruch. Keine Ethik, Morallehre oder Anthropologie in pragmatischer Absicht war ja früher denkbar ohne eine Würdigung der zerstörerischen Naturseite des Homo sociologicus. Kann eine Soziallehre sinnvoll sein, die die menschliche Fähigkeit zur Asozialität leugnet? Heißt das nicht, dass die Hegemonie der Sozialpolitik in der Banalität des guten Willens endet?

Die Leugnung der Macht des Neides hat etwas Panisches. Eine Flucht? Aber wovor? Wirkt hier das Trauma des Zivilisationsabbruchs durch den Nationalsozialismus nach oder das Echo der sozialen Revolutionen nach dem Ersten Weltkrieg? Jedenfalls kreist die sozialstaatliche Ideologie um den sozialen Frieden und versucht ihn im Herzen des Homo sociologicus selbst zu verankern. Der Verdacht kehrt wieder, ob nicht in dieser Absicht die geheime Überzeugung schlummert, man könne die gefährlichen Neider und Unruhestifter durch eine ausgleichende Sozialpolitik und durch das Gleichheitsversprechen kaufen. Die Gleichheit würde damit von einem Menschheitstraum zum Instrument der Sicherung des Status quo degenerieren. Aber das würde frühere Einsichten wie die von Alexis de Tocqueville ignorieren. In seiner Analyse der amerikanischen Demokratie sah er klar, dass die politische Idee der Gleichheit sich umso weniger befriedigend auswirkt, je mehr sich die Gesellschaft einer sozialen Gleichheit nähert. Die sozialstaatliche Ideologie verdrängt jede Ahnung davon, wie gefräßig das Gleichheitsideal sein kann und wie schnell der Gleichheitsgrundsatz in ein Instrument des sozialen Neides sich verwandelt.

Selbstverständlich soll hier nicht bestritten werden, dass das Ideal der Gleichheit ein unveräußerliches Menschenrecht und ein Menschheitstraum bleibt. Aber im Unterschied zur Freiheit gibt es Bedenken, wenn der Begriff der Gleichheit emphatisch verwendet wird. Sie braucht vielmehr Grenzen und Bestimmtheit. Die Freiheit des Einzelnen wird begrenzt durch die Freiheit des Anderen. Rücksichtslose Freiheit schlägt um in Unfreiheit. Rücksichtslose Gleichheit jedoch macht gleich, ist Gleichmacherei, die nach mehr Gleichheit strebt. Freiheit ist vor allem die Freiheit unterschiedlicher Menschen, also Freiheit in der Ungleichheit, sofern diese die Freiheit der anderen nicht einschränkt. Daher kann Gleichheit auch mit der Freiheit kollidieren.

Im soziologisch-sozialstaatlichen Komplex rumort nicht nur die verdrängte Naturseite des Menschen, sondern auch die Diffusität des Gleichheitsbegriffs. Beides hängt miteinander zusammen. Die oberste Maxime lautet: Ohne ein gewisses Maß an sozialer Gleichheit gibt es keine Freiheit. Aber wie weit darf Gleichheit gehen? Wo wird die Grenze gezogen? Was darf der Einzelne erwarten? Was wird von ihm erwartet? Was ist der Unterschied zwischen sozialer Gerechtigkeit und Gleichheit? In einer Gesellschaft, in der die bedürftigen und anspruchsberechtigten Minderheiten zur Mehrheit werden, scheint es für den Sozialstaat keine Grenzen, sondern nur Aufgaben zu geben. Unter der Herrschaft einer diffusen Gleichheitsidee neigt der Sozialstaat in seiner Logik zur Grenzüberschreitung. Er kann aber nur unter einer Annahme auf diese Weise den sozialen Frieden sichern: Dass der Mensch prinzipiell befriedbar sei; dass seine Leidenschaften gestillt werden könnten. Mit anderen Worten: dass der Neid aus den sozialen Beziehungen vertrieben werden kann. Aber wir wissen vom Neid zumindest dies, dass jede Gleichmacherei ihn erst recht reizt.

Die ausufernde Sozialkultur agiert dort, wo die Menschen Kultur entwickeln müssten, und entbindet sie zugleich von den Ansprüchen individueller Solidarität und sozialer Empathie. Aber zum ideologischen Schleier des Sozialen gehört auch, dass der Niedergang der Kultur, der hinter der Hegemonie der Sozialpolitik stattfindet, weitgehend unsichtbar bleibt. Das dürfte auch der Grund sein, warum die Klasse der Intellektuellen in Deutschland, die sich der Idee der sozialen Gerechtigkeit verpflichtet weiß, so blind war angesichts des Zusammenbruchs der realsozialistischen Gleichheitskultur. Sie hat das Exempel nicht gesehen. Sie wollte nicht wahrnehmen, dass ein totalitärer Sozialstaat Asozialität und kulturellen Rückfall erzeugt hat. Als der gesellschaftliche Schein der Gleichheit zerfiel, herrschte roher Naturzustand, und der Mensch stand hilflos unter der Peitsche des Neides. Seine einzige Chance: Opfer sein.

Blind ist auch das Entsetzen über die jugendlichen Schlagetots, die in ihren »national befreiten Zonen« das Undeutsche verfolgen. Irgendwie stammen sie aus der DDR-Kultur. Aber was hat sie so gemacht, wie sie sind? Sie werden entweder als Opfer, Einheitsverlierer oder Sozialfälle begriffen, die durch Jugendclubs und Arbeitsbeschaffungsmaßnahmen befriedet werden müssen. Oder man ist bereit, Vierzehnjährige als manifeste Antisemiten und Nazis zu behandeln, in denen die deutschen Dämonen wiederaufleben. Es fällt schwer, sie als das zu sehen, was sie meistens sind: als dumme, hässliche und gänzlich unkultivierte Jugendliche; als vom Neid getriebene Verlierer, die nichts zu bieten haben als ihren grenzenlosen Anspruch auf soziale Gerechtigkeit vor allem für sie selbst. Unsere Sozialkultur lässt die Vorstellung einer Selbstverantwortlichkeit des Verlierers gar nicht zu.

Oder doch? Es verändert sich etwas. Das Unbehagen an der Sozialkultur wächst. Die Totalität des Sozialstaats offenbart Defizite. Jetzt fordert auch die Politik mehr Eigenverantwortung und Selbstbeteiligung, mehr individuelles soziales Engagement und Zivilcourage. Selbst das Kanzleramt propagiert die Zivilgesellschaft. Der Sozialstaat beginnt sich vorsichtig aus Feldern der Kultur, Bildung, Erziehung und Stadtplanung zurückzuziehen, gibt dem Markt und der privaten Initiative Raum. Sponsoren werden zur Leitfigur. Das ist ein molekularer Prozess, unübersichtlich und von breitester Dimension. Es zeichnet sich nicht nur ein Bewusstseinswandel ab, sondern auch eine kulturelle Wende. Aber noch ist das Selbstverständnis unklar: Geht es um Kompensation sozialstaatlicher Defizite, um den Ausgleich nicht mehr bezahlbarer Leistungen oder um einen radikalen Bruch mit unserer Sozialkultur?

Eines aber ist klar: Es herrscht Druck. Sozialstaatliche Garantien müssen eingeschränkt und zurückgenommen werden. Der Zustand der öffentlichen Finanzen erzwingt eine Definition der Kernaufgaben. Die allgemeine Daseinsgarantie ist schon verabschiedet. Wie aber lässt sich der Sozialstaat zurücknehmen, ohne den Neid zu wecken? Wie kann verhindert werden, dass das Gefühl, betrogen worden zu sein, eine massenhafte Dimension annimmt und zur sozialen Gewalt wird? Wie kann das Solidarsystem der Altersversorgung reformiert werden, ohne die Entsolidarisierung der Generationen zu verschärfen? Was sind die Prinzipien, Ideen, gesellschaftspolitischen Maximen, die die Leute einsichtig machen können für Verzicht und Eigenverantwortung?

All das sind aktuelle Fragen, die die Politiker eher zu lähmen als zu mobilisieren scheinen. Ihre Angst ist verständlich. Die Sozialstruktur hat die Menschen nicht nur abhängig gemacht, sondern auch die Phantasie für ihre Möglichkeiten beschädigt. Wieviel Risikobereitschaft und Eigenverantwortung darf man ihnen zutrauen, wenn schon eine Benzinpreiserhöhung um 10 Pfennig als Sozialkatastrophe gilt? Vor allem aber antizipiert die Angst zu Recht ein großes gesellschaftspolitisches Vakuum, ein populistisches Potential. Wartet nicht im Hintergrund der Hegemonie des Sozialen die kulturelle Barbarei und ihre Sehnsucht nach dem großen Agitator, der endlich Gleichheit für Unsresgleichen predigt?

Auch wenn die Politik bei der Korrektur der sozialstaatlichen Kulisse zwischen Kompensation und radikaler Reform schwankt, wird eines deutlich: Begriffe wie Eigenverantwortung und Zivilgesellschaft, die sie neuerdings einübt, entstammen nicht der deutschen Sozialwelt, sondern der anglo-amerikanischen Kultur. Die aber stellt an entscheidender Stelle einen radikalen Gegenentwurf darf. Die Geister scheiden sich besonders deutlich am Begriff des Neides. Im englischen und amerikanischen Gesellschaftsverständnis wird der Neid sehr viel offener, aber auch gelassener gesehen. Er gehört zum sozialen Leben. Dabei macht sich niemand Illusionen über die unstillbare Destruktivität des Neides und über seine Fähigkeit, sich in den großen Idealen der Menschheit zu verstecken. Schon darum traut man dem Staat und seiner undurchsichtigen Bürokratie die Verwirklichung dieser Ideale nicht an. Dem Neid wird Raum gegeben – in der Konkurrenz, im Markt und in allen Bereichen, in denen soziale Dynamik wünschenswert ist. Als Gegengewicht wird den Individuen eine hohe Verantwortung zugemutet. Ihre Sache ist es, die Tradition zu wahren, die Regeln und Normen zu verteidigen, soziale Gerechtigkeit und das Zusammenleben zu sichern. Das Rechtssystem hat nicht nur einen hohen Rang, sondern ist als kasuistisches System auch die gespeicherte Sozialerfahrung der Nation. Die Zivilgesellschaft wird getragen von Individuen, zu deren öffentlicher Qualität immer Selbstbewusstsein und auch Stolz gehören. Angestrebt wird nicht der soziale Frieden in der Gleichheit, sondern die Balance unter Ungleichen. Nicht die Lösung, sondern die kultivierte Regelung der Konflikte ist das Ziel. Alle Risiken werden akzeptiert, aber im Zweifelsfall glaubt man doch, dass die Kraft des Individuums ausreicht, um den Neid zu beherrschen.

Gewiss, solche Ideen lassen sich nicht durchsetzen, noch lässt sich unsere Sozialstaatswelt irgendwie mit der amerikanischen Lebensphilosophie vermischen. Sie soll auch nicht idealisiert werden. In ihr steckt ohnehin eine Menge an zivilem Skeptizismus, der Idealen misstraut. Das gewünschte »Mehr an Eigenverantwortung« lässt sich auch nicht durch kulturelle Anleihen gewinnen. Eigenverantwortung beginnt bei sich selbst. Es muss dem Staat abverlangt und den Menschen zugemutet werden, dass die Verantwortung für soziale Gerechtigkeit und Solidarität wieder in die Hände der Leute kommt – nicht nur um die öffentlichen Kassen zu entlasten, sondern um die Individuen zu stärken. So schwer es auch fällt – es wird keiner der Einsicht entgehen, dass die Heilsversprechen unserer Sozialstaatskultur keine Zukunft haben. Wir müssen uns nicht nur von der Bequemlichkeit trennen, die uns die Hegemonie des Sozialen schenkte, sondern auch einmal zugeben, dass sie uns nicht besser, vitaler oder sozialer gemacht hat. Die Veränderung muss in der öffentlichen Kultur, bei den Medien, in der Sprache beginnen. Die luxurierende Katastrophenstimmung und die liederliche Klageroutine über die soziale Kälte, den Sozialabbau und die chronisch wachsende Armut ist nur die Lebenslüge eines reichen Landes. Dass der Sozialneid und der neidvolle Vergleich den geistigen Horizont der Verbände, Lobbys, Interessenvertretungen beherrscht, ist schlimm genug. Aber leider prägt dies auch die Amtssprache unserer Konsensdemokratie. Die institutionalisierte Missgunst unter dem Vorzeichen des Sozialen erzeugt Stagnation und Reformstau. Das bewährte System von Vorteilen und Nachteilen soll ja nicht verändert werden. Aber die unter dem Gleichheitsgrundsatz stehende Distribution des allgemeinen sozialen Guts folgte lange genug der Logik des Neides, die vor allem eine Forderung kennt: Was ich nicht habe, sollen andere auch nicht haben. Es ist Zeit, dass die Verallgemeinerung des Neides durch das Soziale erkannt und eingedämmt wird. Dem Individuum darf zugemutet werden, dass der Neid dorthin zurückkehrt, von wo er kam: nämlich in das eigene Selbst.

Susanne Riedel
Aus dem Reich der wirbellosen Tiere

Wie ein Teppich aus winzigen Aalen schwimmen Pikantes Haare im Meer. Über dem Wasser sind ihre Brüste Bohrinseln, Pontons, und sie, die eigentlich Alba heißt, Alba, Albina, weiße Perle, starrt an die Wand gelehnt ihrem Körper in den Wellen hinterher. Fasziniert mustert sie die Brüste, als zeige der Film zwei fremde Spiegeleier, die man verspeisen muss, abends, wenn der Wind günstig steht und seltsame Dinge überm Feuer gebraten werden. Aus dem Dunkel der Galerie wirft Galathea der Künstlerin tastende Blicke zu, ein Winken aus dem Landstrich der höheren Töchter. Allem Anschein nach nimmt das filmische Machwerk nun doch ein Ende, schon färbt sich der salzige Dunst über Capris Stränden, die giftigen Pfeilspitzen der Schaumkronen graben sich wie Zähne in Pikantes Haut. Ein Eisvogel müsste aus seinem Versteck schießen und im Tauchstoß die Kostbarkeiten der Schwimmer erbeuten, ein Auge, einen Fingernagel, ein Haar, stattdessen überblendet eins der neueren Gemälde die See. Federstriche, Vogelflügelchen, und obwohl jeder weiß, dass Pikante immer dasselbe malt, drehen die Leute ihr weit geöffnete Gesichter zu. Aufgeräumte Gesichter, die unter der Schweigsamkeit der Künstlerin in Schutt und Asche fallen. Nur eine Wand ist nicht von Bildern überwuchert, brusthoch türmen sich Aquarien aufeinander, eine Mauer aus bunten Fischen. Draußen nagelt der Wind mit scharfem Sausen Schornsteinöffnungen und Fenster zu, Applaus, die Fische zittern, dann steigen endlich Albinas Werke vollends aus dem Licht, Nebel, reinweiß und gediegen. Abel hüstelt, und Fried Ponto, der jüngste der Kritikergötter, stößt in einem schicken kleinen Anzug auf Pikante herab. »Dies hat mir der Norden gesagt«, brüllt der Dichter, den sie bestochen haben, damit er die Ausstellung mit einem geschrienen Gedicht eröffnet, »dies hat mir der Norden gesagt. Die Sänger sind längst tot, sagte er, die das vom Leben haben wissen wollen, was nötig ist. Keiner will mehr Kanarienvögel halten, und so kommt es, dass keiner mehr singt.«

Ich wollte vom Meer reden, davon, was es uns voraushat.

Später, am Buffet, drückt Abel mir einen Ausschnitt in die Hand. Pikante war wieder in der Zeitung. Fett wie ein weißer Mond geht ihr Gesicht über einer Baumarktreklame auf. »Merkwürdig«, sagt Abel und tippt mit dem Zeigefinger auf ihre unmaßgebliche Nase, »was stimmt mit diesem Mädchen nicht?«

»Sie ist kein Mädchen«, sage ich, »sie ist ein Nichts. Eine schmierenkomödiantische Virgo intacta. Wer nimmt so eine schon ernst? Vor allem, wenn sie als Greisin noch so aussieht, als würde sie auf den Deflorationsknall warten.« Der Zeitungsausschnitt flattert auf Perlhuhnbrüstchen, und etwas Honig fließt über Pikantes Stirn, so sieht sie aus, als würde sie weinen, drüben in ihrem Ozean, unter dem Eisvogel auf Capri, wo sich so adrett malen lässt. Im Glanz der Honigtränen leuchtet der gute Mond, ihr uferloses, riesiges Gesicht, wo sich Augen und Mund wie winzige Kommas, Punkte oder Hühnerküken um die Nase zusammengedrängt haben. Nicht weit vom Podium fuchtelt Galathea mit wehmütigen Armen in der Luft vor dem Kritikergott herum, und ihre Schlaksigkeit, die Fried Pontos geringe Höhe wettmacht, verärgert mich. »Ich bin gerade auf ein Schilfrohr gestoßen«, sage ich zu Abel, aber Abel betrachtet Pikante, wie sie in ein Sektglas lacht. Nur einmal, das genügt jedoch, damit die Welt kollabiert, bei Hofe, in der Vorhölle, wo Minne gesungen wird. Ein paar Guppys jagen einander durch die Aquarien, und Ponto wirkt gelöst, als habe er endlich entdeckt, für wen Worte wie *Antlitz* erfunden wurden. Dabei ist Pikante hässlich wie ein Federwurm aus Borneo. Alba, Albina, nichtmal dreißig Jahre alt und kann schon malen. »Federwürmer«, sage ich zu Abel, der mich mit seinen biologischen Vorstellungen infiziert hat, »gehören zu den anmutigsten Vertretern der scheuen Röhrenwürmer.«

»Ich weiß«, sagt er ausdruckslos, während die Künstlerin ihr kupiertes Kinn betastet. Galathea, die eine Elfe ist, eine Grashalmelfe, ragt über dem kompakten, kleinen Kritikergott auf, bis sie sich in ihrer ellenlangen Würde daran macht, noch vor Fried Ponto den Berg Garizim zu erklettern, die diesigen Felsen, auf denen Pikantes Jungmädchenruhm siedelt. Das ist soweit kein Problem. Galathea ist nur meine Galeristin.

»Sabellidae-Familie«, sage ich träge. Abel, im Schutze einer Skulptur, hält versuchsweise Pikante auf dem Zeitungsausschnitt zu. Erst den verklemmten, lügenhaften Mund, dann ein Paar knochenharter Augen. »Unsinn«, sagt er schließlich, »bei Federwürmern sind deutlich Tentakelkronen zu erkennen, die langen, lederartigen Röhren, mit denen sie vorüberschwebende Mikroorganismen einfangen und aufessen. Schwupps. Aber Pikante hat ja kaum einen Hals.« Es war auch nur eine Metapher, allerdings ist Abel nichts fremder als das. Biologen müssen im Blut leben, nicht in der blutbildenden Wirklichkeit. »Dann eben«, sage ich aufsässig, »ein gestutzter Federwurm. Darum auch ihr sexualisierter Malzwang. Schwänze, besteht das Leben denn aus Schwänzen?«

»Wenn man jung ist, zuweilen schon«, sagt Abel, worauf er schweigend, mit der ihm eigenen, biologischen Sorgfalt, eine Perlhuhnbrust seziert und hemmungslos Pikante anstarrt, die Pontos Anzugstoff befühlt, mit kriechenden Bewegungen, langsam wie Warzenschnecken. Ich taufe dich Phillidia arabica aus dem Sudan, ich nenne dich Dornenkrone. »Ein Seestern«, sagt Abel, »der als Riffplage angesehen wird.« Galathea flüstert der Künstlerin etwas ins putzige Ohr, und vorsichtig lächelt Pikante zurück, aus der Tiefe ihres Töpferinnengesichts heraus. Der Herr schuf dich als Marzipannacktschnecke. Soweit bekannt, hat diese Warzenschneckengattung keine Feinde. Mich hingegen hat er Zylinderrose genannt, Ceriantharia, die meist einzeln vorkommt und Wohnröhren aus Nesselfäden bildet. Neben Ponto begibt sich Galathea in Schräglage und traktiert Pikante mit Musenblicken, ein Ritual, Samthut und Feder, jemand sollte das malen. Schützend wie eine Eihaut legt sich ein Tross von jungen Künstlern um die Zelle des Ruhms, in Schildkrötenformation umstreichen sie Albinas grässliche Schwänze, in den Aquarien spiegelt sich mein Gesicht. Abel streicht den Zeitungsausschnitt glatt und stellt die Butter auf Pikante. »Wenn Galathea eine Grashalmelfe ist«, sagt er, »und sie eine Schwanzelfe, dann musst du eben die rabiate Motorradelfe sein!« Mein neues Bild habe ich *Nanabranka* genannt, sicher, es findet sich darauf zuviel Wasser. Kritikergötter verabscheuen solche Übertreibung, allerdings nur, weil sie der Wahrheit eine Sprache gibt. Dabei hätte Nanabranka außer Ozeanen auch einige Leichen in jungem Blattgrün zu bieten. Pikantes Leiche, Pontos. Nanabranka. Es ist eine Sträflingskolonie.

Wie ein fetter Fisch walzt Ara Dette in roten Schaftstiefeln durch den Schlick, Ara Dette, die mir jahrelang die Nerven blankfraß. Typisch eiförmige, flache Körperform, überdimensionaler Kopf und kleines Maul. Stets kommt sie als Drückerfisch des Weges, freundliches Aussehen, dahinter pferdebissähnliche Attacken. Einst lebte ich in Wohngemeinschaft mit einer Frau, die acht meißelförmige und sechs plattenartige Zähne hatte. »Die Welt als Unterwassershow zu sehen«, sage ich zu Abel, »erleichtert das Dasein ungemein. Guppys sind frohgemut und denkfaul, alles geht seinen Gang, vieles hat seine Berechtigung.« Damals verkeilte sich Ara Dette in meinem Leben wie ihr Fischpatron im Korallengeäst, fraß sich dicker und dicker, während sie mir Stück für Stück die Stacheln abbiss. Schließlich packte sie die Stümpfe und hob mich ins freie Meer, um mich von unten, am Bauch, anzugreifen, als sei ich ein wehrloser

Seeigel. Am Ende stauten sich die Bilder in mir, dafür floss sie über, spuckte Farben, und zwar in meinem Stil. Sie trug dabei sogar all meine Kleider. Zwei Frauen, verkündete sie in geselliger Runde, hätten Abel haben können, erstens sie, an zweiter Stelle ich. »Wie geht's, wie steht's?«, frage ich aufgeschlossen, als sie neben mir an die Wasseroberfläche platzt, ein heliumgefüllter Ballon, »vor allem deinem süßen kleinen Hias?«

»Spitze!«, brüllt Ara Dette, dass die Mauern einstürzen und Ponto, der Kritikergott, sich umwendet. Als Vergeltung dafür, dass sie mir die Haut abgezogen und übergestreift hatte, redete ich ihr seinerzeit ein, ich fände den Namen Hias Elberich für einen Jungen schön, und Abel machte mühlradgroße Augen. Wie soll der Junge heißen? Hias Elberich, sagte ich kurzangebunden, das bezeichnet etymologisch einen irren Naturgeist. Welcher Teufel, sagte Abel, mag sie nun wieder geritten haben? Die Erinnerung an meinen Rachefeldzug schaukelt und schwankt, während Ara Dette sich neben mir ein Matjesbrötchen zwischen die Kiemen stößt. »Mhm!«, sagt sie, sie schluckt von jeher alles, was ich habe, ein Drükkerfisch auf Beutezug. Dass ich grübelnd durch die Wohnung lief, *Hias Elberich, Hias Elberich* flüsternd, und vorgab, die besondere Anrede seit Jahren für ein eigenes Kind im Sinn zu haben, war Fischfutter genug. Am Ende fraß sie selbst den wahnsinnigen Namen. Sorglos am Boden des Meeres schwebend, malt Ara Dette seither Bilder mit viel Blut und behauptet, der Hiasvater, ein untersetzter, brillentragender Börsengehilfe ohne jeden Humor, sei wie Abel versessen auf Protoplasmen. Denen nicht unähnlich, würgt sie das letzte Matjesstück herunter und winkt ihrem neuen Idol, jener sexbesessenen, grundlos hässlichen Sachbuchautorin, deren Schwester ein Dominastudio in der Stadtmitte betreibt. Dementsprechend sind Ara Dettes gute Vernissage-Stiefel auch aus wildem, rotem Leder, über dessen Ränder Schenkel quellen. Himbeereis in einem zu kleinen Hörnchen. Ihr Schuhwerk erinnert mich daran, wie ich früher *Kabul* auf die Absenderzeile meiner Briefe schrieb, weil *Berlin* sich so demütig anhörte. »Hias zahnt nicht mehr«, berichtet sie, »endlich wieder Sex!« Beim Klang ihres Organs schaukelt die deprivierte Sachbuchautorin, deren Lebenslust sich vorwiegend in einer Dildosammlung niederschlägt, hin und her. »Wie schön!«, sagt Abel, und der Drükkerfisch, aus Anbetungszwang zur Geschlechtsbestie mutiert, bewundert wortreich Pikantes zart gepinselte Geschmacklosigkeiten. Einst, als sie meine Bilder liebte, sah sie Figuren am Himmel, selbst solche, die nur ich sehen konnte. »Na, malst du denn doch?«, fragt sie, und zwischen uns entrollt sich ein Gemälde im breughelschen Stil. Viele Wolken, wenig Blau und – sanft im Wind baumelnd – die frigide Magd Ara Dette, wie sie kopfüber und nackt an einem Baum hängt. *Nonne. Schockgefrostet,* würde Pikante das Werk nennen. Ich nenne es nicht Kabul. Es gibt keine schöneren Namen als die wahren. Ich nenne es Sträflingskolonie, ich nenne es wieder Nanabranka.

Alle meine Bilder heißen Nanabranka, ich will es so, damit niemand sie versteht. »Eigentlich«, flüstert Abel, »müsste man Ara Dette und Pikante kreuzen, ein Freilandversuch, beobachten, wozu Dummheit imstande ist. Wenn sie auf sich selbst trifft, explodiert sie? Oder teilt sie sich, erkennt sich wieder und macht Kinder?«

»Letzteres«, sage ich, beängstigt von Pikantes scherenartigen Beinen, auf denen sie über der Welt balanciert. Vielleicht stürzt sie ja ab und zerdeppert ihren Schädel auf dem Schwarz-Weiß-Mosaik der Fliesen. Bilder müssten hervorquellen, quallige Formen, die Fried Ponto, den jüngsten der Kritikergötter, endlich zum Weinen bringen. Er wartet schon so lange darauf, nur merkt das keiner außer mir. »Wer ist denn der kleine Bösewicht links neben ihr?«, flüstert Abel.

»Glied Konto«, sage ich, »aber eigentlich heißt er Fried Ponto. Der schärfste Hund unter den Kunstkritikern, Warhol hat ihm mal die Hand geschüttelt, seitdem glaubt Glied, dass Kunst alles darf, wenn man Warhol heißt. Wenn nicht, darf sie nichts.«

»Mag er deine Sachen?«

»Natürlich nicht«, sage ich würdelos, »niemand mag meine Sachen. Sie mögen Pikantes Sachen. Sachen! Was für ein Wort.«

Die Nacht ist rund wie ein Ball, sehnig durchzogen von Gezischel und auskeilenden Hufen. Glied Konto hebt sein Bein an, als müsse er pinkeln, und sein Schatten auf den quietschvergnügten Guppys im Aquarium pinkelt mit. Auf seiner Stirn erscheint ein großes Amen, als er seufzend Pikantes neuestes Werk betrachtet, *Bauchnabel,* einen nichtssagenden Krater, den ein Riesendrückerfisch mit einem im Maul gebildeten Wasserstrahl in den Sand geblasen hat. Sehet, spricht Gott, während unten, auf dem Galerieboden, die ersten Journalisten kriechen und in Zungen zu reden beginnen, und Konto zwingt einen Zettel in Pikantes alabasterfarbene Finger. Galathea, meine Grashalmelfe, scheint nervös, vielleicht steht auf dem Zettel der Name eines fremden Galeristen. Sekt beißt mir in der Kehle, Gerbsäure, während ich Glieds Bauch vermesse und den Nabel unter seinem teuren Hemd suche. Auch Albina wirft ihm Brausepulverblicke zu, sein Bauch zittert, winzige Vulkane aus Pulver und Schweiß. Die Welt, wie sie detoniert in einem Nabel, und Gottes Stimme, die sich über Pikantes pfefferfarbenem Haarozean erhebt: »Hören Sie, Alba, Ihre Sachen ... wirklich ausgereift. Sehr ausgereift. Sehr, sehr ausgereift sogar. Erinnern mich ein wenig an ... den frühen Rauschenberg.«

»Ja«, höre ich Pikante zu Glied Konto sagen, »aber sicher. Ich komme aus einer ...«

»Künstlerfamilie«, sage ich zu Abel.

»Künstlerfamilie!«, sagt Pikante.

»Rauschenberg!«, zischt Abel mir zu. »Dabei ist doch Erinnerung im künstlerischen Sinne stets ein Problem. Am Ende anfangen? Wo soll denn das dann aufhören?«

»Beim schön gezeichneten Papageienfisch«, sage ich so laut, dass Pikante und Glied Konto und Galathea mich hören, »der lässt sich auch von Putzerfischen säubern.« Einen Augenblick lang ruhen Glied Kontos freundliche Finger auf Pikantes Nacken, ihre Augen hingegen ruhen auf mir, ihr Striptease-Blick, der alles sehr blau sieht, weil ihre Pupillen blauer sind als Geistermuränen. Mich sieht sie so an, Ponto, ihre Bilder, die Fische, als wolle sie mit uns allen schlafen. »Oder Geistermuränen«, sage ich noch lauter, »die einzige Maraenidae-Art, bei der es im Laufe des Lebens zu einer Geschlechtsumwandlung kommt. Dabei verändert sich ihr Aussehen völlig. Männliches wird weiblich, Hässliches schön, und gerade die Putzergarnelen wagen sich furchtlos bis hinein ins weit geöffnete Maul der scheuen Tiere.«

»Nun hör aber auf«, sagt Abel, »vergiss das Mädchen doch einfach.« Eilig entferne ich seine Hand von meiner Jacke und wandere in die Welt, der Sonne entgegen, Fried Ponto, der, klein in seinem kleinen Anzug, auf mich wartet und Pupillen wie Speerspitzen hat.

»Grüß Sie!«, sagt er, als ich vor ihm stehe.

»Grüß Sie auch!«, sage ich. »Hallo, Alba! Hallo, Galathea!«

»Frau Herzberg«, sagt Fried Ponto fröhlich, »da freu ich mich aber, Sie hier anzutreffen!« Das Problem ist, er meint das ernst. Galathea zupft sich ein knisterndes Stäubchen vom Kragen und sieht furchtsam und erneut gewachsen aus, eine scheue Grashalmelfenleiche, die soeben am Morgentau erstickt. »Wo ich Sie sehe«, sage ich zu Fried Ponto, »hören Sie, wann kann ich Sie malen? Ich denke da an etwas Surrealistisches, der Kritiker als Kopffüßler etwa, Decapoda, lustig aussehendes Tier mit fast körpergroßer, kalkhaltiger Schale, die man Schulp nennt.« Sofort stürzt Kontos Gesicht ein, und Galathea schüttelt bußfertig den Kopf, ihren schmalen, freundlichen Kopf, in dem stets schöne Dinge schweben, Glaskugeln, Hornkorallen, flexibel und gleichzeitig widerstandsfähig. »Warum malen Sie nicht mal«, schlägt Ponto mir vor, »etwas Einfaches? Zum Beispiel diese Fische da?«

Die Guppys schwärmen. »Nein!«, wiederhole ich, »Decapoda! Schulp!«

»Schulp …«, sagt Glied Konto verwirrt, und tätschelt Pikantes Flanke. Hat Rauschenberg etwa Schulp gemalt? Hat Warhol Schulp gekannt? Erkannte Warhol beim Händedrücken Glied Konto, der zu Schulp geworden war, wusste Beuys, dass gasgefüllte Hohlräume der Sepia als Auftriebsorgane dienen? »Du würdest doch gar nicht wollen, dass er dich anfasst«, sagt Abel hinter mir, während ich Konto dabei zusehe, wie er in Gedanken Schulp von Stränden klaubt und ihn armen Vögeln gegen Kalkarmut in den Käfig hängt. Oh doch, denke ich, das will ich. Konto soll mir in den Nacken greifen und seine ordentlichen Schuhe an mir abwischen und Nanabranka sehen, den ganzen langen Strand, voller Schulp von toten Sepien. »Er ist vielleicht nicht richtig dick!«, sagt Abel. »Aber doch ein bisschen klein für sein Alter.« »Kompensationsgroß«, sage ich, »ein kompensationsgroßer Vorderkiemer, der sich von Algen, Nesseltieren und Schwämmen ernährt. Die weidet er mit seiner Raspelzunge ab. Im Grunde aber ein Seelenverwandter. Sehr einsam. Und so feige.« Klitzekleine Blicke brechen sich wie Wellen an den Vogelkäfigstäben vor Pontos nasser Stirn, Gleiches findet Gleiches, und Pupillen zucken in meine Richtung, um sich dann hastig wie zwei Vögel in den Süden aufzumachen. Das Mikrophon vorne knackt, erleichtert dreht sich die Dreieinigkeit um. Als Ponto sich räuspert, essen Pikantes Augen ihn auf. »Dies hat mir der Süden gesagt«, schreit der gekaufte Dichter, »dass das Werben um den Tag ein Ende hat. Auf allen Meeren ist Licht geworden, der Winter ist verlorengegangen hinter Afrika, und weil niemand ihn gehen sah, wird auch keiner ihn wiederkommen hören.«

Nach dem Vortrag hören wir einträchtig dem Schweigen zu, das der Ozean des Dichters übriglässt. Ara Dettes Sachbuchautorin gähnt, vermutlich versteht sie nicht, warum sich sexuell aktive Menschen so lang schon mit Gedichten langweilen. Sehnsüchtige Atemzüge tosen und rauschen, dann sinkt Stille schwarz auf schwarzen Grund. Abel würde mich, meine Bilderwelten und die Sepiamanie für verrückt erklären. Aber ihm fehlt die Dimension, obwohl er Irrsinn sonst für die Voraussetzung des Genies hält. Menschen sind keine Tiere. Kannibalismus ist verwerflich. Irgendwann muss auch Schluss sein. »Das ist ja das Problem«, sage ich, »zum Beispiel Pikante, die Buchhaltermalerin. Sie macht zu früh ein Ende. Sich dem Wahnsinn zu verweigern heißt scheitern. Bestimmt malt sie montags bis freitags im Unterhemdchen je zwei Stunden ihr haltloses Zeug.«

»Aber sie scheitert ja gar nicht«, sagt Abel, »und was interessiert dich diese debile kleine Seescheide überhaupt?«

»Diese was?«, sage ich.

»Seescheiden«, sagt er, »sind transparente, zerbrechlich wirkende Gebilde. Ascidien, aus dem Reich der wirbellosen Tiere.« Drüben hat sich Zeus Laich zu Ponto gesellt, der älteste der Kritikergötter, Titanenvater, dessen Kopf links seitlich auf dem Hals klebt, ermüdet vom vielen Grüßen. Aus dem Kopf salbadert es, Alba, das Täubchen, schwatzt und girrt, Galathea macht manchmal Kuckuck dazu. Jenseits der unsichtbaren Bannmeile um Zeus Laich wimmelt Plankton, die paar verderbten jungen Maler, die morgens noch für den Erhalt von Ateliermieten demonstriert haben und sich schon nicht mehr daran erinnern. Geld hasst Zeusvater, obwohl er viel davon besitzt. Er liebt, wovon er wenig hat, die Art von kulturellen Geschlechtsorganen, die Mädchen wie Pikante überdimensional ausgestalten. Göttinnen liebt er, Schwanzschöpferinnen. Aber keusch müssen sie sein. Während Zeus Laich ein Taschentuch von den Dimensionen einer Zeltplane aus der Hose zerrt, um die Feuchtigkeit von seiner nobel gerunzelten Stirn zu entfernen, bevölkere ich Nanabranka mit nachtaktiven Diagonal-Süßlippen aus Sipadan, mit Seescheiden von den Antillen, Philippinen. »Zeichnen«, höre ich Pikante zu Laich sagen, »muss man das können? Was zählt, ist doch Farbe, Urgrund, die Impression. Warhol zum Beispiel ...« Glied Konto bebt, der Fußboden auch, bis ein Stapel kalligraphisch gestalteter Noten zu Boden segelt, Pikantes Talismane, Erbstücke einer Großtante, die einst eine beliebte Bratschistin war. Schon kurz nach der Jahrhundertwende soll sie im Oderbruch gehockt, mit den Füßen im Schlamm gewühlt und gebratscht haben. Süße Blütenblätter von weißem Holunder fielen dabei wie Schnee auf ihre Haare, ein zimtiger Schleier, der Pikante in den Genen sitzt. Sie geht, wie der Holunder fällt. Besonders vor Laichs Augen. In Griffweite kreist der Drükkerfisch um die Sachbuchautorin, bereit, an Nanabrankas Stränden neben Pikante zu malen, eine Seescheide zu werden, weil Seescheiden zuweilen Dickdärmen ähneln, brennend rot und lebensgierig. Ihre sexhungrige Kumpanin wird entthront, entsetzt sein, wenn sie Ara Dette erst aus Strähnen von Pikantes Haaren Pinsel fertigen sieht, ein Bild malen, das *Lauchabel* heißt. »Bauchnabel«, sagt Laich, »gefällt mir ausnehmend, liebe Alba. Eine Dame von Ihrer Jugend ... und dann solche Vielfalt, Virtuosität!« Auf seiner Stimme schwimmt Genuss, wie bei meiner Mutter, wenn sie Cognacbohnen isst, obwohl ihre Diabeteswerte steigen und steigen. »Ich sagte gerade ...«, sagt Glied Konto, aber Zeusvater hört ihn nicht, weil seine Augen auf Pikantes weißer Brust verweilen. In der Ferne, hinter der Aquarienwand, erscheint ein Lichtpunkt, der sich stetig vergrößert, ein Phänomen, das ich zuletzt über einer schlecht gewürzten Paella in einem Lokal namens *Der andalusische Hund* betrachtet habe. Damals berührten Quirin und ich uns nicht, erst nach Mitternacht erteilte er mir einen wirklich züchtigen Abschiedskuss. Nun aber hat er eine hübsche, nur zollhohe Person im Schlepptau, goldene Ohrringe, goldene Aale, so lang wie Galatheas Arme.

Wenn ich male, male ich aus dem Meer. Wie Haie leben die Bilder seit dreihundert Millionen Jahren im Salzwasser, Torpedos mit hoch empfindlichen Nervenenden, die mich aufspüren und zerfetzen. »Wer ist denn die da?«, flüstert Laich in Glied Kontos spiralige Ohrmuschel und grimassiert zu mir hin, während der Lichtpunkt sich auf uns zubewegt. »Herzberg!«, sagt Konto und grimassiert zurück. Laich sieht zu Boden, als wäre Herzberg etwas, für das man sich schämen muss, ein ähnlich diffuses, widerliches Werkstück wie Konto. Tatsächlich haben meine Bilder ein garstiges Gebiss, das in mehreren Zahnreihen nachwächst, und sind in der Lage, feinste Vibrationen im Wasser unterscheiden zu können. Weil sich die Bilder, Haischwärme, in mir versammelt haben, bin ich ein Bild geworden, Prionace glauca, der Blauhai, Pikantes wegen, die mich einen Moment zu lang mit ihren blauen Augen angesehen hat. »Tag!«, sage ich zu Laich, der seine dicken, faserigen Lippen aufstülpt und nicht antwortet. Galathea zwinkert, und endlich streift das Licht meine Schulter, die große Berührung der Rhinocoden. Walhaie sind freundliche Zeitgenossen, die Plankton essen oder Krill, also lächelt Quirin mir zu. Vielleicht denkt er auch an den Andalusischen Hund, denn die Ohrringe scheinen, der Himmel sei gelobt, mitsamt der mikroskopischen Person daran verlorengegangen, auf der großen Walhaiwanderung durch die Galerie. Abel hüstelt wachsam, ein Biologe, der weiß, wann die Brutphasen beginnen. Dabei bedeutet *Quirinus* Qual. Für alle Frauen, die eine Ahnung vom Leben haben. Quirinus, der Kriegsmächtige, Ohrringliebhaber und Maler, aber auch die Kritikführung beherrscht er aus dem Effeff. Vor solcher Übermacht zieht Glied Konto den Schwanz ein, nur Zeus Laich, der weiß, was sich ihm gegenüber gehört, wedelt aufdringlich mit den Fingern, bis Quirin seine Hand packt und schüttelt. Meine Bilder sind so bissig, dass sie sich in Begrüßungen wie diese verbeißen, in denen Hände einander verschlingen, bis eine gestorben ist. Galathea will damit nichts zu tun haben, sondern windet sich ernüchtert um den Bratschenbogen, den Pikante ins Gespräch einflicht. Konto schüttet sich Prosecco auf die Schuhspitzen, weil Laich einen tollen Witz über Lochner gemacht hat und nun dauernd entzückt »Die Guttermottes in der Losenraube!« ruft. Offenbar findet die *Muttergottes in der Rosenlaube* nicht wirklich seine Zustimmung. Vielleicht, wenn sie einen Schwanz hätte. Von Pikante lässt Quirin sich im Detail ihre Stilrichtung von A bis O erklären. Das ist soweit kein Problem. Ich will nur mit ihm schlafen.

Wortlos stehen Quirin und ich einfach herum, als Ara Dette sich auf Pikante stürzt und sie anzufressen beginnt. Die Situation droht jedoch erst brenzlig zu werden, als wir auf den Grund sinken und keine Luft mehr haben. Er entschärft die Lage, indem er von seiner Frau, der Ohrringträgerin, berichtet, die seine Bilder adelt, indem sie sich stundenlang im Schlafzimmer einschließt und die Werke betrachtet, wenn sie fertig sind. Falls sie nicht fertig sind, obwohl er das dachte, wirft er sie eben weg. Weg, sage ich. Weg, sagt er. Ich frage nicht, wohin. Ich bin fassungslos. Strafend starre ich Abel hinterher, der gleichmütig alles fertig findet, was ich tue, der nicht meine Frau ist und Nanabranka kaum länger als eine Minute betrachtet hat. Goldene Ohrringe klimpern, Quirin erblüht. »Rosa«, stellt er vor, »meine Frau!«, und der verspielte, brünette Delphin, dem es Vergnügen bereitet, auf malerischen Bugwellen zu reiten, streichelt seine Hüfte.

»Die Bilderstürmerin«, sage ich.

»Aber er mag das«, sagt sie, »er braucht Kritik!« Ihre schöne Stimme verschmilzt mit brutalen Ausrufen: Vor einem besonders abscheulichen Schwanzexemplar erklärt Ara Dette Zeus Laich die Malerei seit den Nolanischen Preisamphoren. »Hat sie übrigens eine gewisse Ahnung von Gemälden?«, fragt Abel.

»Inzwischen ja«, sage ich, » aber nur, weil ich zuerst Ahnungen hatte. Bald hat sogar die Sachbuchautorin bestimmt bessere als ich.« Der Drükkerfisch gestikuliert und schafft Korallenbrocken beiseite, um an Fressbares zu kommen, Zeus Laich kratzt sich, er fahndet heimlich nach Pikante. Eines Abends, als Abel mich angewidert fragte, warum einer zulässt, dass ein anderer ihm die Identität wie Blut aussaugt, habe ich schwächliche Dinge gemurmelt. Dass Ara Dette unglückseligerweise keine eigene Sprache hatte oder dass sie meine wollte, weil ihre keiner verstand. Neid, sagte ich, funktioniert letztendlich wie ein Stechrochen, verlässt sich auf seine Tarnung und zeigt kaum Fluchtverhalten, weil sein peitschenförmiger Schwanz schwere Verletzungen verursachen kann. Was Abel darauf murmelte, begriff ich nicht, beschäftigt mit der Frage, worauf Ara Dette eigentlich neidisch gewesen war. So saßen wir murmelnd nebeneinander, Abel und ich, Sekunden, Jahre, wie es die meisten Liebenden tun. In seinem Kopf der Stechrochen, in meinem Ara Dette, und alles, was sie mir an Dreistigkeit voraushat. Wie sie Zeus Laich ins Gesicht stöhnt, scheint mir jammervoll, aber er antwortet so bewegt, dass mir ein Speicheltröpfchen auf der Wange landet. In Nanabranka werde ich ihm mein Gesicht übers Gesicht malen, im Wahn, denn anders kann ich nicht arbeiten. »Dies hat mir der Westen gesagt«, schreit der junge Dichter, »er trug ein schönes Kleid, und er weinte, die Arme sind verschränkt, sagte er, die

Hände so gefaltet, dass kein Hemd, keine Münze mehr gewechselt werden kann. Heute nicht, sagt er, und nicht jemals mehr.«

Ich will ein Geigenrochen sein. Ich will einen Stechschwanz mit Widerhaken haben. Ich will Glied Konto sein, dessen Lebensaufgabe darin besteht, Zeus Laich mit Grappa zu versorgen. Später, wenn Zeus Laich gestorben ist, wird Konto seinen Mund so lange foltern, bis er ihm dieselbe froschartige Breite verpasst hat, die Laichs Mund von anderen Mündern unterscheidet. Pikante müsste vor meinem Mund knien, vor meinen langen Ohren, aus denen gelbliche Haarbüschel lugen. Ich will das Haarbüschel in Zeus Laichs Ohr sein. Nähe will ich, aber ich kann nur malen. Schon rattern mir Farben durch die Adern, tönen mein Blut in krachendem Grün, Muränenblau. Galathea, die imstande wäre, das Rauschen der Farben zu hören, zuckt und macht eine leiste Geste in meine Richtung. Als sie Albina noch nicht kannte, verband uns eine libidinöse Freundschaft, natürlich verwandelten wir sie in Kunst, in Worte, die Kunst beschrieben, es war sehr effektiv. Hinter dem jungen Dichter auf dem Podium windet sich die noch jüngere Malerin, schamhaft verdreht wie eine Natter, die Guppys machen in ihren gläsernen Kisten lockende Mundbewegungen, und Quirin sieht nur manchmal zu mir hin. Ich sehe hin, wie er wegschaut, wenn ich hinsehe, und höre Ara Dette zu, die mit Zeus Laich beim Fischblasenmotiv und dem Bildteppich von Bayeux angekommen ist. »Wovon redet die überhaupt?«, sagt Abel.

»Ich informiere mich nicht«, sage ich, »ich male lieber.« Gott weiß, dass das ein Fehler ist. Gott weiß, dass er den Wirbeltieren ein Gehirn gegeben hat, um zu denken, Gott, der Petrus als Maler schuf und Pontius Pilatus als den ersten Kritikergott aller Zeiten. »Frau Herzberg!«, sagt Glied Konto milde an meiner Seite, die mittlerweile schmerzt von den Farben, die ich in mir habe. »Herr Konto!«, sage ich im selben Ton. »Wie bitte?«, fragt er pikiert in seinem komischen Dialekt wie Pinselstriche, die verfließen. Ich bin eine lebendige Lupe, sage ich zu seinem Porträt in Nanabranka, ich bin ein Hörgerät, ich bin eine Malerin, hören Sie zu, Mann, wie die lausigen Strände in mir brodeln. Glied Kontos Augenausdruck interpretiere ich dahingehend, dass er endlich die Notwendigkeit zu weinen entdeckt hat. Aber das will er nicht, wir wollen doch dasselbe, Pikante sein, oder wenigstens Krill und Plankton, damit wir für Ateliermieten demonstrieren und die Parolen später vergessen können. Unter dem Verkleinerungsglas, das ich in mir trage, will ich die Meerestiere betrachten. Ich, Gottes Auge, und sie, noch kleiner, als sie geboren sind. So klein wie Glied Konto, so hilflos. Auch wenn es eine Täuschung wäre, gern würde ich mich täuschen.

Unter Quirins Blick erblüht Pikante zu einem großen Zeichen am Himmel, ein Weib, mit der Sonne bekleidet. »Was?«, sagt Abel, »was? Was?«

»Babylon«, sage ich, »zum Kotzen. Ich steige aus, ich male nicht mehr.«

»Du hast ein Problem«, sagt mein bunter, hübscher Kaiserfisch, »du kannst dich ohne Pinsel nicht äußern.« Ich will mich ohne Pinsel nicht äußern, aber das äußere ich nicht, ich äußere, dass die Liebe zu den Bildern einen weit treiben kann, wenn für anderes keine Liebe mehr übriggeblieben ist. Immer noch rufen drüben, im Aquarium, die Guppys nach mir. Sie haben etwas übrig für leichte Hände. »Gott, der eine große Schale gemacht hat, die er Meer nennt«, sagt Abel, »hat auch die kleinen Quallen im Meer gemacht, damit sie früher als die Haie sterben. Alles eine Frage der Relativität. Pikante ist eine Süßlippe, Haemulida, die man oft an strömungsexponierten Stellen findet. Nur ein Kunstprodukt, Pop-Art, ein Strömungsfisch, das sollte dich eigentlich trösten.« Am Podium zieht der Strömungsfisch gerade Rosas maßvollen, goldenen Hass auf sich, indem er müde Laute von sich gibt, die augenscheinlich Quirins Vorliebe für kleine Tiere aufwecken.

»Aber sie hat, was sie hat«, sage ich. »Jeder hat, was er hat«, sagt Abel.

»Sand, Salz und Blut«, sage ich, »und jetzt muss ich dringend etwas malen.«

Abel schüttelt den Kopf, flüstert Abfälliges über meine komische Besessenheit von Leichen, dass die Biologie keine Leichen kenne, jedenfalls nicht im künstlerischen Sinn. In Nanabranka hängen mittlerweile die Toten wie Vögel in den Gingkobäumen, meine Finger schwirren schon, und Glied Konto verbreitet Weisheiten über ein Bild, das er gesehen, aber nicht verstanden hat. Das ist soweit kein Problem. Es ist nur mein Bild, Nanabranka.

»Mal nicht immer bloß«, sagt Abel, »tu doch mal zur Abwechslung etwas!«

»Beißen, sterben, fressen«, sage ich, »man muss nur den Blick dafür haben.«

»Der Mensch liebt immer in dem Maß die Toten«, sagt die lange Galathea tröstend, »wie er sich vor den Lebenden nicht zu fürchten wagt.« Das findet Ara Dette auch. Mir scheint, sie ist schon ein bisschen gewachsen. »Pikante wird aber nicht mit Laich ins Bett gehen?«, sage ich.

»Wenn sie schlau ist, doch«, sagt Ara Dette kryptisch, »ach, Sex entspannt einfach! Wenn man ihn nur von Bedeutung freizuschaufeln versteht!«

»Freizuschaufeln …«, sagt Galathea zweifelnd, und: »Wer ist denn eigentlich diese Pikante?«

»Pi-kan-te«, sage ich, »deine Schwanzalba dahinten, Albina, die beste neue Marzipannacktschnecke in deinem Stall. Pikante, wegen ihrer pikanten irrelevanten Nase.«

»Draußen existieren Menschen«, sagt Galathea ernst, »fällt dir das eigentlich manchmal auf?« Sekt tritt über seine Ufer und schwappt wie Suppe in meinem Bauch. »Draußen«, sage ich, »wo soll das denn sein?«

»Hast du Farben?«, sage ich, als Pikante mich wie unabsichtlich berührt. Schneckenaugen, die eine glitschige Spur auf meinen Schultern hinterlassen. Schulp knackt mir zwischen den Kiefern, denn ich leide an Kalkmangel. »Willst du malen?«, fragt sie bewundernd, »jetzt?« Glied Konto öffnet seinen Mund angesichts ihrer Tonlage, aber ich beobachte Rosa, die Bilderstürmerin, die beschäftigt ist mit Quirin und einem langsamen Kuss. Ich wünschte, sie würde mich küssen. Jenseits der vielen Farben bewegt sich etwas, die Gezeiten, eine Enge wird überspült, und die Haie in meinen Adern reißen mir Bilder wie große Brocken aus dem Fleisch. Geschäftig rennt Pikante zwischen Galerie und Atelierraum herum, schleppt eine Staffelei an, Kreide, aber ich bestehe darauf, dass sie mir fette, schwarze Lackfarbe kredenzt. Lackfarbe, zum Möbelstreichen. Sie scheint das für normal zu halten. Nanabranka ist ruhig, nur ein feuchter Film liegt rot auf den Gingkoblättern, ein Lichtpunkt dreht sich unter der Wasseroberfläche, Quirin atmet in Spiralen aus, und ein schlanker, stiller Hai umkreist meine dünnwandigen Lungen. »Eigentlich ist sie ja nicht unhübsch«, sagt Abel, als ich das Töpfchen öffne und den ersten Schwall langsam in das obere, rechte Aquarium gieße. Sirupartig sickert Schwärze durch das Wasser, Guppys schnappen, und Glied Konto knickt in den Knien ein. »Warhol sagte …«, sagt er, sieht mich aber nicht an. Farben stöbern, Zeus Laich ruft »Salute!« in Pikantes Richtung. »Und wer da will«, sage ich, »der nehme das Wasser des Lebens umsonst. Offenbarung 22,17.« Vom Meeresboden steigt plötzlich Stille und legt sich wie Milch über den Raum, selbst Abel steht gerade, als ich das zweite und auch das dritte Töpfchen öffne, Farben betrachte, vergieße und mit dem Pinsel sorgfältig in den Aquarien verquirle. »Wie heißt diese Person noch?«, fragt Zeus Laich Konto, aber der schweigt, rot und blau, Schweigen steigt, sie müssen verrückt sein. Endlich wird das Wasser meerdunkel, es hat seine wahre Farbe. Ara Dettes Atem giemt, sonst ist es stiller als unter Schnee, so still, dass ich Geräusch ins Leben holen muss. Gläser klirren, etwas splittert, die Farbe, die Begierde von Schmerzen unterscheidet. Schließlich klatschen Guppys gegen Wände, Aquarienwände, die auf den Boden platzen. Viele

Aquarienwände, viel Lärm, und all das überflüssige Wasser, das sich über Pikantes schöne Schwänze ergießt. Gesprenkelt mit so viel Schwarz, Rot und Blau sehen sie viel plastischer aus. Galathea löst sich auf. »Ach«, sagt Glied Konto. Dies ist ein Happening hier unten, er und ich wissen das. Aber an der Oberfläche kreischt jemand, Zeus Laich, der auf einen Guppy getreten ist. Ich sollte das wohl malen. Dabei wollte ich vom Meer reden, davon, was es uns voraushat. Pikante steht in einem schneebedeckten Bild, nicht ein Fuß zuckt, bis plötzlich dies wunderschöne Lächeln vom Grund aufsteigt, tief wie der Ozean. Sie lächelt in meine Richtung, und auch Zeus Laich lächelt eilig, er lächelt inmitten aller anderen. Meinen Blick will ich malen, wie ich Zeus Laich anlächle, der Pikante anlächelt und die Guppys, die darunter sterben. Quirin dreht sich zu Rosa um. »Dies hat mir der Osten gesagt«, schreit der Dichter, »dass die Zeit endlich stillgestanden ist. Da steht sie, in ihrer wandelbaren, bretthaften Uniform, da steht sie, sagte er, sieh, wie sie wartet. Dass einer kommt, der nie kommt, und sie erlöst.«

Peter Schneider
Die Macht des Neides

Gesellschaftstheorie und Anthropologie bei Smith, Mandeville, Rousseau und Freud

> »Sehr eigentümlich ist es, dass man, seitdem man sich mit der Erziehung der Kinder beschäftigt, noch kein anderes Mittel zu ihrer Leitung gefunden hat als den Wetteifer, die Eifersucht, den Neid, die Eitelkeit, Erregung der Begierde, knechtische Furcht – lauter höchst gefährliche Eigenschaften, die ihre Seele in fortwährender Gärung halten ...« (Jean-Jacques Rousseau, *Emil oder Über die Erziehung*)

1.

»Ein Mann, der armer Leute Kind ist, den jedoch der Himmel in seinem Zorn mit Ehrgeiz heimgesucht hat, wird, wenn er anfängt um sich zu blicken, die Verhältnisse des Reichen bewundern.« Ohne freilich auch nur einmal das Wort »Neid« zu gebrauchen, schildert Adam Smith[1] den sozialen Vergleich als den Motor des gesellschaftlichen Fortschritts.

Der Mann »wird sich vorstellen, um wieviel besser und angenehmer er in einem Palaste untergebracht wäre ... Er ist ganz bezaubert von diesem Bilde einer in weiter Ferne liegenden Glückseligkeit.« Dieses Bild, dem er verfallen ist, übt eine Anziehungskraft auf ihn aus wie die Mohrrübe, die man dem Esel vors Maul gebunden hat. Der Mann aus einfachen Verhältnissen wird nicht länger ruhen, als bis er selber reich geworden ist. Dabei wird er Mühen auf sich nehmen, die um ein Vielfaches diejenigen übersteigen, die er hätte erdulden müssen, hätte er sich mit dem durch seine Herkunft vorgezeichneten Status quo zufrieden gegeben.

Sein »Streben nach Reichtum und Größe« wurzelt in einer inneren Entzweiung: Das Subjekt imaginiert sich als künftiger Zuschauer seiner selbst und opfert so die Gegenwart einer Zukunft, in welcher, »so denkt er ... er zufrieden stillsitzen ... und sich an der Betrachtung der Glückseligkeit und Ruhe seiner Lebenslage erfreuen« wird. »Sein ganzes Leben hindurch jagt er hinter dem Bilde einer gewissen künstlichen Ruhe her, die er vielleicht niemals erreichen wird und der er eine wirkliche Seelenruhe opfert, die zu erwerben jederzeit in seiner Macht steht.«

Und was geschieht, wenn besagter Mann sein Ziel tatsächlich gegen Ende seines Lebens einmal erreicht? »Dann ... wenn er bei dem Bodensatz des Lebens angelangt, wenn sein Körper von den Mühen der Arbeit und von Krankheiten zerstört ... dann erst fängt er an, zu bemerken, dass Reichtum und Größe bloßer Tand sind, dass ihr Nutzen lächerlich gering ...« Er ist einem Phantasma aufgesessen, dessen ruinöse Wirkung er buchstäblich am eigenen Leben erfahren musste – dem Phantasma zukünftiger perfekter Zweckmäßigkeit, in welchem die Spannung von Mitteln und Zwecken gleichsam aufgehoben ist und auch jene innere Spaltung, die ihn vorwärtsgetrieben hat.

Smith lässt keinen Zweifel daran, dass »wirkliche Seelenruhe« weit einfacher zu erreichen gewesen wäre. Was aber hat den armen-reichen Mann dazu angetrieben, den beschwerlichen und im Rückblick vergeblichen Umweg zu nehmen? Seine Antwort lautet, »weil wir ... (soferne wir in der Gesellschaft leben) mehr auf die Empfindungen des Zuschauers achten als auf jene der zunächst betroffenen Person und eher in Betracht ziehen, wie deren Situation anderen erscheinen wird, als wie sie sich ihr selbst darstellt«. Auch die »kunstvolle Feinheit eines Zahnstochers oder eines Ohrlöffels« erfreut durch ihre Zweckmäßigkeit, aber die »Bequemlichkeit, die sie bieten ... ist nicht so auffallend« wie die jener großen Güter, die unseren Ehrgeiz anstacheln. Die »Pracht des Reichtums und der Größe ... befriedigen weit wirksamer jenen Hang, sich vor anderen auszuzeichnen, der dem Menschen so natürlich ist« – mit anderen Worten: sie zeichnen sich durch ein Surplus an *sozialer* Zweckmäßigkeit (Anerkennung, Bewunderung etc.) aus, von welcher wir schon deshalb nicht abstrahieren können, weil wir immer schon Zuschauer unserer selbst sind.

»Wenn wir die wirkliche Befriedigung, die alle diese Dinge zu gewähren imstande sind, an und für sich und abgesondert von der Schönheit der Anordnungen in Betracht ziehen, die zu dem Zwecke getroffen wurden, diese Befriedigung zu fördern, so wird sie uns immer im höchsten Grade verächtlich und geringfügig erscheinen. Aber wir betrachten sie selten in diesem abstrakten und philosophischen Lichte. Wir vermengen sie vielmehr in unseren Gedanken ganz unwillkürlich mit der Ordnung, der regelmäßigen und harmonischen Bewegung des Systems, der Maschine oder der wirtschaftlichen Einrichtung, mittels deren sie hervorgebracht wird. Die Freuden, welche Wohlstand und hoher Rang bieten, drängen sich aber, wenn sie in diesem Zusammenhang betrachtet werden, der Einbildungskraft als etwas Großes und Schönes und Edles auf, dessen Erlangung wohl alle die Mühen und Ängste wert ist, die wir so gerne auf sie zu verwenden pflegen.

Und es ist gut, dass die Natur uns in dieser Weise betrügt. Denn diese Täuschung ist es, was den Fleiß der Menschen erweckt und in beständiger Bewegung erhält.«[2]

Die durch sozialen Vergleich angestachelte Gier des Einzelnen bringt Gewinn für alle, gerade weil ihr phantasmatisches Begehren das Maß seiner unmittelbaren Bedürfnisse in geradezu absurdem Maße übersteigt. Der »natürliche« Trieb des Individuums, »sich vor anderen auszuzeichnen«, wirkt gerade deshalb gesellschaftlich segensreich, weil er nicht zu seiner Erfüllung gelangen kann, da er jenen inneren Riss des Subjekts, dem er seine Entstehung verdankt, niemals heilt, sondern immer nur vertieft.

Smith' Paradebeispiel für diese Dialektik liefert der »stolze und gefühllose Grundherr«, welcher »seinen Blick über seine ausgedehnten Felder schweifen lässt und ohne einen Gedanken an die Bedürfnisse seiner Brüder in seiner Phantasie die ganze Ernte, die auf diesen Feldern wächst, selbst verzehrt. Das ungezierte und vulgäre Sprichwort, dass das Auge mehr fasse als der Bauch, hat sich nie vollständiger bewahrheitet als in Bezug auf ihn. Das Fassungsvermögen seines Magens steht in keinem Verhältnis zu der maßlosen Größe seiner Begierden, ja, sein Magen wird nicht mehr aufnehmen können als der des geringsten Bauern. Den Rest muss er unter diejenigen verteilen, die auf das sorgsamste das Wenige zubereiten, das er braucht, unter diejenigen, die den Palast einrichten und instandhalten, in welchem dieses Wenige verzehrt werden soll, unter diejenigen, die all den verschiedenen Kram und Tand besorgen und in Ordnung halten, der in der Haushaltung der Vornehmen gebraucht wird; sie alle beziehen so von seinem Luxus und seiner Launenhaftigkeit ihren Teil an lebensnotwendigen Gütern, den sie sonst vergebens von seiner Menschlichkeit oder von seiner Gerechtigkeit erwartet hätten. Der Ertrag des Bodens erhält zu allen Zeiten ungefähr jene Anzahl von Bewohnern, die er zu erhalten fähig ist. Nur dass die Reichen aus dem ganzen Haufen dasjenige auswählen, was das Kostbarste und ihnen Angenehmste ist. Sie verzehren wenig mehr als die Armen; trotz ihrer natürlichen Selbstsucht und Raubgier und obwohl sie nur ihre eigene Bequemlichkeit im Auge haben, obwohl der einzige Zweck, welchen sie durch die Arbeit all der Tausende, die sie beschäftigen, erreichen wollen, die Befriedigung ihrer eigenen eitlen und unersättlichen Begierden ist, trotzdem teilen sie doch mit den Armen den Ertrag aller Verbesserungen, die sie in ihrer Landwirtschaft einführen. Von einer unsichtbaren Hand werden sie dahin geführt, beinahe die gleiche Verteilung der zum Leben notwendigen Güter zu verwirklichen, die zustandegekommen wäre, wenn die Erde zu gleichen Teilen unter alle ihre Bewohner verteilt worden wäre, und so fördern sie, ohne es zu beabsichtigen, ja ohne es zu wissen, das Interesse der Gesellschaft und gewähren die Mittel zur Vermehrung der Gattung.«[3]

Im »Beinahe« dieses letzten Satzes liegt das Geheimnis des ökonomischen und gesellschaftlichen Fortschritts. Aus der individuellen Gier wird so eine gesellschaftliche Tugend, ohne dass das lasterhafte Individuum aus diesem Prozess der Laster-Tugend-Konversion selbst als geläutertes hervorgehen müsste. Gewiss, der Grundherr müsste nicht gefühllos sein, damit er die Armen ernähren kann, aber es schadet auch nichts. Und umgekehrt ist die Tugendhaftigkeit des Reichen keineswegs ein Garant für die Wohlfahrt der Armen.

2.

Die *Theorie der ethischen Gefühle,* in der Smith sein Konzept einer vom bewussten Willen ihrer Akteure unabhängigen, von einer »unsichtbaren Hand« gesteuerten Ökonomie entwirft, erschien 1759, 45 Jahre nach Bernard Mandevilles *Bienenfabel.* Deren Untertitel »Private Laster, öffentliche Vorteile« scheint Smith' anthropologisch fundierte Ansichten über den Prozess des gesellschaftlichen Fortschritts bereits auf eine prägnante Formel gebracht zu haben. Darum mutet es zunächst befremdlich an, wenn Smith in seiner *Theorie der ethischen Gefühle* »das System des Dr. Mandeville« in seiner »Tendenz ... ganz und gar verderblich« nennt, da es den »Unterschied zwischen Laster und Tugend gänzlich aufzuheben scheint«.[4] Doch wenn man sich die Kritik Smith' an Mandeville anschaut, wirkt sie nicht eben überzeugend. Mandeville verwechsle die »Liebe zur Tugend« und zu »wahrem Ruhm« mit Eitelkeit, dem »kindischen Verlangen nach Lob um jeden Preis«.[5] Aber auch der Eitle schielt schließlich auf die Anerkennung des Zuschauers, und warum sein Streben nach Reichtum und den damit verbundenen Insignien weniger fortschrittsträchtig sein soll als das des arm geborenen Mannes, der sich seiner Herkunft entheben will, um sich »vor anderen auszuzeichnen« – dafür gibt Smith kein überzeugendes Argument. Man gewinnt vielmehr den Eindruck, er bekämpfe an Mandeville eine ihm als moralisch unzumutbar erscheinende Implikation der eigenen Theorie: den Neid als Triebfeder des Fortschritts.

Er glaube nicht, schreibt Mandeville[6] über den Neid, »dass es ein zu geistiger Reife gelangtes menschliches Wesen gibt, das nicht irgendeinmal von diesem Gefühle in vollem Ernst erfüllt gewesen wäre, und doch habe ich bis jetzt keinen getroffen, der anders als im Scherze einzugestehen wagte, sich seiner schuldig gemacht zu haben«. Dieser Neid ist es, der Wissenschaftler dazu bringt, bei ihren Kollegen stets nur nach den Fehlern zu suchen (eine immerhin nicht uninteressante Begründung des wissenschaftstheoretischen Falsifikationismus); und er ist es auch, der Künstler zur Vervollkommnung ihrer Technik treibt. »Die alles für die Gesellschaft Ersprießliche aus einem guten Prinzip ableiten möchten, schreiben den Wetteifer der Schüler einem sittlichen Streben zu ... Sehen wir aber näher zu, so werden wir finden, dass dieses Opfer an Ruhe und Bequemlichkeit bloß dem Neid und Ehrgeiz gebracht wird.«[7] Die Natur des Menschen *realistisch* einzuschätzen bedeutet für Mandeville nicht, einem *Pessimismus* hinsichtlich des menschlichen Fortschritts zu huldigen.

Sowohl bei Smith wie bei Mandeville spielt die Täuschung eine wichtige Rolle: Bei Smith ist es ein gütiger Betrug der Natur, der dem Menschen vorgaukelt, die von ihm angestrebten Ziele würden ihm Ruhe und Befriedigung verschaffen, und ihn so in einem Zustand lebenslanger Unruhe und Mühsal hält, ihn aber eben zugleich in einen Prozess einbindet, der für die Gattung Fortschritt bedeutet. (Eine Denkfigur, welche auch in der neodarwinistischen evolutionären Psychologie eine Rolle spielt, etwa bei der Annahme, »dass die Natur uns, um uns zu Kooperatoren zu machen, mit Gedanken über die Notwendigkeit der Kooperation ausgefüllt hat ... Wie jeder Evolutionist aufzeigen kann, erfüllen wir unsere Aufgabe oft sogar besser, wenn wir durch unsere Biologie getäuscht werden ...«[8] Freilich gibt es einen gravierenden Unterschied: Während »Natur« in der Evolutionstheorie ein Ensemble von Effekten blinder und zufälliger Selektionsschritte bezeichnet, ist bei Smith mit Natur die soziale Ausrichtung des Menschen gemeint, die Tatsache, dass der Mensch nicht sein kann, ohne einen anderen mitzudenken.)

Bei Mandeville steht am Beginn der Gesellschaft die pädagogische Lüge der »Gesetzgeber und anderer weiser Männer«, deren »Hauptbestreben« es war, »den Menschen, die sie zu regieren hatten, den Glauben beizubringen, dass es für jeden vorteilhafter sei, seine Begierden zu unterdrükken als ihnen freien Lauf zu lassen, und dass es weit besser sei, das allgemeine Wohl als die vermeintlichen Privatinteressen im Auge zu haben«. Doch wäre diese Predigt ungehört verhallt, hätten diese weisen Männer nicht auch eine »imaginäre Belohnung« erfunden, die bei allen Gelegenheiten »als allgemeine Entschädigung für die beschwerliche Selbstverleugnung dienen ... sollte.«[9] Die Belohnung hieß Lob, die Strafe Verachtung. Wenn der Mensch, wie Mandeville schreibt, ein »Gemisch von verschiedenen Neigungen und Gefühlen darstellt, die ihn alle, je nachdem sie auf- und hervortreten, abwechselnd und unabhängig von seinem Willen beherrschen«[10], so war es ein kluger sozialpolitischer Schachzug, diese Neigungen und Gefühle in einen produktiven Wettstreit miteinander zu bringen, indem man sie auf zwei Parteien verteilt:

»Um ... eine Art Wetteifer unter den Menschen zu veranlassen, teilten sie das ganze Geschlecht in zwei voneinander sehr verschiedene Klassen. Die eine bestand aus verworfenen, niedrig gesinnten Leuten, die stets hinter Augenblicksgenüssen herjagten, der Selbstverleugnung gänzlich unfähig waren und ohne Rücksicht auf das Wohl anderer kein höheres Ziel als ihren persönlichen Vorteil kannten ... Diese gemeinen, verkommenen Subjekte, sagten sie, wären der Abschaum ihres Geschlechts, sie hätten nur die Gestalt von Menschen und unterschieden sich von wilden Tieren durch nichts als ihre äußere Erscheinung. Die andere Klasse dahingegen bestand aus erhabenen, hochgesinnten Geschöpfen, die frei von schmutziger Selbstsucht die Gaben des Geistes als ihren schönsten Besitz hochhielten und, sich ihres wahren Wertes bewusst, lediglich an der Ausbildung jener Anlagen, in denen ihr Vorzug bestand, Gefallen fänden. Sie seien Verächter all dessen, hieß es, was sie mit unvernünftigen Wesen gemein hätten; kraft ihrer Vernunft widerständen sie ihren heftigsten Neigungen und führten einen beständigen Kampf gegen sich selbst, nach nichts Geringerem strebend als dem Wohle der Allgemeinheit und dem Sieg über ihre Leidenschaften ...«[11]

Dieser Wettstreit ist zwar nicht edel, aber erfolgreich; er kennzeichnet den Prozess der Zivilisation nicht als Mittel zur Ausrottung des Lasters, sondern als einen Vorgang seiner Bindung und Beschneidung[12] und damit als Zivilisation des Lasters selbst. Den Menschen Moral einzupflanzen bedeutet, Neid auf die Sittlichkeit des Anderen zu erzeugen. Kurz: Fortschritt (Smith), Moral und Tugend (Mandeville) entstehen im Prozess eines sozialen Vergleichs, der – als verinnerlichter – das Subjekt mit sich selbst entzweit und so jene fruchtbare Spannung herbeiführt, welche die Zivilisation vorantreibt.

3.

Dass die Tugend nicht aus der Tugend hervorgeht, ist auch Freuds Überzeugung. Am Anfang war – das Verbrechen. Freuds Theorie der Gesellschaft beginnt bei der von ihm adaptierten darwinistischen Fiktion der Urhorde[13]: Im Zentrum dieser Horde von Hominiden steht ein mächtiges Männchen, das alle Weibchen der Horde für sich beansprucht und seine heranwachsenden Söhne als Nebenbuhler tötet oder vertreibt – so lange, bis ihm eines Tages selber dieses Schicksal widerfährt. Dieses Männchen, der Urvater, zeichnet sich durch absoluten Narzissmus aus, dadurch, dass »sein Wille ... nicht der Bekräftigung durch den anderer« bedarf, sowie durch »seine sexuelle Eifersucht und Intoleranz«. Freuds Urvater ist jedoch weder ein smithscher Grundherr, dessen Luxusgier zugleich die Subsistenz seiner Bauern sichert, noch ist er ein mandevillescher weiser Mann und Gesetzgeber, der seinen Söhnen Moral beibringen will. Er ist vielmehr frei von jenem Bedürfnis nach Anerkennung, das den Kern der Anthropologie von Smith und Mandeville ausmacht.

Jener »Augenblick, an dem das Recht an die Stelle der Gewalt trat und damit die Natur dem Gesetz unterworfen wurde« (Rousseau)[14], ist für Freud der Urvatermord durch die Söhne. Der Sexualneid der vom Verkehr mit den Frauen ausgeschlossenen Söhne siegt über die Furcht vor dem Urvater; aber aus dem Schuldgefühl über die Tötung des Vaters wird nun in »nachträglichem Gehorsam« das Gesetz, dem die Söhne sich unterwerfen und so ein »einig Volk von Brüdern« werden. Das Gesetz lautet: Du sollst nicht töten, und du sollst keinen sexuellen Verkehr mit den Frauen der eigenen Sippe haben. Der vormals durch Gewalt erzwungene Verzicht wird transformiert in die Selbstbeschränkung durch ein Gesetz, welches erst ein Zusammenleben mehrerer erwachsener Männer innerhalb einer Gruppe gestattet. Die Forderung nach Gerechtigkeit und Gleichheit, welche die Brüder nun unter sich erheben, ist der Effekt einer Reaktionsbildung gegen den Neid, der sie zum Mord getrieben hat. Von einem Moment zum nächsten ist aus dem Neid als Motiv der ersten gesellschaftsbildenden Tat ein sozial disfunktionales Gefühl geworden.

Freuds Ursprungsgeschichte hat einen entscheidenden Haken: Sie erklärt die Gesellschaft durch die Gesellschaft und das Gesetz durch das Gesetz. Denn die Verabredung der Brüder, den Vater zu beseitigen, setzt bereits jenes Gemeinschaftsgefühl voraus, dessen Entstehung sie erklären soll, und das nach der Tat einsetzende Schuldgefühl impliziert schon jenes Gesetz, das aus ihm hervorgegangen sein soll.[15] Solche Zirkularitäten liegen freilich in der Natur von Ursprungsmythen; darin unterscheidet sich Freuds psychoanalytische Lesart von Darwin keineswegs von Darwin selbst. Interessanter scheint mir ein anderer Aspekt. Der Urhordenmythos bildet bekanntlich die phylogenetische Matrix für jenes ontogenetische Phänomen, das Freud den »Ödipuskomplex« genannt hat. Der Ödipuskomplex ist die Neuinszenierung des Urvatermords und seiner Folgen. Doch zugleich ereignet sich in seiner Wiederholung etwas vermeintlich völlig Neues: Im Gefüge der Urhorde stellten die Weibchen nicht mehr, aber auch nicht weniger dar als eine (bezogen auf die Anzahl paarungswilliger Männchen) knappe Ressource an Überlebensmaschinen für die stärksten männlichen Gene. Unter den Bedingungen der Gesellschaft hingegen, unter welchen der Ödipuskomplex erst entstehen kann, werden die Frauen nicht nur selbst Subjekte, sondern sie treten auch mit den Männern in ein wechselseitiges Subjekt-Objekt-Verhältnis. Und mit den Frauen taucht auch der Neid wieder auf, den die siegreichen Brüder nach der Ermordung des Vaters zugunsten eines egalitären Gemeinschaftsgefühls verdrängen mussten. Der Neid heißt von nun an »Penisneid«; sein Gegenstück bei den Männern ist die »Kastrationsangst«.

»Der Penisneid ist unbegründet«, resümiert der *Spiegel* am 10. August 1998 den aktuellen wissenschaftlichen Erkenntnisstand: »Die Klitoris, so zeigt eine neue anatomische Studie, ist viel größer als bisher angenommen.« Gleichwohl stellt er eine evolutionär erfolgreiche Strategie dar, wie Christopher Badcock (ein seltenes Exemplar eines Psychoanalytikers *und* Soziobiologen) in seinem Buch *Psychodarwinismus* ausführt: »Neid mag keine Emotion sein, auf die wir normalerweise sehr stolz sind, doch wissen wir alle, dass wir manchmal so denken. Es ist auch nicht schwer, sich vorzustellen, wie sich möglicherweise der Neid herausgebildet hat. Diejenigen, die durch Neid dazu getrieben werden, um das zu kämpfen, was andere einfach so bekamen, haben vielleicht im Endeffekt einen größeren Erfolg bei der Fortpflanzung als altruistischere Personen, die keine derartigen, im Grunde genommen egoistischen Emotionen empfanden ... Penisneid wäre im wesentlichen eine Emotion, die entstand, um kleine Mädchen dazu zu bewegen, mit ihren Brüdern um die Bevorzugung beim elterlichen Engagement zu kämpfen, das die fishersche Selektion ihren Müttern für sie abnötigen würde.«[16] Fishers Theorie besagt, »dass ein Weibchen, indem es einen attraktiven Paarungspartner auswählte, Gene für seinen Sohn selektierte, die seinen Fortpflanzungserfolg verbesserten, wenn er mit der Paarung an der Reihe war«.[17]

Solcherart von der politischen Last befreit, das Konzept des Penisneids rechtfertigen oder verwerfen zu müssen, lässt sich seine *erkenntnislogische* Bedeutung umso entspannter diskutieren. Und zwar im Rückgriff auf Rousseau.

4.

Rousseaus Mensch im Naturzustand ist das Produkt eines Gedankenexperiments. Was er entwickelt – weit weniger naiv naturalistisch als Freud – ist eine Logik der Konstitution von Subjektivität: »Beginnen wir damit, alle Tatsachen beiseite zu lassen, denn sie berühren nicht unsere Frage. Man darf nicht die Untersuchungen, in die man über dieses Thema eintreten kann, für historische Wahrheiten halten, sondern nur für hypothetische und bedingte Überlegungen, die mehr dazu geeignet sind, die Natur der Dinge zu erhellen, als ihren wirklichen Ursprung aufzuzeigen, und die denen ähnlich sind, die unsere Naturforscher alle Tage über die Entstehung der Welt anstellen.«[18] Gerade aber, weil er von Anfang an auf naturgeschichtlichen Realismus verzichtet, muten seine Anmerkungen über den Ursprung der Gattung Mensch plausibler an als Freuds psychoanalytische Darwininterpretation.

Der vorgesellschaftliche Mensch ist ein einsames Wesen; seine Berührung mit anderen ist ein zufälliges Ereignis, das ihm keinen Eindruck macht und ihn unberührt lässt. Nicht weil er von Natur aus gut, sondern weil er weder gut noch böse, im wörtlichen Sinne a-sozial ist, kennt er auch keinen Neid. Denn der Naturmensch vergleicht nicht, weil er weder ein Bild des Anderen noch eines von sich selbst hat. Das Gefühl des Mitleids und der (»rein« physisch gedachten) sexuellen Anziehung sind die beiden einzigen Gefühle, in denen die Menschen sich aufeinander beziehen, und dies sind auch die beiden Gefühle, die, obwohl schon dem Menschen im Naturzustand zugeschrieben, der monadischen Konzeption des Naturmenschen bereits zuwiderlaufen. Anders als in der freudschen Urhorde gibt es bei Rousseau jedoch keinen Sexualneid: Da die Menschenweibchen kein knappes Gut und auch keinen Perioden von Brunst und Enthaltsamkeit unterworfen sind, erübrigt sich ein Kampf der Männchen um die Weibchen, zumal es keine Bindung über die Begattung hinaus gibt, denn »wenn das Bedürfnis befriedigt ist, dann ist die ganze Begierde erloschen«.[19]

Für Freud wird die Gesellschaft aus dem Sündenfall des ersten Mordes geboren; bei Rousseau sind Gesellschaftlichkeit und Sündenfall der menschlichen Gattung zwei Seiten derselben Medaille. In gewissem Sinne argumentiert Rousseau darwinistischer als Freud, denn an die Stelle eines Ur-*Sprungs* der Gesellschaft und der Moral setzt er einen *Prozess,* in welchem – gut evolutionär gedacht – »der große Zeitraum die geringe Wahrscheinlichkeit der Ereignisse aufwiegt« und die »erstaunliche Macht ganz geringfügiger Ursachen«[20] an die Stelle des alles stiftenden Urknalls treten. Sein Begriff der »Vergesellschaftung« kommt ohne die Annahme *großer* Sprünge aus; doch sein Entwicklungskonzept setzt Kerne von zu Entwickelndem voraus, die seine Fiktion eines total ungesellschaftlichen und *nur als solchem natürlichen* Naturzustands unterminieren. Es geht hier also nicht darum, sich zwischen zwei Konstruktionen zu entscheiden oder Freud mit Rousseau zu korrigieren. Ich beabsichtige lediglich, durch die Gegenüberstellung der beiden Konzeptionen einen wesentlichen Aspekt von Freuds Anthropologie zu rekonstruieren, der bei Freud ein merkwürdiges Schattendasein fristet und von dessen Existenz lediglich ein in seinem Konkretismus bisweilen abstruses Theorieversatzstück wie der »Penisneid« zeugt.

Ich habe es schon gesagt: Bei Freud treten die Frauen erst mit dem Penisneid in das Stadium der Gesellschaft ein. Vorher waren sie reines Beutegut; jetzt dienen sie den Männern als Anschauungsmaterial dafür, was ihnen blüht, wenn sie ihren inzestuösen Begierden nachgeben. In der männlichen Kastrationsangst ist die gesellschaftsbildende Kraft der Urschuld repräsentiert. Konzedieren wir, dass die Männer ihre Kastrationsangst erst *nach* dem Mord am Vater befällt, wenn die größte Gefahr beseitigt ist; völlig uneinsichtig ist jedoch, warum der Penisneid nicht etwas genauso Ursprüngliches ist wie der Geschlechtsunterschied selbst. Der Urvater hatte einen Penis, und die Frauen hatten vor seiner Ermordung ebensoviel Grund zum Neid auf das bei ihnen nicht vorhandene Körperglied wie nachher angesichts der körperlichen Ausstattung ihrer Brüder. Auf deren Seite steht die Schuld (des Verbrechens); wie aber kommt der Aspekt des Neids und der *Scham* (wegen des und über den Mangel) so eindeutig auf die Seite der Frauen?

Meine These lautet: Hier teilt Freud etwas *geschlechtsspezifisch* auf, was vielmehr als zwei Seiten eines *inneren Risses* im Subjekt zusammengehört. Während Mandeville fröhlich machiavellistisch die Zweiteilung des Menschengeschlechts in Sünder und Heilige als pädagogischen *Trick* zur Disziplinierung *Aller* versteht, nimmt Freud die das Menschengeschlecht spaltenden »psychischen Folgen des anatomischen Geschlechtsunterschieds« (ungeachtet aller seiner früheren Versuche, ein Konzept der psychischen Bisexualität zu entwickeln) bierernst konkretistisch:

Da es bereits kastriert ist, entfällt beim Mädchen »das Motiv für die Zertrümmerung des Ödipus-Komplexes. Man zögert es auszusprechen, kann sich aber doch der Idee nicht erwehren, dass das Niveau des sittlich Normalen für das Weib ein anderes ist. Das Über-Ich wird niemals so unerbittlich, so unpersönlich, so unabhängig von seinen affektiven Ursprüngen, wie wir es vom Manne fordern. Charakterzüge, die die Kritik seit jeher dem Weibe vorgehalten hat, dass es weniger Rechtsgefühl zeigt als der Mann, weniger Neigung zur Unterwerfung unter die großen Notwendigkeiten des Lebens, sich öfter in seinen Entscheidungen von zärtlichen und feindseligen Gefühlen leiten lässt, fänden in der oben abgeleiteten Modifikation der Über-Ichbildung eine ausreichende Begründung. Durch den Widerspruch der Feministen, die uns eine völlige Gleichstellung und Gleichschätzung der Geschlechter aufdrängen wollen, wird man sich in solchen Urteilen nicht beirren lassen, wohl aber bereitwillig zugestehen, dass auch die Mehrzahl der Männer weit hinter dem männlichen Ideal zurückbleibt und dass alle menschlichen Individuen infolge ihrer bisexuellen Anlage und der gekreuzten Vererbung männliche und weibliche Charaktere in sich vereinigen, sodass die reine Männlichkeit und Weiblichkeit theoretische Konstruktionen bleiben mit ungesichertem Inhalt.«[21]

In einer kleinen Arbeit Freuds über »Das Unheimliche« findet sich ein Satz, der überaus bemerkenswert erscheint, wenn man ihn auf die Theorie des Penisneids bezieht: »Eine der unheimlichsten und verbreitetsten Formen des Aberglaubens ist die Angst vor dem ›bösen Blick‹ ... Wer etwas Kostbares und doch Hinfälliges besitzt, fürchtet sich vor dem Neid der anderen, indem er jenen Neid auf sie projiziert, den er im umgekehrten Falle empfunden hätte. Solche Regungen verrät man durch den Blick, auch wenn man ihnen den Ausdruck in Worten versagt ...«[22] Der Penisneid wäre demzufolge das, was der *Mann* »im umgekehrten Falle empfunden hätte«. Ich betone diese Passage nicht etwa deshalb, um endlich auch den textimmanenten Beweis zu erbringen, dass Freuds »Penisneid« nichts weiter ist als jene typisch männliche Selbstüberschätzung, als der er ohnehin schon längst abgetan wurde. Worum es mir geht, ist etwas anderes: Was bei Smith und Mandeville im Zentrum der Gesellschaftstheorie steht und bei Rousseau den Inbegriff des Sündenfalls durch Vergesellschaftung darstellt: der soziale Vergleich, seine Verinnerlichung und die daraus resultierende Spaltung des Subjekts (mit den bekannten Folgen wie Reflexion und Moral), das ist durch Freuds Konzentration auf das Urverbrechen an die Peripherie seiner Theorie geraten. Neid ist deshalb ein so quälender Affekt, weil er nur durch die Beseitigung jenes inneren Blicks auf uns selber beseitigt werden könnte, der doch unsere Subjektivität erst begründet. Das ist das Wesen jener »Einbildungskraft, die so viele Verheerungen unter uns anrichtet«[23] (Rousseau).

Einerseits treibt die Theorie des Penisneids die Metapher Mandevilles vom Wettstreit der Verworfenen mit den Sittlichen ins naturalistisch Absurde. Andererseits unterminiert sie in ihrer »projektiven«, d. h. veräußerlichenden Tendenz auch die Radikalität der sonst durchaus bei Freud vorhandenen Einsicht in die *durch die Verinnerlichung des Anderen* erzeugte *innere Spaltung* des Subjekts. So schreibt Freud zum Beispiel im »Unbehagen in der Kultur« über das Über-Ich: »Es benimmt sich ... umso strenger und misstrauischer, je tugendhafter der Mensch ist ... Es wird also trotz des erfolgten Verzichts ein Schuldgefühl zustande kommen, und dies ist ein großer ökonomischer Nachteil ... der Gewissensbildung.«[24] Mit anderen Worten: Kultur entsteht in jenem Moment, da der Mensch ein Bild des anderen Menschen, das ihn anblickt, verinnerlicht. Und der Preis den wir dafür zahlen, ist eine innere Spannung, die durch ein Mehr an Kultur keineswegs gemildert, sondern verschärft wird.

Es ist vor allem der »*kleine* Unterschied«, der den Neid erregt: »Wenn einer«, schreibt Mandeville, »der zu Fuß gehen muss, einen großen Mann beneidet, weil er sich einen Wagen mit sechs Pferden hält, so wird dies nie mit der Heftigkeit geschehen oder ihm den Verdruss bereiten wie einem Manne, der selbst einen Wagen hat, aber sich bloß vier Pferde leisten kann.«[25] Der Neid *erinnert* uns daran, dass der »Nebenmensch« (Freud) sowohl ein Gleicher als auch ein Anderer ist. Im Neid wird jene innere Differenz spürbar, die der Andere in uns aufgetan hat, als wir ihn als solchen erkannten und uns wünschten, von ihm erkannt zu werden. Zugleich aber ermöglicht uns der Neid zu glauben, jener innere *Riss* sei vielleicht doch nur ein *Mangel.* »Und es ist gut, dass die Natur uns in dieser Weise betrügt. Denn diese Täuschung ist es, was den Fleiß der Menschen erweckt und in beständiger Bewegung erhält.«[26]

Anmerkungen

1 Adam Smith, *Theorie der ethischen Gefühle.* 2 Bde., hg. v. Walter Eckstein, Leipzig 1926, S. 310 ff.
2 Ibid., S. 315.
3 Ibid., S. 316 f.
4 Ibid., S. 513.
5 Ibid., S. 515 f.
6 Bernard Mandeville, *Die Bienenfabel.* Mit einer Einleitung von Walter Euchner, Frankfurt a. M. ²1998, S. 177.
7 Ibid., S. 180.
8 Michael Ruse, »Noch einmal: Die Ethik der Evolution«, in: Kurt Bayertz (Hg.), *Evolution und Ethik,* Stuttgart 1993, S. 161.
9 Bernard Mandeville, *Die Bienenfabel,* a.a.O., S. 95.
10 Ibid., S. 93.
11 Ibid., S. 96.
12 »Stammt nicht des edlen Weines Saft / Von einem garstig dürren Schaft?/ Der, wenn man ihn nicht sorgsam pflegt,/ Bloß nutzlos wuchert und nichts trägt,/ Doch dessen Frucht uns Lust bereitet,/ wenn man ihn bindet und beschneidet./ Genauso uns das Laster nutzt,/ Wenn das Gesetz es kappt und stutzt ...« (Ibid., S. 92).
13 Sigmund Freud, »Totem und Tabu«, *GW* IX, S. 152 f.
14 Jean-Jacques Rousseau, *Abhandlung über den Ursprung und die Grundlagen der Ungleichheit unter den Menschen,* Stuttgart 1998, S. 32.
15 Vgl. dazu meinen Aufsatz »Gesetz, Deutung, Übertragung und Institution«, in: *Psyche* 1/1999.
16 Christopher Badcock, *Psychodarwinismus. Die Synthese von Darwin und Freud,* München 1999, S. 203 f.
17 Ibid., S. 198.
18 Jean-Jacques Rousseau, a.a.O., S. 33.
19 Ibid., S. 67.
20 Ibid., S. 72.
21 Sigmund Freud, »Einige psychische Folgen des anatomischen Geschlechtsunterschieds«, *GW* XIV, S. 29 f.
22 Ders., »Das Unheimliche«, *GW* XII, S. 252.
23 Jean-Jacques Rousseau, a.a.O., S. 67.
24 Sigmund Freud, »Das Unbehagen in der Kultur«, *GW* XIV, S. 485 u. 487.
25 Bernard Mandeville, *Die Bienenfabel,* a.a.O., S. 178.
26 Adam Smith, *Theorie der ethischen Gefühle,* a.a.O., S. 315.

Mariam Lau
Geschlechterneid

In »L.A. Stories«, einer romantischen Komödie mit Steve Martin, begegnen sich zwei Paare nach lautstark stattgehabtem Geschlechtsverkehr vor ihren jeweiligen Hotelzimmern in Palm Beach. Als der eine Mann hinter dem anderen die Treppe hinuntergeht, läuten die Glocken. Nur die Männer scheinen das Geräusch zu hören. »Wirklich lästig«, sagt dann der Jüngere zum Älteren, »das sind meine Eier.« Ach so! Man geht routiniert weiter.

Der Weg vom geheimen Familiensilber, den *family jewels,* als die das männliche Geschlecht noch zu Anfang des zwanzigsten Jahrhunderts in der Kulturgeschichte des Penis dastand, bis zur ironischen Gelassenheit der neunziger Jahre war weit und ist naturgemäß noch nicht zu Ende. Etliche Stationen auf diesem Weg waren heftig umkämpft, manche sind es bis heute. Die Idee vom Penisneid beispielsweise als der Felsstruktur allen weiblichen Erlebens, die von den individuellen Entwicklungen nur überwuchert, nie ersetzt werden kann, hatte etwas nachgerade Teuflisches. Jeder Protest gegen sie, auch aus der Feder autorisierter Analytikerinnen, schien sie nur umso machtvoller ins Recht zu setzen; wer den Penisneid bestreiten wollte, hatte ein echtes Problem, und was für eins: Das kleine Mädchen, so jedenfalls Freuds Ansicht, fühlt sich von der Entdeckung des Penis bis zur Entdeckung der Vagina als kastriertes Individuum mit einem verstümmelten Penis, der Klitoris. Sie wendet sich von der Mutter ab, weil sie überzeugt ist, dass diese ihr ein solch wichtiges Organ vorenthalten hat, mit dem man erst Eintritt erhält in die Welt des Geschlechts, und dem Vater zu, von dem sie zu erhalten hofft, was die Mutter ihr versagt hat, oder jedenfalls einen angemessenen Ersatz, einen Sohn oder so.

Die weibliche Sexualität stellte sich vor diesem Hintergrund als ein einziger Mängelkatalog dar: keine Vagina (jedenfalls bis zur Pubertät), kein Penis, und eigentlich überhaupt kein eigenes Geschlecht, weil ja erst der Penis eines verschafft; kein adäquates Liebesobjekt, denn der Vater ist ja nur Ersatz für die Mutter, die man durch den Besitz eines Penis zu gewinnen hoffte; keine genuin weibliche Qualität überhaupt, die libidinös besetzt werden könnte, denn alles ist nur ein Notkonstrukt, und schließlich fehlt es noch an Über-Ich-Stärke, die von Jungen während des Kastrationskomplexes und der Identifikation mit dem Vater erworben wird; es mangelt Frauen also auch an Gerechtigkeitssinn, Fähigkeiten zur Sublimation und so weiter. Kein Wunder, dass nicht nur Feministinnen gegen diese Idee Sturm liefen. Und dennoch, oder gerade deshalb, lebt sie. Und wer eigenen Töchtern beim Verfertigen erster Sexualtheorien zuhören kann, spürt schnell, dass sie mehr war als bloß eine Idee.

Allerdings schlug das Imperium machtvoll zurück. Schon bei Freud selbst steht dem Penisneid der Frau der Gebärneid des Mannes gegenüber; noch in seiner letzten, unvollendeten Arbeit weist er auf die Therapieresistenz dieser beiden Gefühlsfelsen hin. Dass der Gebärneid in der analytischen Theoriebildung so wenig Beachtung gefunden hat, beweist ebenso viel oder so wenig wie das Sich-Einschießen weiblicher Analytikerinnen auf den Penisneid: Wird schon was dran sein ... Zu Beginn des einundzwanzigsten Jahrhunderts, wo allenthalben – wenn auch gelegentlich zähneknirschend – die Biologie wieder in ihre Rechte eingesetzt wird, gestehen beide Seiten zu, dass der anatomische Unterschied im Seelenleben Konsequenzen zeitigen muss. Nicht einmal Judith Butler mag heute noch behaupten, dass der Geschlechtsunterschied eine rein soziale Konstruktion sei. Den Gedanken, dass uns genau diese Fähigkeit der Metabolisierung von körperlicher in seelische Struktur oder der von Reflex in Wunsch, die Symbolbildung schlechthin von den Tieren unterscheidet und ein Motor der Zivilisation ist, wird kaum noch jemand bestreiten. Der Sprung vom Säugetier zur menschlichen Gemeinschaft, so beschreibt es Reimut Reiche in seinem Buch *Geschlechterspannung*, läuft immer über die »Familiarisierung« des Männchens, seine Anbindung an die phylogenetische Ureinheit von Mutter und Kind. »Der Penisneid der Frau«, so schreibt Reiche, »erscheint aus dieser Sicht, ohne seine Existenz selbst anzuzweifeln, als ein sekundäres Phänomen, das eher Auskunft gibt über den aktuellen historischen Stand der Geschlechterspannung als über die Natur der Frau. Der Gebärneid des Mannes erscheint jetzt als ebenso begründet wie der Penisneid der Frau: weil er nicht gebären kann, muss der Mann ›familiarisiert‹ werden, mit allem geschlechtsspezifischen Hass, der hieraus erwächst. Erst Penisneid und Gebärneid als Paar bilden eine brauchbare psychoanalytische Konstruktion.«[1]

Jüngstes Beispiel für einen eklatanten Fall von Gebärneid auf öffentlicher Bühne scheint mir der Genom-Diskurs. Die Nachricht von der unmittelbar bevorstehenden Entschlüsselung des menschlichen Genoms hat in den Deutungsetagen der bundesrepublikanischen Öffentlichkeit eine Aufregung hervorgerufen, die vom Gegenstand nur zum Teil gedeckt ist. Fachleute, die einen kühlen Kopf bewahrt haben, erklären, mit der Lokalisierbarkeit eines Gens sei zunächst noch nicht viel, vor allem keine Manipulationsmöglichkeit eröffnet. Trotzdem löst die Meldung mit eherner Regelmäßigkeit die längst zum kitschigen Sci-Fi-Klischee erstarrten Assoziationen von »Frankenstein« und »1984« aus, vom zusammengeklonten, willenlosen Menschen und seinem Überwacherstaat. Die Hartnäckigkeit, mit der sich diese Einfälle auch gegen das bessere Wissen durchsetzen, dass die Fragen des Tages Insulinproduktion, Krebszellenbehandlung und Patentrecht heißen, lässt ahnen, dass da eher Phantasien als vor uns liegende Entwicklungen verhandelt werden. Jeder weiß, dass die Fähigkeiten, die in modernen Unternehmen und Ökonomien gefragt sind – Kreativität, Selbständigkeit, Eigenverantwortung –, wahrscheinlich nie, jedenfalls nicht in absehbarer Zeit, technisch reproduzierbar sein werden. Orwells Idee war bekanntermaßen von einem starren Terrorregime inspiriert, das vor gut zehn Jahren untergegangen ist.

Nicht zufällig ruft das Thema bei manch aufgewühltem Feuilleton-Redakteur Erinnerungen an die Zeit wach, als man seinen Chemiebaukasten bekam und sich am Getöse einer Knallgasprobe delektierte oder am Gestank selbstgebrauter, zischender Laugen. Aus dieser Zeit stammt die Phantasie, die hinter der juvenilen Aufgekratztheit in manchen der aktuellen Meditationen über die Genforschung steckt. Es ist die Phantasie von der Zeugung ohne Frau. Sie war es, die viele der Frankenstein-Verfilmungen beflügelte, zuletzt die von Kenneth Branagh, der sich als wirr-hippiesker Dr. Frankenstein mit seiner nackten Kreatur Robert de Niro im herrlich glibbrigen, selbstgebrauten, naturtrüben Fruchtwasser herumwälzte. Der Moment der Geburt steht im Zentrum der Filme, in denen Lichtblitze zucken und der Donner grollt, weil hier Leben entsteht, das Männer allein geschaffen haben, gottgleich. Die Zeugung ohne Frau war David Cronenbergs Traum, als er »Die Fliege« drehte, die Beobachtung eines Prozesses der Selbstverwandlung eines erwachsenen, sich gerade in einer aufkeimenden Liebesbeziehung befindlichen Mannes in eine Fliege, der sich durch diese Umwandlung aus der Beziehung zur Frau herausmutiert. In der Ausstellung »Körperwelten« des Anatom-Zirkusdirektors Gunter von Hagens, werden echte konservierte Leichen zu ironisch-grotesken Tableaus arrangiert; Schach spielen sie, posieren als drei Tenöre oder tragen ihre eigene Haut wie einen Mantel über dem Arm. Von Hagens, der noch immer den Namen seiner geschiedenen Frau trägt, lässt sich von den Hunderttausenden, die in seine Ausstellung strömen, feiern wie ein Großmagier, der die Toten zu neuem und besserem Leben erweckt hat, ganz allein, verachtet von den Pastoren und Richtern, die das Zeugungsrecht bei Gott und die Gewalt beim Staat lassen wollen.

Natürlich trifft es zu, dass die Möglichkeit der Zeugung ohne Frau objektiv näher gerückt ist. Die Reproduktionsmedizin verwendet alle Anstrengung darauf, so viele Funktionen wie möglich aus dem Körper der Frau auszulagern und den Labors anzuvertrauen. Die Trennung von Sexualität und Fortpflanzung ist fast schon eine Selbstverständlichkeit, nicht nur physisch, auch kulturell und soziologisch. Die Lebensplanung von immer mehr Frauen ist nicht mehr auf die Phasen der Kindererziehung eingestellt; man bekommt immer später Kinder und mit immer größerem Aufwand.

Der Feminismus hat sich angewöhnt, diese Entwicklung als Befreiung zu deuten. Skeptische Geister wie Katharina Rutschky vermuten dahinter eher einen unausgesprochenen »Deal«, mit dem die Gesellschaft den Frauen ihre Überflüssigkeit schmackhaft machen will. Und überflüssig werden sie schlicht, weil es längst zuviele Menschen gibt: »Der Prozess der Entwertung genuin weiblicher Kreativität«, so schreibt Rutschky, »ist unumkehrbar, und der platte Zwang, das Bevölkerungswachstum per Geburtenkontrolle zu beschränken, ist weltweit wohl unvermeidlich; denn das menschenwürdige Leben, das wir jedem ermöglichen wollen, ist ungeheuer kostspielig.«[2]

Ob sich die Weltvernunft tatsächlich auf solche Weise durchsetzt, ist fraglich – zumal es in unseren Breitengraden ja höchstens das gegenteilige Problem gibt: zuwenige Menschen bekommen Kinder. Aber die Tatsache bleibt, dass aus der Fähigkeit von Frauen, Kinder zu gebären, kulturell immer weniger »hergemacht« wird. Auf die Empfängnisverhütung bis hin zur Abtreibung wird im Leben der einzelnen Frau sehr viel mehr Energie verwandt als auf Schwangerschaft, Geburt und Leben mit Kindern. Der ewige Opferdiskurs des Feminismus könnte die verklausulierte Form der Klage der Frauen über ihren schleichenden Bedeutungsverlust sein. Good Neid, Ladies!

Dass in dieser Lage ein hysterisches Frohlocken aus den Herrenpartien der deutschen Geisteslandschaft zu vernehmen ist, muss einen nicht wundern. Aber sie werden sich mit der unspektakulären Tatsache abfinden müssen, dass einstweilen die eigentlichen Gewinner der Genforschung – allen Kitschphantasien zum Trotz – Diabetiker, Unfruchtbare und Krebskranke sind. Sie alle werden womöglich vom Gebärneid profitieren – wie wir uns überhaupt mit dem Gedanken befreunden sollten, dass der Neid zwischen den Geschlechtern eine hochproduktive Angelegenheit ist, mit der die Menschen ihre konstitutionelle Bisexualität nicht nur »einklagen«, sondern auch »in die Tat umsetzen«.

Dabei erweitert sich die Kampfzone zusehends. Auch die Beziehungen zwischen Schwulen sind zum öffentlichen Streitgegenstand avanciert. In der hitzigen Debatte um die sogenannte »Homo-Ehe« war einmal mehr der Eindruck entstanden, die Homosexuellen wünschten nichts sehnlicher als die Gleichstellung mit den Heterosexuellen; rechtlich, moralisch und kulturell. Es gibt aber ein paar gute Gründe dafür anzunehmen, dass dieser kurze Sturm die wirkliche Lage eher verborgen als enthüllt hat. Und dass es in Wahrheit umgekehrt ist: Im Lauf der letzten Jahre haben sich die Heteros mehr und mehr Elemente des schwulen Lebensstils angeeignet. Damit ist nicht nur der kleine Ohrring im linken Ohr gemeint, und nicht nur das unstillbare Faible für Travestie-Shows und Ralf-König-Comics oder die Prime-Time-Kompatibilität von Hape Kerkeling und Dieter Bach. Es geht auch über Szene-Erscheinungen wie die sogenannte »fag hag« hinaus, eine Frau, die sich – aus Angst vor der heterosexuellen Herausforderung – am liebsten mit ihrem schwulen Freund die Zeit vertreibt; in Madonnas letztem Film »Ein Freund zum Verlieben« präsentiert sie eine perfekte aktuelle Inkarnation dieser verzweifelten Figur. Nein, mit ein bisschen soziologischer Phantasie kann man beobachten, dass schwules Leben – beziehungsweise das, was die Heteros sich darunter vorstellen – regelrechten Modellcharakter angenommen hat. Da ist Neid im Spiel. Schwules und heterosexuelles Leben sehen sich immer ähnlicher.

Das jedenfalls meint beispielsweise der britische Soziologe Anthony Giddens, wenn er erfreut oder geradezu begeistert von einem »Wandel der Intimität« in Richtung auf eine »reine Beziehung« spricht. »Rein« ist eine Beziehung für Giddens dann, wenn sie nur noch sich selbst zum Zweck hat. Erlischt dieser Zweck, ist die Beziehung beendet. In »reinen Beziehungen« kommt man beispielsweise nicht mehr zusammen, um gemeinsam Kinder aufzuziehen – die immer häufiger und auf verschiedenste Arten praktizierte Trennung von Sexualität und Fortpflanzung ist in diesem Zusammenhang das wichtigste Stichwort. Von Lesben und Schwulen lernen, so meint auch der amerikanische Sexualforscher Jeffrey Weeks, könnte eine belebende Wirkung auf eingeschlafene demokratische Strukturen haben: »Queer Politics«, so Weeks, geben ein exzellentes Modell von Bürgerpartizipationen ab, denn sie verbinden Selbstverwirklichung mit dem Kampf für Freiheitsrechte und einen »radikalen Pluralismus«. Sein britischer Kollege David T. Evans spricht sogar von »sexual citizenship«.

Wie ist es zu dieser seltsamen Entwicklung gekommen? Wer einen Schritt zurücktritt und Revue passieren lässt, wie in den sechziger und dann in den achtziger und neunziger Jahren über Sexualität gesprochen wurde, kann einen einschneidenden Wechsel ausmachen: Während in den sechziger Jahren von Sex meist im Rahmen eines großen Befreiungsprojekts die Rede war, entwickelte sich in der Folgezeit – vor allem unter dem Einfluss des Feminismus – eine grundsätzliche Skepsis gegenüber der Möglichkeit egalitärer Paarbeziehungen. Plötzlich wird Sex, jedenfalls im Sprachgebrauch des Mainstream-Feminismus – den sich ja mittlerweile auch schon Familienministerinnen zu eigen machen –, eigentlich nur noch im Zusammenhang mit Gewalt erwähnt, mit sexuellem Missbrauch, mit Belästigung und patriarchalischer Unterdrückung. Befreiung in Richtung sexueller Entfaltung ist kein Thema mehr. Das Bewusstsein für gewalttätige Formen der Auseinandersetzung ist geschärft bis zur Paranoia. Paartherapeuten wie der Hamburger Gunter Schmidt bemerkten: »Es entsteht eine neue sexuelle Etiquette, die den Umgang zwischen Mann und Frau friedlicher, rationaler verhandelbar, herrschaftsfreier, sicherer machen will.«[3] Wichtigstes Anliegen vieler Paare, so berichtete Schmidt auf einer Tagung zur Bilanz der Paartherapie in Hamburg, sei die »Befriedung männlicher Sexualität«, die unter besonderen Verdacht der Gewaltausübung geraten war. »Abgrenzung, Kontrolle, Vorsicht, Sicherheit« seien die dominierenden therapeutischen Ziele, »das Neinsagen-Können« werde geübt, während »Geilheit und Begierde von Männern, aber auch von Frauen als Übergriff verdächtigt werde. Eine neue sexuelle Etiquette wie von Meister Propper: nur noch spiegelnd reine Konsens-Flächen bleiben. Die aggressive Sanftheit bei den Grünen und anderen sozialen Bewegungen, die den Habitus jener Jahre ausgemacht hat, soll das Triebhafte kappen, zugunsten einer »psychotherapeutisch vermittelten, bedächtigen Sexualität, in der nichts mehr passiert«.

Sollten diese Situationsbeschreibungen zutreffen, ist nur zu verständlich, was für viele Heteros so attraktiv am schwulen Leben sein könnte. Dazu gehörte, wenn man es einmal nüchtern soziologisch ausdrücken will, einerseits die Autonomisierung, andererseits die Rationalisierung des Sexuellen. Autonomisierung spielt an auf das, was Giddens mit »reiner Beziehung« meint: sexuelles Interesse und Fortpflanzung können leicht voneinander getrennt werden, und die solchermaßen autonomisierten Sexualpraktiken können leichter geplant und kalkuliert werden. Es liegt auf der Hand, dass die Homosexualität beiden Tendenzen entgegenkommt. Von Fortpflanzung ist keine Rede. Das lange Verbot hat die Trennung der Sexualität von affektiven Bindungen begünstigt und eine rationale Planung notwendig gemacht. »Jede heimliche Begegnung«, so schreibt der Historiker Michael Pollack, »muss eine Organisationsstruktur entwickeln, welche die Gefahren minimiert und den Erfolg optimiert. Im Falle der Homosexualität hat dies die räumliche und zeitliche Isolierung des Geschlechtsakts, die rigide Beschränkung der ihn vorbereitenden Rituale, die Beendigung der Beziehung unmittelbar nach dem Akt und die

Entwicklung eines Kommunikationssystems zur Folge, das diese Minimierung der Investitionen bei gleichzeitiger Maximierung des Orgasmusgewinns ermöglicht.«

Für Beobachter von außen kann sich männliche Homosexualität leicht marktförmig darstellen. In Bars, Saunas, Restaurants, Klappen und Parks findet der Tausch »Orgasmus gegen Orgasmus« in immer spezialisierteren Formen, mit häufig wechselnden Besetzungen statt. Dabei betritt der einzelne die Szene, so stellt man es sich jedenfalls auch nach Filmen wie »Taxi zum Klo« vor, mit einem Wunsch nach Maximierung des »Ertrags« (Zahl der Orgasmen) und Minimierung der »Kosten« (Gefahr des Abgewiesenwerdens, Zeitverlust etc.). Spezielle Orte, »dark rooms« zum Beispiel oder Lederbars, garantieren, dass nicht lange verhandelt werden muss; es kann sogar an Ort und Stelle zum Verkehr kommen, und er kann so anonymisiert sein, dass er nur noch durch das »glory hole« stattfindet – ein in der Höhe der Geschlechtsteile angebrachtes Loch. Man wird nicht schwul geboren, man lernt es zu sein. Die Verbotskultur hat ein Universum dezenter Zeichen, Signale und Riten hervorgebracht, das inzwischen längst ein Eigenleben führt und eben mit oder ohne Diskriminierung funktioniert. Jedes Jahr bringt der Bruno Gmünder Verlag einen Reiseführer für Schwule heraus, durch den man sich auf der ganzen Welt schnell orientieren kann: Wie sind die landläufigen Gesetze, wo sind die Saunen, wen kann ich anrufen, wenn ich in Not bin. Schlüssel über der linken Gesäßtasche signalisieren eine Präferenz für die aktive Rolle beim Verkehr, über der rechten für die passive, so schreibt jedenfalls Michael Pollack. Die Farbe des aus der Hosentasche herauslugenden Taschentuchs soll dann jeweils die präferierte Praktik kundgeben. Ob das stimmt oder nicht, eins steht fest: Einige dieser Zeichen haben sich längst über das schwule Milieu hinaus als Accessoire durchgesetzt. Der kleine Ohrring im linken Ohr bedeutet längst nicht mehr das, was er früher einmal hieß. Er signalisiert heute vielleicht einfach: Ich bin für ein Abenteuer zu haben.

Allerdings ist die Frage, ob sich die heterosexuelle Schwärmerei für den schwulen Lebensstil nicht einem gewaltigen Missverständnis verdankt. Die Spezialisierung und Differenzierung der sexuellen Praktiken, der schwule Humor – Triumph der Ralf-König-Comics und der »Bewegten Männer« – und der ostentative Hedonismus, der in Filmen wie »Priscilla – Queen of the Desert« zur Schau getragen wird, verhüllen nur die Bürden des schwulen Lebens. Von ein paar Ausnahmen in den Schwulenvierteln von San Francisco einmal abgesehen, wird der allergrößte Teil der Homosexuellen noch immer heterosexuell sozialisiert. So richtig angstfrei ist das Coming-out selten, und kaum jemand lebt sein schwules Leben ohne Schuldgefühle. Die Rate der Selbstmordversuche ist doppelt so hoch wie in der Gesamtbevölkerung, und 22 Prozent der Homosexuellen gaben nach einer Untersuchung von Reimut Reiche und Martin Dannecker an, sie würden sich behandeln lassen, wenn es eine sichere Methode der Umorientierung gäbe. Es bleibt bei einer gewissen Schizophrenie. Der marktförmige sexuelle Austausch erfolgt im übrigen nach strengen Regeln: Ab Ende dreissig, Anfang vierzig ist die Teilnahme an bestimmten Veranstaltungen geradezu eine Taktlosigkeit. In solchen Momenten reproduziert sich die Unterdrückung von früher als der Selbsthass von heute. Die Affinität Homosexueller zu künstlerischen Berufen, die ihnen von den Heteros gern als spezifische künstlerische Begabung zugeschrieben wird, ist speziell bei Angehörigen des Bürgertums oft eher die Angst vor einer Karriere mit größerer Sichtbarkeit und Erpressbarkeit, überhaupt eine Angst vor Erfolg, die mit den Schuldgefühlen einhergeht. Und schließlich ist die Kluft zwischen Affektivität und Sexualität, um die sie von den Heterosexuellen so beneidet werden, gerade eine Quelle leidvoller Erfahrungen. »Es fehlt hier«, so Pollack, »der soziale und materielle Kitt, der den heterosexuellen Beziehungen eine gewisse Dauerhaftigkeit verleiht. Fast ausschließlich auf den sexuellen Austausch gegründet, widerstehen Paarbeziehungen selten dem Verschleiß; (...) sie dauern selten länger als zwei Jahre und werden häufig von Anfang an durch Auseinandersetzungen, Ängste und durch Untreue kompliziert.« Der Widerspruch zwischen der »fixen Idee« der Paarbeziehung und der Intensität des »Sex-Markts« bringt die dramatischen oder hysterischen Lebensweisen hervor, die dann Gegenstand der bisweilen grausamen Karikaturen in »Der bewegte Mann« oder »Das Kuckucksei« werden. Die Theatralität, mit der Trennungen begangen werden, kann den entstandenen Kummer nicht wirklich in Schach halten, die Depression springt einem aus jeder »Bloody Mary« entgegen. Die Verehrungen der Diva, und zwar gerade der mit dem unglücklichsten Liebesleben – Callas, Monroe, Ava Gardner, Mae West, Alexandra –, folgen einem ähnlichen Affekt: Man schwingt sich in schöner Geste auf zum Triumph über Schmähung und Depression, man verleiht sich selbst ein trotziges Herrschertum, wirft sich in Siegerpose, und sei es nur für einen Abend. Der Kulturhistoriker Wayne Koestenbaum hat das Phänomen ausführlich beschrieben. Die »hoffnungslose Tunte«, ein in Schwulenwitzen, am Broadway wie in Hollywood längst standardisierter Typus, ist das Produkt der Depression und zugleich ein Antidot. Die Identifikation mit dem Aggressor soll dabei ebenso schützen wie das Augenzwinkern in Richtung der eigenen Reihen; aus demselben Grund geben sich manche weibliche Vornamen. (Man versteht, wieso mit zunehmender Akzeptanz dann plötzlich andere Typen Furore machen: die Tom of Finlands, der Cowboy, der Fernfahrer, der Sportler.)

Von den Schwulen lernen hieße also wohl eher verlieren lernen: In keinem anderen Milieu, so behauptet jedenfalls Michael Pollack, führte der Bruch einer Paarbeziehung so selten zu Feindschaft oder Trennung: »Im Grunde ließe sich das theatralische Gebaren, das die Scheidung zwischen Homosexuellen begleitet, als ein Übergangsritus, als ein Ritual des Übergangs von Liebe zu Freundschaft interpretieren, der verdeckt die Stabilisierung einer Beziehung anzeigt. Eine solche Stabilisierung bedeutet häufig den Ausschluss des Sexuellen, das nun in Vertrauen und Vertraulichkeit übergeht. So entsteht ein Netz von freundschaftlichen Beziehungen, das jene affektive Sicherheit zu bieten vermag, die in der Paarbeziehung kaum zu erreichen ist.«[4]

Vielleicht ist es aber auch gerade diese Entwicklung, die das »Modell Homosexualität« begünstigt hat. Die Schwulen leben vor, dass es möglich ist, sexuelle und affektive Bedürfnisse zu trennen, *ohne* einsam zu werden. Die wachsende Zahl alleinlebender Erwachsener signalisiert, dass viele diese Art von Lebens- und Beziehungsstil erproben möchten: sexuelle Kontakte in einem Kontext unterhalten, der Zusammenhang stiftet, ohne unbedingt auf Dauerhaftigkeit angelegt zu sein. Vielleicht findet sich hier, nach den Ernüchterungen im Schlepptau der sexuellen Revolution, eine letzte erotische Utopie: die Nähe eines Familienlebens, ohne dessen Zwänge zu reproduzieren.

Jedenfalls deutet sich nach den erbitterten Kämpfen der vergangenen Jahrzehnte, bei denen nur noch von Autonomie der Geschlechter und nicht mehr von ihrer Abhängigkeit die Rede sein sollte, vage eine Möglichkeit von Versöhnung an. Die ganze Polarität der Geschlechter kann im Verhaltensrepertoire eines Einzelnen auftauchen. Was den kulturellen Hintergrund betrifft, hat dabei die Ironie wohl sehr geholfen. Und der Neid.

Anmerkungen

1 Reimut Reiche, *Geschlechterspannung. Eine psychoanalytische Untersuchung*, Frankfurt am Main 1990, S. 33.

2 Katharina Rutschky, *Emma und ihre Schwestern. Ausflüge in den real existierenden Feminismus*, München 1999, S. 49.

3 Gunter Schmidt, »Die Potenz des Settings«, in: *Zeitschrift für Sexualforschung* 7, Heft 1, März 1994, S. 44.

4 Michael Pollack, »Männliche Homosexualität oder das Glück im Ghetto?«, in: *Die Masken des Begehrens und die Metamorphosen der Sinnlichkeit. Zur Geschichte der Sexualität im Abendland* (Hg. Philippe Ariès und André Bejin), Frankfurt am Main 1984, S. 57.

Alissa Walser
Neidkatzen

Die Ceelens sind in die Türkei gefahren. Die zwei jungen Schauspieler sollen auf die Katzen aufpassen. Sechs Wochen Theaterferien. Das Engagement – nach Herrn Ceelens Karthäuser-Katzen schauen.

Tom will campen, mit der Natur leben. Er schlägt vor, im Zelt zu wohnen und die Hauskatzen vom Garten aus zu verpflegen. Herrn Ceelens Karthäuser dürfen nicht an die frische Luft. Moasch und Pamuk sind Rassekatzen, wertvolle Tiere, hat Herr Ceelen gesagt, jung und unerfahren. Die wären sofort weg. In die russische Nachbarschaft. Tom glaubt das nicht. Cindy tun die Katzen ein bisschen leid. Aber, sagt sie, wir haben die Verantwortung. Gezeltet hat Cindy noch nie. Zelt oder nicht, Hauptsache, sie wird endlich schwanger. Ein Zwei-Mann-Zelt, sagt der Verkäufer im Trekking-Shop, und zeigt ihnen eines in rot mit Klettverschluss. Es ist so niedrig, dass man darin zwar liegen und sitzen kann, aber nicht stehen. Spätestens jetzt ist Cindy überzeugt. Sie kaufen einen Leatherman mit mindestens vierzehn unterschiedlichen Funktionen, so ein kleines, handliches, stählernes Ding für den Ernstfall. Sie kaufen Schlafsäcke mit Mumieninlett, Matten für drunter und Fliegennetze für drüber, sie kaufen eine Taschenlampe, mit der man um die Ecken leuchten kann. Sie kaufen Emaillegeschirr und mindestens drei Beutel Trekking-Kost. Chili con Carne, falls mal keiner Lust auf Kochen hat, und für die Katzen zum Dessert con Cane auf dem Etikett.

Ein Nationalpark ist Herrn Ceelens Garten nicht, aber das kleine Zelt hat Platz, und die Wildnis schaut nur durch den Zaun, was sie nicht weniger unheimlich macht. Am ersten Tag, beim Zeltaufbau unter Herrn Ceelens großer Esskastanie (er hat sie vor dreißig Jahren in der Türkei in einen Topf gesteckt und später hier eingepflanzt), passiert es: Tom rennt zur Toilette und lässt die Terrassentür offen. Eine Sekunde später sieht Cindy Schneeweiß in den Büschen. Herrn Ceelens Karthäuser sind nicht zu verstecken. Designerkatzen, denkt Cindy und versucht, die beiden zurückzuscheuchen. Die eine rennt ins Wohnzimmer, die andere in die

Weltzimmer. Als Tom zurückkommt, findet er Cindy im Gras hockend, stinkenden Katzenkäse in der Hand. Die Katze flüchtet in den Nachbargarten, wo ein paar russische Kinder mal streicheln wollen, und Tom schreit, Finger weg, stop, aber die Kinder verstehen nichts, und die Katze flieht sofort. Die kommt schon wieder, sagt Tom. Wenn sie Hunger hat. Er muss das Fliegennetz ins Zelt einbauen. Cindy legt eine Spur von Katzenkäse zum Zelt, setzt sich dann ins Gras, schaut in die Esskastanie hinauf, die bedeckt ist mit unzähligen kleinen, haarigen Kugeln. Später zünden sie Herrn Ceelens Grill an, braten Wurst und Kartoffeln, ein duftendes Zeichen ihrer Hoffnung, ein bisschen ausgeschmückt mit Wein und Whiskey.

Als Cindy die Katze sieht, hält sie sie im ersten Moment für tot. Sie hängt vor dem nackten Bauch eines jungen Russen. Wie ein Kaninchen am Kragen gepackt. Starr streckt sie die Beine weg. Die Augen zieht es schräg nach hinten. Der Russe lacht verlegen und setzt Moasch in Cindys Schoß ab. Danke, murmelt Cindy erschrocken, bringt die Katze ins Haus, während Tom dem Gast ein Glas Whiskey hinhält. Der trinkt es im Stehen, hebt die Hand und verschwindet wieder. Nett, sagt Cindy. Ja, sagt Tom, nett, aber es reicht. Danach kriechen sie ins Zelt, ziehen sich gegenseitig aus, legen sich auf die Schlafsäcke, die, wie im Prospekt, haargenau nebeneinander passen. Die Luft ist warm. Die Reißverschlüsse sind eine eisige Linie auf der Haut, von oben bis unten. Tom und Cindy, die sonst alles auszusprechen gewohnt sind, wälzen sich über diese Empfindung hinweg, um miteinander zu schlafen. Hinterher verschließt jeder den eigenen Sack von innen.

Obwohl Cindy sich im Garten, im roten Zelt, unterm Fliegennetz, im Schlafsack sicher fühlt, kann sie nicht schlafen. Sie ist gewohnt, sich zu waschen, hinterher die Zähne zu putzen. Tom schläft. Er ist eins mit der Dunkelheit und Cindy allein mit der Dunkelheit, durch die sie hindurch muss, zum Haus, zur Dusche. Nackt macht sie sich auf den Weg durch das, was Tom Natur nennt.

Das Frühstück serviert er aus dem Kühlschrank der Ceelens. Sie braten Eier auf dem Grillaufsatz, toasten Brot, bringen Wasser zum Kochen für den Tee. Den Müll entsorgen sie getrennt, wie es sich gehört. Das Emaillegeschirr stellen sie in die Spülmaschine, dann ist es am Abend sauber. Tagsüber lesen sie sich ein neues, für die nächste Saison geplantes Stück vor oder liegen im Gras und sprechen mit den Bäumen.

Die ersten Wochen sind herrlich, alle spielen mit, Tom (liebt Cindy regelmäßig), die Katzen (schauen wie am Licht festgewachsene Lilien zum Fenster heraus), die russischen Nachbarn (sitzen im Bratenduft, der durch die Hecke sickert), das Wetter (bleibt wie im Wetterbericht), die Mücken (in ihren männlichen Schwärmen, unter der Bogenlampe, auf der Straße vor dem Gartentor) und der Mond (beginnt endlich wieder zuzunehmen).

Immer wenn Tom und Cindy miteinander im Reinen sind, mumifiziert sich Tom, und Cindy steigt die Treppen zum Haus hinauf, splitternackt, und jede Nacht ahnt sie den Russen hinter der Hecke und sieht schon von weitem die beiden weißen Karthäuser wie zwei Eisbären hinter dem Fenster sitzen und ihre Köpfe schwenken mit Cindys Schritt – eine Zeitlupe aus der Perspektive des Tennisballs. Das müsste man auf die Bühne bringen, das müsste man spielen können, wirklich. Tom findet, Cindy übertreibe es, mit der Hygiene wie mit den Vergleichen. Wir sind in der Natur, sind selbst ein Teil von ihr. Er glaubt, wenn Cindy diesen Teil in sich entdecken könnte, würde sie sofort schwanger werden. Er sagt nur, Wasch dich nicht soviel, die Natur ist natürlich, sie riecht und schmeckt natürlich, nimm sie, wie sie ist.

Zur Freude des Nachbarn lässt Cindy sich von ihren nächtlichen Gängen nicht abhalten. Und es ist ja auch eine Dusche im Mondschein. Je gewissenhafter Cindy duscht, desto weniger duscht Tom, als könne er Cindys Waschzwang so ausgleichen. Cindy findet seine Waschphobie zum Kotzen. Eine ganze Nacht lang schreit sie ihn an. Bis Tom sich in seinen Sack zurückzieht, während Cindy wach bleibt, bis sie nicht mehr weiß, ob sie im Sängerkrieg der frühen Amseln oder unter einem Alb sternbildhungriger Nachbarn oder mondversessener Katzen eindämmert.

Am Morgen sitzen Herrn Ceelens Pamuk und Moasch immer noch am Fenster. Moasch schmiegt sich in Cindys Schritt, während Cindy durchs Haus geht. Pamuk schaut zu, will aber nicht berührt werden. Die ersten Wochen vergehen, als wären die Arten wie das Land von Gartenzäunen, niederen Gerüsten jahrtausendehoher Hecken getrennt.

Am Anfang der vierten Woche regnet es. Sofort wird es kühler und grüner. Cindy und Tom verlegen das Kochen ins Haus. Die Ceelens haben eine riesige Küche mit einem Herd, der aussieht wie die Banken in der Innenstadt – große dunkle Scheiben, die Backröhre auf Augenhöhe. Den Wein und den Whiskey nehmen sie im Wohnzimmer, sie liegen auf Ceelens breiter Ledercouch, Moasch in Cindys Schoß, Pamuk, der Spion, auf dem kalten Heizkörper. Der Regen hört nicht auf. Der Garten wird immer grüner. Eine blickdichte Festung, denkt Cindy, und die Kastanien schwellen. Cindy und Tom bleiben abends immer länger im Haus. Sie kommen auch tagsüber herauf, fangen an, auf der Couch im flimmernden Blau des laufenden Vorabendprogramms zu vögeln und kehren nur noch zum Schlafen ins Zelt zurück. An einem Nachmittag der fünften Woche schauen Cindy und Tom in den Garten hinaus, und Cindy sagt, Dieses Zelt sieht aus wie eine Störung im Bild.

Was meinst du damit, sagt Tom, aber mehr weiß Cindy nicht.

An diesem Abend, es ist Toms Geburtstag, kocht Cindy türkisch. Lammbraten, Fenchel und Yams mit schwarzem Sesam, türkische Bohnen aus Frau Ceelens Tiefkühltruhe. Sie bleiben auf der Couch liegen, bis sie einschlafen und Cindy mitten in der Nacht frierend wach wird. Tom liegt halb in ihren Armen, und beide Katzen haben sich dazwischengedrängt, als seien sie in die Passform des Zwischenraums zwischen Cindy und Tom hineingegossen. Cindy geht ins Bad, holt aus dem Schlafzimmer der Ceelens Decken, dicke schwere Schafwolldecken, deckt Tom zu und die Katzen und kriecht unter die freie Decke. Am Morgen wird sie von Toms Stimme geweckt, seinen Flüchen aus dem Bad. Sie dreht den Kopf, schaut in Pamuks gähnend roten Rachen mit den spitzen Zähnen. Ein Rot, wie in Toms Augen. Tränen laufen ihm übers Gesicht. Er ist aufgequollen.

Oh Gott, sagt Cindy, was hat dich denn gestochen?

Die Viecher, sagt Tom. Ich bin allergisch.

Die Katzen recken und strecken sich, buckeln, und Cindy sieht den teuflischen Ausdruck in ihren Augen, wenn sie gähnen.

Sie sperren die Katzen in eines der Kinderzimmer. Das geht schon, sagt Cindy, Katzen sind flexibel. Cindy verbietet Tom jeden Umgang mit den beiden und trägt ihnen Katzenklo, Futternapf und Wasser nach.

Sie hört ein leises Miauen. Ein Maunzen wie eine erste Probe tastender, einen neuen Kanon testender Stimmen, als ob sie keinen Raum hätten, einander höflich bitten, denkt Cindy. Sie bleibt unentschlossen stehen. Aber dann werden die Stimmen laut und kehlig, ziehen sich in die Länge, sind im ganzen Haus zu hören. Cindy fährt noch in der Nacht zur Notapotheke und kauft Ohrstöpsel. Als sie wiederkommt, haben die Tiere schon angefangen, gegen die Tür zu springen. Tom hat vorsichtshalber abgeschlossen.

Die werden es schon begreifen, sagt Cindy. Ein hässliches Geräusch, denkt sie, wie ein panisches Squash mit zwei Bällen, aber nur einem Spieler. Das ist nicht zum Aushalten, sagt Tom. Ich halte es nicht aus. So ist es immer. Wir laufen dem Stress davon und laufen ihm direkt in die Arme.

Die fünfte Woche klärt sich das Wetter etwas auf. Sie setzen sich nachmittags auf die Terrasse, beobachten die Wolken, die immer wieder aufreißen, doch dahinter sind weitere Wolkenschichten. Tom sagt, Lass uns den Urlaub endlich abbrechen. Es ist ein völliges Fiasko.

Wart noch, sagt Cindy. In drei Tagen ist Vollmond. Wetterwechsel. Tom geht zum Zelt, packt ihr ganzes Zeug in die Reisetasche, Geschirr, Besteck, Kleider, und trägt alles ins Haus. Dann fährt er allein in die Stadt. Cindy schüttet die Tasche über dem Bett aus. Dann geht sie ins Katzenzimmer. Pamuk und Moasch starren sie an. Die Katze streckt sich in ihre Hand.

Cindy fängt Pamuk im Bettüberwurf, packt beide Katzen in die Reisetasche und stellt die Tasche im Zelt ab. Dann trägt sie den Katzenhaushalt dorthin, schließt Klett- und Reißverschlüsse von innen und öffnet die Tasche. Die Katzen sind stumm, ihre Pupillen riesig, sie wittern, steigen wie angeekelt aus der Tasche und bleiben geduckt und aneinandergedrängt hocken. Cindy füllt ihre Schüsseln auf, bevor sie das Zelt verlässt.

Als Tom zurückkommt, ist es still im Haus.

Cindy kocht wieder, Kalbsbraten und eine riesige Schüssel Salat. Sie inszeniert das Siegesmahl wie einen Regenbogen.

Die Nacht ist ein Tropfenorchester. Tom schiebt die Fensterflügel, die sich in diesem alten Haus noch nach außen hin öffnen lassen, auseinander. Der Regen dämpft zum Glück die Stimmen seiner Phantasie. Nur Cindy spricht im Schlaf. Die Morgendämmerung ist nicht Toms Welt. Sie kommt ihm vor wie eine stumme Bühne, ohne Regisseur, die ihn in Angst vor der Improvisation versetzt und eigenartig lähmt. Er kennt seine Rolle in diesem Stück. Er ahnt Cindys Bedingung.

Tom zieht seine Arme aus dem Regen zurück. Der leichte Morgenwind schließt die Fenster. Tom will ins Bett. Die Bildstörung hindert ihn: Der Russe, in der Hocke, macht sich am Zelt zu schaffen. Ohne Zögern, eher so, als schäle er eine riesige Frucht, öffnet er das Zelt, greift nach dem Fleisch, legt es sich vor die Füße, prüft es, hebt es ins Profil, ins dämmrige Licht, geht wieder in die Hocke, streichelt das Weiß Moaschs. Moasch, die sich nicht rührt unter seiner Hand. Es ist wie ein Zauber. Der weiße Morgennebel, Moasch, der Atem. Die Flamme, die er aus der Tasche zieht, um sich eine Zigarette anzuzünden. Der Rauch des ersten Zugs, der sich nervös im Regen verflüchtigt.

Tom geht in den Garten. Die Nachbarschaft hat sich aufgelöst. Tom öffnet die Klettverschlüsse, vorsichtig zieht er den Reißverschluß ein Stück auf. Moasch drängt heraus durch die Lücke. Tom greift nach ihr, dann nach Pamuk, diesem scheuen Kastraten, der sofort aufs Haus zustürzt. Moasch nähert sich Tom vertraulich. Sie ist hungrig und reagiert auf die paar Worte, mit der Tom sie anspricht wie einen Bühnenkollegen, der aus der Rolle gefallen ist. Moasch liegt zwischen seinen Füßen auf dem Rücken, ihre Zitzen sind steif, in helles Rosa gebettet, eine Aura siegessicher zur Schau getragener Vielzahl. Ihr Bauch ist rund und aufgespannt, und Tom erinnert sich dunkel an Cindys wortwitzige Freude über Moaschs Heimkehr aus den Russisch Blau Rabatten, die sie an die Marquise von O. denken ließe, und denkt, Armer weißer Kater.

Joachim Kalka
Schoßkind des Glücks

Nachricht aus Entenhausen

1.

»Die Buddaisten gehn, in Folge ihrer tieferen ethischen und metaphysischen Einsichten, nicht von Kardinal-Tugenden, sondern von Kardinal-Lastern aus ...«
(Schopenhauer, *Parerga und Paralipomena*, § 114)

Von allen klassischen Lastern – als deren Musterkarte wir die Sieben Todsünden der mittelalterlichen Theologie nehmen dürfen – ist der Neid dasjenige, dessen man sich am wenigsten rühmen wollte. Wut und Wollust, Faulheit und Hoffart lassen sich doch zur Not jeweils zu hitzigem Temperament und Liebesleidenschaft, zu stoischer Verträumtheit und aufrechtem Selbstgefühl umschminken, die Völlerei geht als sinnliche Lebenslust durch, der Geiz als kluge Sparsamkeit. Nur der Neid bleibt peinlich und schwer einzugestehen; ein solches Geständnis, wäre es ernsthaft, offenbarte einen Mangel an Souveränität. Die Theorien des Neides heben seine sozial produktiven Wirkungen hervor; individualpsychologisch ist er eine Bankrotterklärung. Denn hinter der Konfession, dass man einem anderen diesen Besitz oder jene Möglichkeit neidet, lauert schon die generelle Unzufriedenheit, die Generalkritik am eigenen Leben – das als gescheiterter Entwurf erschiene. Die Empfindung des Neides einzuräumen hieße: dem eigenen Leben etwas höchst Prekäres und Offenes zurückzugeben.

Das systematische Studium jener starken Gefühle, die man einst Todsünden nannte, findet ein günstig gelegenes Laboratorium in einem Gemeinwesen, bei dem die Möglichkeiten der teilnehmenden Beobachtung noch längst nicht ausgeschöpft sind: in Entenhausen. Diese Stadt der Comic-Book-Imagination, unter der Ägide von Walt Disney vor allem von dem genialen Carl Barks bevölkert (allerdings wird der Anteil von Produzenten wie Jack Bradbury und Tony Strobl und von manchen anderen gelegentlich unterschätzt), erfreut sich eines zunehmenden Interesses. Sie verdient es. Sie hat uns vielleicht manches über unsere eigene Gesellschaft zu sagen. Der Geiz tritt uns hier natürlich in der Person Dagobert Ducks entgegen, des »reichsten Mannes der Welt«, der Zorn und die Faulheit gleichermaßen bei seinem Neffen Donald, der im Rhythmus einer quasi manisch-depressiven Existenz einerseits regelmäßig explodiert und im Furor alles zerstört, andererseits tagelang in der Hängematte schnarcht. Faulheit und *(in spe)* Völlerei finden sich im Walde vor der Stadt im Großen Bösen Wolf inkarniert; beides ebenso auf dem Hof von Oma Duck in Gestalt von Franz Gans. Zum Hochmut neigen alle diese starken Persönlichkeiten gleichermaßen (in einer naiven Sonderform tritt er im medaillenbehängten Glück von Tick, Trick und Track auf, die als Mitglieder ihrer »weltumspannenden Jugendorganisation« ständig neue Orden und Ehrenzeichen einsammeln); besonders arrogant kommt das »Schoßkind des Glücks« daher, Donalds unerträglicher Vetter Gustav Gans. Die Beziehungen, die Donald zu dieser eigenartigen Figur unterhält, sind ganz vom Neid gezeichnet: Neid auf jenes rätselhafte Glück. Die Wollust begegnet uns übrigens nur in der charakteristischen Verschiebung zur Eifersucht (die ja eine Form des Neides ist) – Eifersucht der um die schöne Daisy buhlenden Donald und Gustav. Der Neid ist die ostinate Erkennungsmelodie aller Geschichten, die das Verhältnis der beiden Rivalen Donald Duck und Gustav Gans behandeln. Untersuchen wir ein wenig diese aus vielen einzelnen kleinen Geschichten zusammengesetzte *comédie canardienne.*

Die mythische Zone Duckburg/Entenhausen hat sich eher zufällig als planvoll herausgebildet. Nachdem Donald Duck, in Disneys Film-Cartoons zunächst eine Art Böse-Buben-Antagonist für Mickey Mouse, 1942 ins Comic-Book-Fach vorgedrungen war (wo sich sein Charakter veränderte, wenn er auch sein vulkanisches Temperament nie ganz verlor), dauerte es noch fünf Jahre, bis die Feder von Carl Barks den reichen Onkel Dagobert erscheinen ließ. Und erst 1948 betritt Gladstone Gander alias Gustav Gans die Szene – eine Figur von sinistrem Charme mit dauerwellenähnlich gelegtem Haar, gewagt tailliertem Jackett und Fliege. Die Gamaschen und der schnittige Hut stellen sich erst einige Nummern später ein – der Hut, der ihn übrigens von den wichtigen anderen Figuren der Disney-Welt unterscheidet, wo man alle möglichen skurrilen Mützen trägt, hohe weiche Uncle-Sam-Hüte à la Ede Wolf, den Zylinder des Bankiers, aber kaum je »Herrenhüte«. Auch »Gladstone« ist ein eigenartig gewählter Vorname, man mag sich fragen, ob hier bei Barks noch eine vage, aus dem neunzehnten Jahrhundert herüberdriftende Erinnerung an das Bild »gutgekleideter Herren« mitschwingt: als kristallisiere sich im Namen des viktorianischen Politikers (obwohl dieser – glücklos und von eisern pflichtbewusstem Arbeitsethos – Gladstone Ganders genaues Gegenteil ist) eine Vorstellung von gepflegter Herrentoilette. Vielleicht klingt auch – als Versprechen unbegrenzter Mobilität? – die Vokabel für ein altmodisches Gepäckstück herein, die sogenannte »gladstone bag«, die in Oscar Wildes *The Importance of Being Earnest* eine so große Rolle spielt. Jedenfalls ist Gustav ein Dandy, ein Stutzer, der beste Ukulelespieler

Entenhausens, ein Flaneur. Hier begibt sich allerdings im Flaneur nicht mehr die beobachtende Intelligenz auf den Markt, um sich zu verkaufen, sondern die magische Eitelkeit schlendert durch den Stadtpark, um dort Brillantringe zu finden.

Seit diesem Zuwachs im Zentralpersonal der Stadt geht ein Gespenst um in Entenhausen, welches Donald sein Leben verbittert: das Phantom des unbesiegbaren Glücks, das grenzenlosen Neid erzeugt. Es fängt harmlos an. Gustavs allererste Schnösel-Auftritte – von besonderem Glück ist da noch nicht die Rede – gehören in den Rahmen eines Duells zweier unverbesserlich verblendeter Schwadronierer (und Rivalen um die Gunst der langwimprigen Daisy). Gustav hat keine besondere Fortüne, er hat nur – genau wie Donald – eine große Klappe. Und bei seinem Debut geht es darum, dass im klirrenden Winter zwei prahlerisch im Sommer abgeschlossene Wetten (bei größter Kälte im Teich zu schwimmen; zehn Liter Limonade in einer Stunde zu trinken) einzulösen sind: pure Angeberei. Auch später neigt Gustav in den seltenen Augenblicken des Selbstzweifels noch dazu, in dieser Kategorie zu denken: »Wie ist es möglich, dass dieser unbegabte Angeber mehr Glück hat als ich? Das muss doch einen Grund haben.« Aus Gustavs Prahlerei erblüht aber nach wenigen Episoden bald zauberhaft eine nachtwandlerische Sicherheit, der alles gelingt. Das löst bei Donald furiosen Neid aus – nicht im zielgerichteten Sinne des mosaischen Dekalogs (»Lass dich nicht gelüsten nach deines Nächsten Haus ...«): Donald beneidet Gustav nicht um irgendein Ding, nicht um den Diamanten, den dieser mit lässigem Griff aus dem Rinnstein hebt, sondern um das Glück.

Etwas anderes, um das man ihn beneiden könnte, hat Gustav auch gar nicht. Gerade das macht ihn unbegreiflich und irritierend. Sein Besitz ist keineswegs spektakulär – er wohnt in einem Haus, das dem Donalds zum Verwechseln ähnlich sieht. Wenn er sich ein schnittiges Auto zulegt, ist das ein seltenes Ereignis (das Gustav vor allem dazu dient, Donald genüsslich zu irritieren), er kleidet sich zwar stutzerhaft, trägt aber nie Geld bei sich. In gewisser Weise ist gerade diese Nachlässigkeit das Zeichen seiner Erwähltheit: Wenn er Geld braucht, findet er es, beziehungsweise – hier ist bereits die Geldwirtschaft utopisch abgeschafft, allerdings nur für ein einziges Individuum – es fällt ihm der Gegenstand vor die Füße, zu dessen gewünschtem Erwerb er gerade eine bestimmte Summe Geldes bräuchte. Er prahlt sogar mit seiner Geldlosigkeit (die er – aber nur, solange er nicht anders will – mit seinem ewig abgebrannten Vetter Donald teilt) und zieht demonstrativ das Futter seiner leeren Jacketttaschen nach außen: »Schau mal – ich bin auch total pleite.« Wer jedoch mit ein wenig Konzentration jederzeit eine verlorene Brieftasche finden kann, kennt kein kapitalistisches Morgen. Gustavs ganze ökonomische Existenz ist auf den Augenblick abgestellt, und sein größter Genuss ist es insgeheim, Donald durch ostentatives »Glückhaben« zum Neid zu reizen. Doch hat diese Provokation etwas Unschuldiges, weil Gustav im Grunde nicht begreift, wie Donald lebt. Dieser sinniert einmal mürrisch: »Völlig sinnlos, einem Menschen, dem alles glückt, erklären zu wollen, was Enttäuschung ist.«

Sehr häufig trifft man Gustav schlafend an; oft liegt er auf Parkbänken, nur durch die smarte Kleidung von einem Penner zu unterscheiden, zu dessen Existenz ihn ja eigentlich seine tiefverwurzelte Scheu vor jeglicher Arbeit verurteilen würde, wäre da nicht sein Glück. Einmal liegt er plötzlich auf dem Nachbargrundstück neben Donalds Garten im Liegestuhl (»I won this place in a contest just this morning«); die aufreibenden existentiellen Sorgen Donalds hinter dem Zaun interessieren ihn nur insoweit, als der Lärm ihn am Schlafen hindert. Ob Vetter Donald will oder nicht, er ist wieder in einen Wettkampf verwickelt, den er nicht gewinnen kann. Donald ist jedes Mal von neuem unbeirrbar: Er will gegen Gustav gewinnen, »just to show myself I can do it«. Dieser heroische Entschluss, der an die klassische Begründung des Bergsteigens erinnert – man will den Gipfel bezwingen, »because it's there« –, lässt Donald ein ums andere Mal gegen die Wand laufen, jene Wand der Situationskomik, die unversehens zur »Mauer« des Existentialismus wird.

2.

> »Jeder Mensch hat Anlage zu allem; und dennoch lässt sich sicherlich behaupten, dass er zu sehr wenigem besondere Anlage habe.«
> (Lavater, *Physiognomische Fragmente,* XV)

Im Umkreis von Revolution und Aufklärung wird der moraltheologische Begriff des Lasters oder gar der Todsünde teilweise ersetzt durch einen klinischen – den der »Monomanie«. Während die Laster den gewöhnlichen Menschen meist allesamt reihum in Versuchung führen und man heute faul ist, morgen geizig, weist der neue Begriff auf einen einzigen obsessiven, den Menschen ganz und gar beherrschenden Zug, eine Ausschließlichkeit: Das Präfix »monos« bedeutet ein-, einzig-; nur das, nichts anderes. Diese den Menschen regierende einzige Leidenschaft kann sich aber von Individuum zu Individuum wesentlich stärker ausdifferenzieren als die klassische Siebenzahl (weil im Leben so vieles obsessive Kraft gewinnen kann), was ein Zeugnis aus dem frühen neunzehnten Jahrhundert demonstriert – die uns erhaltenen fünf Bilder aus dem berühmten und rätselhaften Zyklus von Irrenporträts, den Géricault für Étienne-Jean Georget (1795–1828), Irrenarzt an der Salpêtrière, gemalt hat. Wir haben noch fünf von diesen ursprünglich wohl zehn Bildern, die ein junger, zwischen Physiognomik und moderner Pathographie schwankender Arzt bei einem genialen jungen Maler bestellt hat, und die Dargestellten sind jeweils deshalb abgebildet, weil man ihnen eine (in charakteristischen Gesichtszügen sich ausdrückende?) »Monomanie« zuweisen kann, die das Sammlerinteresse des Mediziners geweckt hat. Dementsprechend werden die Modelle zu den erhaltenen Bildern der heute zerstreuten Serie benannt als »Monomane du vol« (Gent), »Monomane du commandement militaire« (Sammlung Reinhart, Winterthur), »Monomane du jeu« (Louvre), »Monomane du vol d'enfants« (Springfield, Mass.), »Monomane de l'envie« (Lyon). Von diesen Porträts, die zu den eindrucksvollsten überhaupt zählen, ist keines so furchterregend dämonisch wie das letztgenannte. Die hartnäckigen Konzentrationen auf »Diebstahl«, »militärische Befehlsgewalt«, »Glücksspiel« und »Kindesentführung« verblassen in friedlichen Farben neben dem Neid; dieses Porträt, das eine Frau von vierzig, fünfzig Jahren darstellt, hat nicht umsonst schon früh den Beinamen »Die Hyäne der Salpêtrière« erhalten. Es ist das einzige dieser Bilder, in dem sich ein alter Todsünden-Begriff als spezifischer »Wahn« erhalten hat.

Das Laster, auch wenn es mittlerweile Wahn heißt, verzerrt die Gesichtszüge. Aber bei den anderen Bildern der Serie hat das eine rührende oder befremdende Wirkung; hier eine ängstigende. Die Blicke der Porträtierten gehen alle am Betrachter vorbei in ein obsessives Abseits, aber dieses eine Mal fürchten wir, dass der Blick zu uns herwandern und uns treffen könnte. Diese Frau will etwas; will etwas »von uns«. Es zeigt sich hier offenbar die immense *konzentrierende* Wirkung des Neides. Er dürfte insofern die geheimnisvollste aller Todsünden sein (und die strengstgeordnete aller Wahnwelten produzieren), als er den Blick auf die Welt am stärksten verengt und fokussiert. Er hat das schärfste Auge, er lässt sich am wenigsten ablenken. (Gegen diesen Blick, *il malocchio,* kennen viele Völker magische Abwehrgesten.) Es ist ungewöhnlich, wenn sich das Besondere in uns so sehr verdichtet. Der Neid ist die Obsession par excellence. Und der obsessive Charakter von Donalds Neid passt wunderbar zur Form der Comics.

Das Moment des Obsessiven, immer auf ein und denselben Punkt Einhämmernden, entspricht nämlich dem Wesen der Comics überhaupt, die ihre winzigen Schattenspiele jeweils vor dem Hintergrund der ewigen Wiederkehr eines Gleichen aufführen. Zwar gehört es zu den Grundzügen populären Erzählens, dass man den Lesern (bei denen man Naivität und Flüchtigkeit nicht ausschließen kann) jede Figur durch geduldig wiederkehrende Erkennungsmerkmale einprägt. Das geht bis in die große Romanliteratur hinein: Orwell hat darauf hingewiesen, wie absurd sich diese Technik des winzigen Leitmotivs bei Dickens ausprägen konnte – wir erfahren nie, was für eine umwälzende technische Erfindung Doyce in *Little Dorrit* eigentlich gemacht hat, aber andererseits werden wir immer auf seine für den Techniker charakteristische Art verwiesen, den Daumen zu bewegen. Doch bei den Comics ist eine solche Technik zu komischer und tiefer Ausschließlichkeit gesteigert: Die jeweiligen Stigmata dienen nicht in erster Linie der erleichterten oder begeisterten Wiedererkenntnis des Lesers, sie offenbaren das Wesen der Figur. Immer wird – beispielsweise – der Valentinstag ein Desaster für Charlie Brown sein, immer wird Schroeder Lucys Avancen zurückweisen und sich in sein Klavierspiel vertiefen, nie wird Linus von seiner Schmusedecke lassen, immer wird der erste Satz des großen Romans, an dem Snoopy auf der Hundehütte herumschreibt, lauten: »It was a dark and stormy night.« So wie eben Dagwood regelmäßig morgens unter der Haustür den Briefträger umrennt und in jeder Metropole, die Tintin und Kapitän Haddock erreichen, gerade die Castafiore in Gounods *Faust* gastiert. Einige der größten Comics sind über weite Strecken fast nichts anderes als Paraphrasen ein und derselben Minimalität: Ignatz die Maus schmeißt den Backstein nach Krazy Kat, Jiggs versucht, sich trotz Maggies Verbot aus dem Haus zu stehlen, Wimpy will im Restaurant von Rough-House einen Hamburger schnorren. Wie im Märchen hat jede noch so konfuse Geschichte immer dasselbe rituelle Ende: Im letzten Bild fällt Little Nemo aus dem Bett, Count Screwloose of Tooloose hüpft über die Mauer ins Irrenhaus zurück (»Iggy – keep an eye on me«), Lucky Luke reitet auf den Horizont zu. Paradigmenwechsel wie die Volte, dass Lois Lane nach einem halben Jahrhundert in ihrem verschmähten Kollegen Clark Kent endlich den angebeteten Superman erkennt und lieben lernt, sind spektakuläre Tabubrüche, in denen ein ungeheurer jahrzehntelanger Narrationsstau abgeführt wird. Das ist die große Ausnahme. Das Wesen solcher Unterhaltung ist eine unerschütterliche, zauberische Fortdauer von rituellen Grundformeln. Diese Formel lautet für den Mythos von Donald und Gustav: »Ich will keine Perlenkette, du Strolch – ich will Glück haben – mehr Glück als du!«

Donald ist so etwas wie der Monomane des Gewinnenwollens. Das ist nicht die Monomanie des Spiels, denn man will nicht etwas, man will gegen jemanden gewinnen; der Roulettetisch wäre für Donald nur dann wirklich interessant, wenn Gustav die Bank hielte. Er will »mehr Glück haben als du«, das heißt: Er möchte endlich einmal so glücklich sein, wie ihm der andere erscheint.

3.

»Überhaupt ist Weihnacht für mich und die Meinen sehr oft keine frohe, sondern eine verhängnisvolle Zeit gewesen.«
(Karl May, *Mein Leben und Streben*)

So, wie der Sonntagnachmittag in der europäischen Lyrik der Moderne stets der Melancholie gehört, ist das Weihnachtsfest (in Leben und Kunst) nachgerade ein besonders nervös stimmendes Krisendatum, weil ein so hoher Erwartungsdruck auf ihm lastet, dass die kleinen und großen Katastrophen es unsichtbar umflattern. An diesem Tag verschwören sich im Haushalt von Donald Duck gerne Geldmangel, Missverständnisse hinsichtlich der erwünschten Geschenke und allzugroße Festes-Ritualisierung, und es treten burleske Zusammenbrüche ein. Weihnachten ist eben dadurch ein bedrohlicher Zeitpunkt, dass man nun glücklich zu sein hat. Donald gelingt es darüber hinaus, den Advent auch zu einem Zeitraum zu machen, da er Glück *haben* will: Er will, gerade jetzt, Gustav besiegen. Der ohnehin prekäre Fröhlichkeitszwang der Weihnachtszeit, die sich fester schnürenden Familienbande, die unbändige Lust, den Vetter mit seinem Glück zu übertrumpfen: Dies alles schießt im Bild der Truthahnlotterie zusammen, einer amerikanischen Kleinstadtspezialität, die mehrmals ihren tragikomischen Schatten über die Vorweihnachtszeit wirft. Sie ist der sinnfällige Ausdruck dafür, wie sehr Donald das Glückhaben mit dem Glücklichwerden verwechselt.

Es hat eine gewisse Logik, dass die Lotterie mit ihren »Preisen« überhaupt ein Terrain ist, auf dem sich Donald und Gustav bevorzugt begegnen, die Tombola, die Verlosung bei Wohltätigkeitsbasaren (oder aber die Sportkonkurrenz, bei der es Preise zu gewinnen gibt – wobei es hier aber vorwiegend um Disziplinen geht, bei denen das Glück die größte Rolle spielt, das Angeln beispielsweise). Der »Preis« nimmt hier Züge eines olympischen Kranzes an: So, wie manchen Historikern zufolge die gesamte klassische Kultur der Griechen auf dem agonalen Prinzip aufgebaut ist, dem Wettstreit von Athleten, Kriegern, Dichtern, so ist es aus Donalds verzweifelter Perspektive das Höchste, das Einzige, im Wettstreit mit Gustav einen Preis zu erringen. Der radikale Unterschied liegt auf der Hand: Die alten Griechen feierten die Leistung. Donald sehnt sich nach »mehr Glück«.

Die Tombola bezeichnet andererseits auch die rührend niedrig gesteckten Glücksziele Gustavs, der – bedenkt man die ihm angehörige magische Gewalt, die nötigenfalls um seines Sieges willen einen Wirbelsturm oder ein Erdbeben eintreten lässt – eigentlich in erhabeneren Umständen leben könnte. Doch die kleine abendliche Pyramide seiner Lotteriegewinne auf dem Wohltätigkeitsbasar (ein Sack Kartoffeln, eine Thermosflasche, ein Schinken, eine Tischlampe, ein Satz Besteck …) lässt erkennen, dass es nicht die jeweiligen gewonnenen Objekte in ihrer Nützlichkeit oder Kostbarkeit sind, die Gustav interessieren, sondern der triumphale Akt des Glück-»Habens« selbst.

Gibt es etwas, das Gustav besiegen kann? Von wenigen Ausnahmen abgesehen, Gnadenerweisen des Schicksals an Donald, die im Rahmen der Geschichtenserie den Reiz von die Regel bestätigenden Ausnahmen haben, ist es immer nur das eigene Glück. Wenn Gustav lachend und unbesiegbar den ausgesetzten Truthahn bei jeder Adventstombola gewinnt, an der er auf Geheiß seines verblendeten Vetters teilnimmt, weil dieser ihn unbedingt im Wettstreit des Lotterieglücks besiegen will, dann zieht er schließlich am Weihnachtsnachmittag unter verzweifelten und erfolglosen Rufen mit einem Wägelchen voller Truthähne, die es wieder loszuwerden gilt, durch Entenhausen: »Bitte, bitte, liebe Leute – Weihnachten ist doch das Fest der Liebe …« Die Liebe wird in dieser Welt kaum je direkt evoziert, aber hier erklingt das Wort paradoxerweise einmal, als Negation.

4.

»Frau Holle: Bist du neidisch auf sie? Neid ist eine schlimme Eigenschaft.
Pechelse: Ich bin nicht neidisch. Es ist nur wegen der Wahrheit.
Frau Holle: Was weiß ein kleines Mädchen von der Wahrheit?«
(Albert Drach, *Das Märchen von Goldmarie und Pechelse, erzählt für erwachsene Kinder*)

Die großen Heroen der Entenhausen-Saga kennen jeweils einen charakteristischen Augenblick der Scham: Dagobert errötet, wenn er gefragt wird, wo denn der ganze Goldstaub in den Poren seiner Haut herrührt (»Wälzen Sie sich etwa in Gold?«); sein körperlich-sinnliches Verhältnis zum Geld ist die äußerste Annäherung an die sexuelle Intimität in diesen Geschichten und damit ein skandalöses Geheimnis. Die Panzerknacker schämen sich in Grund und Boden, wenn ihnen ein großer, sorgfältig vorbereiteter Coup gegen Dagoberts Geldspeicher missraten ist und sie ihre »Ganovenehre« verloren haben: gescheiterter Handwerksstolz. Donald sinkt rührenderweise am tiefsten in die Scham ein, als er seinen Neffen nicht bei ihren Hausaufgaben helfen kann (»Ich komme mir unsäglich töricht vor«): Sein Selbstbild als Paterfamilias löst sich auf. Gustavs tränenüberströmter Zusammenbruch aber, ein Paroxysmus der Scham, beschließt eine der merkwürdigsten und reizvollsten Geschichten der Duckburg-Saga. Zu Beginn umlauern Donald und seine drei Neffen Gustavs Haus, um endlich einmal herauszufinden, ob er wirklich so viel Glück hat, wie er immer behauptet. Gustav tritt mit einem Einkaufskorb aus der Haustür, stolziert mit einem charakteristischen kleinen Liedchen (»When it's four-leaf clover time in horseshoe valley« – »Vierblättriger Klee sprießt im Hufeisental ...«) los und verliert seinen Einkaufszettel. Die Versuchsanordnung ist also perfekt: Die Verwandten können kontrollieren, ob er tatsächlich alles umsonst bekommt, was auf der Liste steht. Und so ist es. Die Eier hat ein Huhn in die Hecke gelegt, den Kuchen wirft eine enragierte Hausfrau zum Fenster heraus, noch die absurdesten Notate des Zettels erscheinen und bieten sich Gustav dar. Die deprimierten Neider denken sich nun einen letzten Test aus, der, als sie mit dem Vorschlag anrücken, selbst Gustav schockiert: Er soll sich von Onkel Dagobert Geld geben lassen (Kollision des unbeugsamen Geizes mit dem unbesiegbaren Glück). Man schubst den Widerstrebenden voran. Inzwischen sitzt Dagobert in seinem Geld und ist zutiefst beunruhigt: Seine Einkünfte gehen auf rätselhafte Weise zurück. In einem krausen Buch stößt er auf ein geheimes Mittel, um seine Pechsträhne loszuwerden: Man muss etwas tun, was man noch nie in seinem Leben getan hat. »Mal überlegen ... Was habe ich noch nie im Leben getan?« Die Lösung ist klar. »Geld verschenkt!« Der verlegene Gustav, der soeben von seinem Vetter durch die Tür gestoßen wird, »kommt wie gerufen« und erhält einen Sack Geld. Er, Donald und die drei Neffen schlagen ohnmächtig hin.

Schließlich ist der Rest der Familie überzeugt, dass Gustav über einen magischen Glücksbringer verfügen muss, dass in dem hohl tönenden Safe, auf den man beim Durchstöbern seines Hauses gestoßen ist, sein Talisman liegt – »das Geheimnis dieser eigenartigen Naturerscheinung«. Man bricht bei ihm ein, als er im Kino sitzt; weil der Western (»Red-Hot Guns«) nicht spannend genug ist, kommt Gustav jedoch vorzeitig heim und findet die anderen im Halbkreis um den von Dagobert routiniert geknackten Safe vor: Ungläubig starren sie den einzigen Gegenstand an, der sich im Panzerschrank gefunden hat – eine Münze, einen simplen Zehner. Von dem wütenden Donald brachial bedroht, löst Gustav das Rätsel. Einen Glücksbringer gibt es nicht – im Safe liegt vielmehr das Zeugnis seiner Schande. Das Geheimnis lautet: »I actually worked – I earned that dime.« Die tiefe Scham entspringt dem Bewusstsein, an einem einzigen unseligen Tag die Grundbedingungen der eigenen Existenz pervertiert zu haben. Tränenüberströmt, auf dem Fußboden in sich zusammengefallen, ein Häuflein Elend, bekennt es Gustav: Er hat gearbeitet. Der Safe, bei Dagobert gigantisch aufgeblähtes Panzerhaus der Schatzhortung, bei Donald gelegentliches Requisit konfuser Komik (was wäre der sicherste Ort für den Zettel mit der Kombination des Safeschlosses? Offensichtlich das Innere des Safes) – bei Gustav wird er zu einer kleinen Blaubartkammer mit einem sinistren Geheimnis: dem des Sündenfalls in die Welt der Arbeit. Stumm ziehen die anderen ab. (»Was sagst du dazu?« – »Gar nichts. Jedenfalls nichts, was man drucken könnte.«)

Die Abneigung gegen die Arbeit teilt Gustav mit Donald (der einmal unvergesslich, auf die Hacke gestützt, denkt: »Ein Mann wie ich sollte eben Geld haben – viel Geld«). Aber Gustav spürt, dass sein Glück nur per Negation des normalen Wirtschaftslebens wirken kann. Es ist folgerichtig, dass er nie wirklich an Dagoberts Geld interessiert ist; mit wütender Fassungslosigkeit muss die alte »richest duck in the world« eins ums andere Mal verfolgen, wie sich die Nachkommenschaft als völlig unfähig im Umgang mit Geld erweist. Ungeschick und Naivität Donalds werden dabei noch weit übertroffen von Gustavs ratloser Haltung. Er kann gar nicht begreifen, was er mit Geld *soll.* Dass er, von Dagobert – der wieder einmal alle Verwandten prüfen will, was sie mit Geld anzufangen wissen – in den Besitz von tausend Talern gebracht, sich nichts Besseres weiß, als den Topf voll Geld in ein Loch in einem alten Baumstamm zu versenken, ist großartig. Er gibt es, könnte man romantisch sagen, der Natur zurück; jedenfalls hat er es – weil sich Münzen und Geldscheine für ihn im Grunde nicht von anderen Objekten unterscheiden und jedes auf der Straße gefundene Lotterielos für ihn interessanter ist als Bargeld – mit solcher Achtlosigkeit beiseitegelegt, dass er, von Dagobert examiniert, was er mit dem Geld gemacht habe, stammelt: »Ich weiß nicht mehr ... Jetzt fällt's mir wieder ein – ich hab's in einem hohlen Baum versteckt.« Das Tauschprinzip ist zerfallen. Die Potentialität des Geldes, für das man sich dies oder jenes kaufen kann, interessiert Gustav angesichts der viel höheren Potentialität des Loses nicht. Noch weniger interessieren ihn die Gewinne. Er ist verliebt in seine Gabe, zu gewinnen.

5.

»Der Neider steht als Folie des Glücks.«
(Goethe, *Die natürliche Tochter*)

Entenhausen, uns naher Ort einer schon fast sagenhaft fernen Vorzeit (man sehe sich Donalds Auto an), die trotzdem ewig aktuell bleibt, zeigt in dem niemals endenden Wettbewerb der beiden ungleichen Vettern, wie unsicher wir sind, wenn es um die Frage unseres Lebensglücks geht. Denn das sportive Element des Konkurrierens um den Preis für jenen, der am meisten Glück hat, verdeckt einen Wettkampf um die Frage, wer glücklicher ist. Dies tritt in der deutschen Version noch klarer hervor, da das englische Wort »luck«, das im Gegensatz zu »happiness« (dem Glücklichsein) nur den Glückszufall bezeichnet, das, was Fortuna beschert, nicht das, was man ist oder empfindet – da dieses Wort im Deutschen notwendigerweise als »Glück« erscheint und nun beides ausdrückt.

Donald jagt, würde ein Psychologe sagen, der verlorenen Allmacht des Kindes nach, jener umfassenden Glücksillusion, deren Magie nun fatalerweise wieder lebendig geworden ist und sich – unbegreiflicherweise, denkt man »gerecht« – in Gustav niedergelassen hat. Gustav ist die Spiegelung, die Projektion, die verlockende (und als Abspaltung bedrohliche) Wiederkehr narzisstischer Souveränität. Sie besiegen zu wollen (»Ich muss irgendetwas tun, was Gustav bis aufs Hemd blamiert«) ist ein – könnte man das Wort in Analogie zu »Denkfehler« bilden – Gefühlsfehler. Wer als Angreifer antritt, der »mehr Glück« haben will, kann stets nur zum Glück des Attackierten beitragen. Hier haben wir in komischer Form das Märchen von etwas, was es fragmentarisch immer gab, was aber unser Leben (in ebenfalls komischer Form, könnten wir das wahrnehmen) zu beherrschen beginnt: Die agonale Inszenierung des Lebensglücks als Lifestyle.

Reinhard Hesse
Die Uhren des Imam

FASZINATION UND FRUSTRATION IM MUSLIMISCHEN BLICK AUF »DEN WESTEN«

Als die Umstürzler im Herbst 1962 den Palast des verhassten Herrschers in der jemenitischen Stadt Ta'izz einnahmen, bot sich ihnen ein so merkwürdiges Bild, dass ihre revolutionäre Wut jäh erstarb. Von hier aus hatte der zaiditische Imam Ahmed Hamid ad-Din das Land regiert, nachdem er 15 Jahre zuvor die Hauptstadt Sana'a seinen Truppen zur Brandschatzung und Plünderung überlassen hatte. Auch an seinem neuen Amtssitz in der einstigen Karawanenstadt, in eine sanfte Hügellandschaft gebettet und für ihr außergewöhnlich mildes Klima gerühmt, bestach der Despot keineswegs durch versöhnlichen Regierungsstil. Hatte er schon in Sana'a den Kopf seines ärgsten Widersachers kurzerhand und wohl zur Abschreckung am Stadttor Bab al-Yemen aufspießen lassen, so herrschte er auch in Ta'izz grausam und willkürlich. Verhaftungen und Verfolgung, Folter und Hinrichtungen waren alltäglich. Während all der Jahre hielt der Tyrann sein bettelarmes Volk in völliger Isolation von der Außenwelt, seinem Nachbarn im Sultanat von Maskat gleich, der den Untertanen selbst das Tragen von Brillen verboten hatte.

Wiederholt hatten tapfere Männer dem Unhold nach dem Leben getrachtet und ihm beachtliche Verletzungen zugefügt. Die letzten Monate seines Lebens verdämmerte der Imam dann auch im Rausch schmerzstillender Morphiate und verstarb schließlich an den Spätfolgen der Attentate. Wenig später war es mit der Herrschaft der Zaiditen insgesamt vorüber, wenngleich nur um den Preis eines anschließenden, langjährigen Bürgerkriegs.

Als nun die Menschen den Imamspalast stürmten, muss es ihnen gewesen sein wie den Besuchern einer bizarren Weltausstellung. Im Innern des in der traditionellen Lehmziegelarchitektur gehaltenen Herrschaftshauses türmten sich in wildem Durcheinander neben orientalischen Teppichen, Kostümen und Duftessenzen die Paraphernalia der westlichen Zivilisation: Röhrenradio und Grammophon, Binokular und Luftgewehr, Brillen und serviceweise Essgeschirr aus feinstem Porzellan, dazu eine unüberschaubare Sammlung von Uhren – Taschenuhren, Wanduhren, Armbanduhren. Diejenigen unter diesen Gegenständen, welche ihm die liebsten waren, hatte der Imam in seinem eher bescheidenen Gemach ums Krankenlager herum drapiert, das auf einem kargen, metallenen Bettgestell gerichtet war – wie insgesamt nichts in diesem Haus von einem besonderen Modernisierungseifer des Herrschers bezüglich seines Wohn- und Lebensstils zeugte. Die Objekte aus jener fernen Welt der Dampfmaschine müssen ihm so faszinierend exotisch vorgekommen sein, wie sie nun den Palastbesetzern erschienen, die diesen anachronistischen Flohmarkt zum ersten Mal in ihrem Leben sahen und in ehrfürchtigem Staunen verharrten.

Dann beschlossen sie, zunächst einmal alles so zu belassen, wie sie es vorgefunden hatten. Später entschied die neue Regierung, den Palast zum Museum zu machen, wozu man den denkwürdigen Exponaten aus der Sammlung des Imam sinnigerweise Fotografien von öffentlichen Enthauptungen und einige Beispiele des in seiner Regentschaft gebräuchlichen Folterwerkzeugs beigesellte.

Noch heute verstehen einheimische Museumsbesucher den Zusammenhang unmittelbar.

Mercedes und Muslim-Brüder

Monarchen, die vom Fliegen träumten, ohne über hinreichendes Gerät zu verfügen, hat es zu allen Zeiten gegeben. Auch die Faszination muslimischer Herrscher für allerlei, zumeist importierten, technischen Schnickschnack ist legendär. Wie so oft im Leben, wird die Bewunderung häufig am besten durch Ablehnung kenntlich – so beim türkischen Gesandten Mustafa Hattif Efendi, der 1748 ins Wiener Observatorium eingeladen wurde: Nach eingehender Beschreibung der ihm vorgeführten stromleitenden Apparaturen und der Experimente zur Wärmeleiteigenschaft von Glas kommt er in seinem Bericht zu dem Schluss: »Da sie uns keine verständliche Antwort auf unsere Fragen gaben und da die ganze Sache bloß ein Spielzeug ist, hielten wir es nicht für der Mühe wert, uns weiter danach zu erkundigen.« Natürlich brachte dies die Neugier erst recht zum Lodern, und eine Technik nicht erklären zu müssen erlaubt bekanntlich, sie umso unvoreingenommener zu bestaunen. Mag deshalb sogar sein, dass der Ahmed ad-Din selbst die Zusammenhänge, oder besser: den eklatanten Widerspruch nicht ermaß zwischen seiner Schwärmerei für Mikroskope und Verstärker und den tief mittelalterlichen Zuständen, in denen er sein Volk gefangen hielt.

Was seine Geschichte indes so bemerkenswert macht, ist der Umstand, dass der eigensüchtige Imam zumindest postum Hass auf etwas erzeugte, mit dem die Menschen nie in Berührung gekommen waren: die westliche Zivilisation. Die Briten waren weit unten in Aden oder in Oman, und am Leben der Menschen in Ta'izz und in den Dörfern des »Djebel-Sabir«-Gebirges – wo von jeher die Frauen eine herausragende Rolle im Wirtschaftsleben spielen – hatte sich seit Jahrhunderten nicht viel geändert. Doch nun war da etwas, das wichtiger war als täglicher Qat-Konsum und der Weihrauchhandel seligen Angedenkens, und dieses Etwas hatte ganz offensichtlich mit den fremdartigen Gegenständen im Krankenzimmer des Imam zu tun.

Auch wenn die Mehrzahl der Jemeniten heute selbstverständlich Armbanduhren trägt, ist dieses Gefühl doch geblieben: ausgeschlossen zu sein, an etwas womöglich Lohnendem nicht teilzuhaben. Es äußert sich beispielsweise ganz banal in den Reaktionen auf die sporadisch grassierenden Entführungen von Touristen durch Stammeskrieger, die in Händel mit der Zentralregierung verwickelt sind. »Ihr düst in euren Geländewagen durch die Landschaft, und oben im Nordwesten gibt es nicht einmal Straßen, um die Leute mit dem Nötigsten zu versorgen – geschweige denn Autos«, wird dann gern als Entschuldigung angeführt. Und da in den allermeisten Fällen den Opfern kein Haar gekrümmt wird, gelten solche »merkantilen Entführungen«, bei denen Lösegeld in Form von Straßenbau oder Entwicklungsmitteln gefordert wird, als wenig verwerflich. Dem Dieb, der aus Not stiehlt, versprach schon der Prophet Vergebung, und dem Vermögenden, der »mit dem geizt, was Gott ihm von seiner Huld gegeben hat«, droht im Jenseits ohnehin Verderbnis in Form mindestens einer Giftschlange.[1] In jedem Fall hat sich seit dem Fall des Imamspalastes die Assoziation zwischen (ungerechter) Herrschaft und »dem Westen« gehalten. Wer also seiner Regierung etwas abtrotzen will, kann sich, dieser Logik gemäß, getrost und womöglich erfolgversprechender an die Abkömmlinge des Westens halten.

Nun ist der Jemen, trotz des vorzüglichen Stands seiner Privat- und Volksbewaffnung, alles andere als ein Hort von Räubern, Entführern und Banditen. Noch kann das arme Land in der einstigen »Arabia felix« als repräsentativ für die arabische oder die islamische Welt insgesamt gelten. Im benachbarten Saudi-Arabien etwa ist nicht nur die digitale Uhr, sondern auch die sie beherbergende Luxuslimousine bestens bekannt und einem Großteil der Bevölkerung verfügbar. Kein Spielzeug, keine technische Errungenschaft und kein Wohlstand, um welche die Bewohner der ölreichen arabischen Golfstaaten andere Kulturen beneiden müssten.

Und doch beobachten wir auch hier die Antinomien der Globalisierung: »Uns gehört zwar die Firma Mercedes, aber wir selbst können nicht einmal ein Moped bauen«, sagt, in leichter Übertreibung, ein kuwaitischer Unternehmensberater. Will heißen: Wir sind reich, aber rückständig. Und was das bedeuten kann, hat man in Kuwait bitter erfahren, als 1990 Saddam Husseins Truppen das Land im Handstreich einnehmen und gründlich ausplündern konnten.

Mag ja sein, dass auch der Milliardär Kerkorian, der wie der Staat Kuwait ein großes Paket an DaimlerChrysler-Aktien hält, nicht genau weiß, was ein Radbremszylinder ist. Und ganz gewiss ist im Islam persönlicher, »ehrlich erworbener« Reichtum nicht verpönt, sondern wird als »Hulderweis Gottes« beschrieben. Das Geschäft des Kaufmanns und Händlers gilt dabei als besonders gottgefällig, weshalb der Prophet Mohammed den Gläubigen auch gestattete, den *hadj* nach Mekka sozusagen mit einer Geschäftsreise zu verbinden und bei der Wallfahrt Handel zu treiben – im Gegensatz zum strikten Verbot, während derselben Übung »Umgang mit Frauen« zu haben.[2] Es heißt sogar, der Prophet habe befunden, »ein durch rechtschaffenen Handel verdienter *dirham* wiegt mehr als zehn auf andere Weise verdiente«[3] – wenngleich das wohl eher als Referenz an die seinerzeit in Mekka und Medina vorherrschenden Wirtschaftsbeziehungen zu verstehen sein dürfte denn als Herabwürdigung des produzierenden Gewerbes.

Nichts in der islamischen Religion und Kultur behindert das persönliche Gewinnstreben, soweit es sich im Rahmen der allgemeinen und moralischen Gesetze hält. Auch das vielzitierte Verbot des »Zinswuchers« *(riba)* ändert daran nichts. Zum einen ist kaum ein Begriff des islamischen Korpus so verschieden und widersprüchlich interpretierbar – und auch interpretiert worden – wie dieser. Zum andern hat sich bei kaum einem anderen Verbot der Verstand frommer Muslime als so erfindungsreich erwiesen – bis hin zur Konstruktion gewaltiger »islamischer Beteiligungsunternehmen« in den achtziger Jahren des 20. Jahrhunderts. (Die freilich ebenso spekulativ und zuweilen betrügerisch arbeiteten wie einige ihrer Pendants in der westlichen Welt und damit viele kleine Sparer nicht nur um ihre Gewinnerwartungen brachten, sondern gleich um ihr gesamtes Erspartes.) Orthodoxe Scheikhs der Kairoer Al-Azhar wie auch die Führer der integristischen Muslim-Bruderschaft haben immer wieder beträchtlichen exegetischen Aufwand darauf verbracht zu erklären, wie moderne Finanzwirtschaft in ihr ideologisch gerastertes Weltbild passt, nach dem die Dinge dieser Welt in »Erlaubtes« *(halal)* und »Verbotenes« *(haram)* einzuteilen sind: Demnach wäre Geldverleih gegen Zinsen und Gewinn durchaus »verboten«, Kapitalbeteiligung in einer wie auch immer genannten »Partnerschaft« aber »erlaubt«; im Fall materieller Not und mangels Alternativen sei dem Muslim auch die Kreditaufnahme gegen Zinsen gestattet, dann fiele die Sünde allein auf den Geldverleiher und Zinsnehmer. Ein wohl beleumdeter Azhar-Scheikh, der solche Handlungsanleitungen vor allem für den »Markt« in Europa lebender, und entsprechend versuchter Muslime verfasst, hat uns in Kairo gar einmal länglich auseinandergesetzt, warum Lebensversicherungen zwar verboten seien, der Gläubige aber dennoch nicht einzig auf die Versicherungen des Jenseits hoffen müsse: »Eine Versicherung, in welcher der Beitrag eine ›Spende‹ ist und die Leistung ein ›Schadenersatz‹ für den Unglücksfall, ist durchaus *halal.*«

Die modernen Verfechter der Strenggläubigkeit folgen hier durchaus der Erkenntnis des Mohammed Raschid Rida, Schüler des großen Reformgelehrten Mohammed Abduh, der schon 1906 feststellte, dass »die Muslime bei einem Großteil ihrer Handlungen die Religion nicht länger in Betracht ziehen«[4]. Insofern ist es, zumal in Fragen des Wirtschaftens, einfacher, die Gesetze des Islam entsprechend dem Handeln der Muslime auszulegen, als zu versuchen, das Handeln der Muslime dem wörtlichen Text zu unterwerfen – Bekleidungsregeln und andere »sekundäre« Insignien der Frömmigkeit lassen sich in der Praxis weit leichter befolgen und durchsetzen als etwa ein Verbot, Bankgeschäfte zu tätigen.

Raschid Rida, ein aus Syrien stammender Schriftgelehrter und Agitator, hatte sich mit Begeisterung den muslimischen Reformen um Mohammed Abduh in Ägypten angeschlossen, die auf die Konfrontation mit westlicher (Militär-)Technik und Wissenschaft mit einer Wiederbelebung islamischer Rationalität antworteten. Seine Polemik zum Wirtschaftsgebaren der Muslime richtete sich gegen die damals verbreitete These, die Muslime wären verarmt und hätten den Ausländern ihren Reichtum überlassen, weil sie das Zinsverbot achteten und sich folglich bei den »Ungläubigen« verschuldet hätten. Anfangs gehörte Rida zu jenen Denkern, die sich von der Auseinandersetzung mit westlicher Überlegenheit – offenbar geworden durch die Landung der napoleonischen Flotte vor Alexandria 1798 – den Impuls zu einer »islamischen Aufklärung« erhofft hatten. Die Nichtigkeit seiner politischen Bemühungen, verstärkt durch das offene Umschlagen westlicher Aufklärung in westlichen Kolonialismus, ließ ihn alsbald zu einem Apologeten der *salafiya* werden, der »Rückkehr zu den Wurzeln und Traditionen der Altvorderen«. Politisch agitierte er, nach dem Zusammenbruch des Osmanischen Reiches, für eine Wiederbelebung des »wahren« Kalifats; schließlich endete er als Berater und Parteigänger des pietistischen Regimes in Saudi-Arabien. Im aktuellen Diskurs eines politisierten Islam wird er denn auch weniger mit seinen luziden Artikeln in der Zeitschrift

Al-Manar (Der Leuchtturm) zitiert als mit seinem Schlachtruf: »Ich hasse den Westen!«

Notabene, Rida sagte nicht: »Ich hasse den Kapitalismus!« Oder: »Ich hasse die ungleiche Verteilung der Reichtümer in der Welt!« Er sagte auch nicht: »Ich hasse die Ungläubigen und ihr gottloses Benehmen!« Zu seiner Zeit mag das alles gleichbedeutend gewesen sein. Heute jedoch müssen selbst »linke« Fürsprecher des politischen Islam große gedankliche Verrenkungen vollführen, um zu erklären, warum der moderne Islamismus nichts am Reichtum saudi-arabischer Ölprinzen auszusetzen hat – sich von jenen sogar gern materiell unterstützen lässt; ebenso, wie uns die konservativen Islamisten der Muslim-Bruderschaft ihre vergleichsweise Zurückhaltung gegenüber der »atheistischen« Sowjetunion und ihren Rechtsnachfolgern, die doch den tschetschenischen Muslimen ärger zusetzen, als es die Kreuzfahrer im Orient je vermocht hätten, nie recht vermitteln konnten. Gewiss, die sowjetischen Konsumgewohnheiten hätten, wenn man vom Wodka absieht, jedem Sufi-Mystiker zur Ehre gereicht. Aber die Beresowski-Generation trägt definitiv mehr und deutlicher Rolex als jener bedauernswerte Rucksacktourist aus Michigan, den wir vor Jahr und Tag aus einer aufgebrachten Meute von Hisballah-Anhängern im libanesischen Baalbek geradezu befreien mussten, nachdem er am offenbar falschen Ort gesagt hatte, Amerikaner zu sein …

Längst finden wir im World Wide Web ein virtuelles »Islam.com«; Homepages, auf denen muslimische Gadgets wie »vollautomatische Weltzeit-Gebetswecker« neben seriöser Literatur und den Pamphleten islamistischer Ideologen angeboten werden. Und wenn heute Islamisten in der teuflischen Dreifaltigkeit des westlichen »Modernismus« – neben der Gott- und der Sittenlosigkeit – auch das Konsumdenken anprangern, dann meinen sie damit weniger den Rolls-Royce als die ubiquitäre Baseball-Kappe.

»Das Fell abziehen«

Nackter, materieller Neid ist dem gläubigen Muslim ohnehin untersagt. »Und wünscht euch nicht das, womit Gott die einen von euch vor den anderen ausgezeichnet hat!«, heißt es im Koran (4;32), und in dieser Frage ist die göttliche Botschaft, wie der Prophet sie verstand, weit weniger zweideutig als in anderen Details. Der Begriff (arabisch: *hasada*) spielt in der islamischen Überlieferung auch keine herausragende Rolle. Da andererseits nichts verboten werden muss, was nicht in der Welt wäre, spricht Mohammed sehr wohl vom »Neid« – dem der anderen »Leute der Schrift«,

Juden und Christen also, denen schließlich zuerst »die Wahrheit der Offenbarung klar geworden ist« (2;109); aber auch dem in der eigenen Gemeinde herrschenden: »Bei Gott, ich fürchte nicht, dass ihr anderen neben Gott huldigen werdet, doch ich fürchte, dass ihr einander um weltliche Güter beneiden und bekämpfen werdet.«[5]

In der großartigen Enzyklopädie *Lisan al-Arab,* in der Ibn Manzur al-Ifriqi al-Masri (1232–1311) das etymologische und grammatikalische Wissen seiner Zeit zusammenfasste, wird zunächst zwischen »Neid« *(hasada)* und »Begierde« *(ghobt)* unterschieden. »Neid« sei, dem Grammatiker al-Djawhari zufolge, der Wunsch, »dass dem Vermögenden sein Vermögen genommen werde sowie dass man selber sich in den Besitz dessen bringe, und sei es durch Diebstahl.« Das Verb *hasada* stammt demnach von *qischr* (Haut, Fell, Schale) und bedeutet etymologisch nichts weniger als: »dem andern das Fell abziehen«. Bei der »Begierde«, dem Vernehmen nach vom Propheten selbst für weniger sündhaft befunden als der Neid, ginge es demgegenüber einzig darum, »das Vermögen des anderen für sich selbst zu begehren«[6].

Nur gegenüber zwei Arten von Menschen sei Neid statthaft, habe Mohammed gesagt: »dem Menschen, dem Gott Reichtum gegeben hat und der Tag und Nacht ohne Bedenken Almosen verteile, und demjenigen, dem Gott (religiöse) Weisheit gegeben hat, sodass er entsprechend entscheiden und andere unterweisen kann«.[7]

Gemessen daran bekommt der arabische Länder bereisende Fremde doch recht häufig ein *ya bakhtak* oder *niyalak* zu hören – je nachdem, ob einer im ägyptischen oder im syrisch-palästinensisch-libanesischen Raum unterwegs ist: »Hast du es gut!« Es geht dabei praktisch nie um das Auto – in der Tat sind in Beirut, Riad oder Kairo wohl mehr 7er BMWs unterwegs als in München und Berlin zusammen –, selten um die Schönheit der Frauen, gelegentlich um die Fußballer – »Bäckenbaurr! Rumanikke! Mohammed Schull!« –, aber häufig um so einfache Dinge wie einen Reisepass, mit dem man auch wirklich reisen kann, ohne ständig in entwürdigendem Schlangestehen um Visa einzukommen. Oder die ordentlichen Schulen, auf die unsereins die Kinder schicken kann, ohne dafür ein Vermögen bezahlen zu müssen.

Nichts davon reicht aus, jenen »Zorn der Muslime« oder die »Frustration der arabischen Straße« zu erklären, welche die westliche Öffentlichkeit immer wieder zur Kenntnis nimmt: meist unbewusst-amorph, manchmal von kundigen Interpreten vermittelt, höchst selten in der unmittelbaren Konfrontation. Dabei ist das Erstaunen der Empfänger dieser Nachricht oft verblüffend ähnlich; sie sagen dann dasselbe auf hochgradig verschiedenen semantischen Ebenen: »Ich war doch erst letztes Jahr in

Ägypten, und die Leute waren so nett zu uns. Und jetzt schießen sie auf Touristen«, erschrak sich unsere Zeitungshändlerin nach dem Massaker an europäischen Touristen in Luxor 1997. »In der religiösen Kultur des Islam hat es immer etwas gegeben, das selbst im einfachsten Bauern oder Bettler eine Würdigkeit und Höflichkeit gegenüber anderen bedingte, die andere Zivilisationen nie übertrafen und selten erreichten«, schreibt, sehr viel gelehrter, Bernard Lewis, unbestritten der Doyen der nordamerikanischen Islamwissenschaft: »Und doch können diese Würdigkeit und Höflichkeit, in Zeiten des Aufruhrs und der Zerrüttung, wenn die tieferen Leidenschaften berührt sind, einer explosiven Mischung aus Wut und Hass Platz machen.«[8] Wie höflich auch immer man es formuliert, es ändert nichts an der Tatsache, dass »wir« nicht verstehen, warum »die« uns plötzlich doch »das Fell abziehen wollen«.

Dabei erstreben selbst die Radikalsten unter ihnen weder dieses »Fell« noch andere Attribute des im Westen gewöhnlichen Besitzes. Der politisierte Islamismus neidet »dem Westen« vielmehr seine – durchaus fragwürdige – Kulturhoheit, die scheinbare Leichtigkeit, mit der GAP-Jeans, McDonald's und Backstreet Boys den Geschmack und die Gewohnheiten der Jugend bestimmen – ganz unabhängig vom Einkommen: Die arabisch-islamische Welt ist geradezu überschwemmt von piratierter Markenkleidung, die dann eben, aufgrund der inzwischen weltweit geltend gemachten Markengesetze, »adidah« oder »Nikees« heißt. Ein ums andere Mal haben wir in Kairo, Beirut oder Algier mit jungen Heißspornen der islamistischen Bewegung diskutiert, die überhaupt nichts dabei fanden, ja sogar stolz darauf waren, das Zeug im Original zu tragen. Und nicht einmal die Antwort half, dass unsereins, wenn schon, eine wohlgewebte *galabiya* den Trainingsklamotten vorzöge: »Die spinnen, die Westler!«

»Sie sind schmutzig und von der Sonne entfernt«

Was also ist dieser merkwürdige »Hass-Liebe-Nichtneid«-Neid, der das Denken so vieler Menschen in der islamischen Kultur bestimmt? Frage an den libanesisch-palästinensischen Autor Samir Kassir, warum er seinen Aufsatz zum Fall Garaudy[9] mit dem Satz einleitete: »Es geht nicht darum, dem Westen einen Gefallen zu tun; der Westen wird uns ohnehin nicht glauben.«

»– Samir, du sagst völlig zu Recht, dass einer nicht deswegen die Sympathie der arabischen Öffentlichkeit haben sollte, weil er behauptet, die Juden hätten den ›Holocaust‹ nur erfunden, um die Araber zu knechten. Was hat das mit ›dem Westen‹ zu tun?

Ich habe sogar gesagt: ›Wieder einmal hat die arabische Intelligenz ein Rendezvous mit der Geschichte verpasst, weil sie es bequemer fand, sich mit einem Konvertiten von zweifelhaftem Ruf zu solidarisieren – nur da er in dem Moment ein im und vom Westen Verfolgter war.‹

– Und das konntest du nicht konstatieren, ohne vorab ›den Westen‹ in die Pfanne zu hauen?

– Nein. Ich wollte auf die arabischen Intellektuellen antworten, die für Garaudy Partei ergriffen hatten – diesen Unsinn diskutieren wir unter uns. Dafür musste ich mich zunächst vom ›Westen‹ distanzieren. Die Diskussion wurde ja in Frankreich mit einem hohen Anspruch universeller Moral geführt. Dem stand der Vorwurf gegenüber, es handele sich um einen typischen Fall von ›westlicher Doppelmoral‹. Aus diesem Kreuzfeuer mussten wir heraus. Die Verurteilung des Idioten Garaudy durch ein französisches Gericht entsprach im übrigen auch nicht gerade meiner Vorstellung von Rechtsstaatlichkeit. Es war ein ›Gesinnungsdelikt‹; das sollte nicht strafbar sein, sondern höchstens verhöhnbar.

– Warum hast du das nicht so geschrieben?

– Ich weiß nicht, der arme Tropf muss schreiben dürfen, was er will; aber als er den Staat Israel sozusagen in den Zeugenstand rief, konnte niemand mehr argumentieren. Du musst dann zum Beispiel als Historiker sagen, dass es keinen objektiven Grund für den Staat Israel in seiner jetzigen Form gibt. Dass die Palästinenser auf schreckliche Weise vertrieben wurden. Dass Antisemitismus und Judenpogrome kein ›östliches‹, sondern ein ›westliches‹ Phänomen sind. Aber dass wir natürlich das Massaker an den Juden nicht leugnen. Nur, wir Araber sind nicht schuld an ihrem Leid. Das ist es doch, was ›der Westen‹ uns einbleuen will.«

Kassir übrigens ist der Taufe nach orthodoxer Christ. Es gibt Auseinandersetzungen, in denen das – von beiden Seiten aus betrachtet – keine Rolle spielt: Auch im Mittelalter war für die Europäer jeder Araber, der nicht ausdrücklich für sie spionierte, ein »Muselman«. Und aus islamischer Sicht war zwar die europäische Christenheit Teil jener »Welt der Ungläubigen«, die es zu bekämpfen galt; die Christen im »Haus des Islam« indes waren eine Minderheit der »Leute der Schrift«, auf die sich die koranischen Regeln über Misstrauen, Toleranz und Sondersteuern bezogen. Daran hat sich auch in der Globalisierung nicht so furchtbar viel geändert: Im Westen sprechen wir nun über arabische Nicht-Muslime oder nicht-gläubige Muslime als »kulturelle Muslime« – und für mehr und mehr Muslime wird der Westen wieder zum Patrimonium der, diesmal mit den Juden des Staates Israel verschworenen, Christen.

Es ist diese Last einer nie überwundenen und nie recht akzeptierten Geschichte, die das Verhältnis auch jenseits aktueller Machtkonstellationen – wie der Unterstützung Israels durch den Westen – so problematisch macht.

Bezeichnend ist wieder einmal die Sprache: »Unterentwicklung« heißt im Arabischen *takhalluf;* das Wort stammt ab von dem Verb *khallafa* und bedeutet so viel wie »zurückbleiben« oder »übertroffen, überholt worden sein«. (Die Theoretiker des Antiimperialismus weisen allerdings gern darauf hin, dass aus demselben Wortstamm auch *khālāfa* gebildet wird: »sich widersetzen«.)

Der scharfzüngige ägyptische Schriftsteller Taufik al-Hakim hatte gelegentlich vorgeschlagen, die »wirklich unterentwickelten« Länder und Kulturen, jene, die im Unterschied zur islamischen Zivilisation nie führend in der Welt gewesen sind, als »verspätete« Nationen zu bezeichnen, und die »wirkliche Unterentwicklung« als *ta'akhkhur* (»Verspätung«). Das wirkt nur auf den ersten Blick arrogant oder, je nach Sichtweise, tröstlich. Denn dass man nicht »wirklich unterentwickelt« sei, weist ja nur um so deutlicher auf das eigene Verschulden hin. Die schmerzende Wunde des »Überholt-worden-Seins« wird mit jeder begrifflichen Präzision wieder und weiter aufgerissen – wie das übrigens auch und paradoxerweise durch die Argumentation der muslimischen Reformer der vorletzten Jahrhundertwende, und in ihrem Gefolge der heutigen Islamisten, geschieht, die fortwährend an das großartige Erbe der islamischen »Glanzzeit« erinnern. Mögen die »islamischen Aufklärer« um Mohammed Abduh damit auch eher die Blüte der Wissenschaften in der Zeit des Kalifats von Córdoba gemeint haben, die Arbeiten von Ibn Ruschd, Ibn Sina und Ibn Arabi; während die Islamisten der Gegenwart sich lieber der siegreichen muslimischen Armeen erinnern – am Ende bleibt die Frage, wie es geschehen konnte, dass eine einst wissenschaftlich und militärisch führende Zivilisation seit nunmehr drei Jahrhunderten »zurückgeblieben«, »überholt worden« ist, und zwar von genau der westlichen Zivilisation, die in der Blütezeit des Islam eher herablassend als die »Welt der Ungläubigen« bezeichnet wurde.

Erforscher der islamischen Geschichte haben sich immer wieder gewundert, dass es in zeitgenössischen islamischen Quellen kaum Hinweise gibt auf die – aus westlicher Sicht – so entscheidende Schlacht zwischen den Heeren der Muslime und Karls des Großen bei Tours und Poitiers 732. Die Erklärung liegt wohl darin, dass die muslimischen Chronisten diesem Ereignis einfach keine weitere Bedeutung beimaßen: Da hatten sich lediglich ein paar marodierende Truppenteile von Spanien aus zu weit nach Norden vorgewagt, um Beute zu machen, und dabei kräftig eins auf die Mütze bekommen.

Ganz ähnlich der Umstand, dass der Begriff der »Kreuzfahrer« oder »Kreuzzüge« in der arabischen Historiographie erst in der Neuzeit aufkommt, als Import aus dem Westen. In der seinerzeitigen Auseinandersetzung galten die Kreuzritter allenfalls als eine weitere lästige Horde von Barbaren, die man zu besiegen hatte wie so viele andere auch. Das Augenmerk der muslimischen Herrscher des frühen Mittelalters galt der Einnahme von Byzanz, die sich dann auch als äußerst knifflig und langwierig herausstellte.

Dieser Blick auf die Welt wurde ab dem 17. Jahrhundert drastisch gestört. Mit einem Mal waren die Länder außerhalb des *Dar al-Islam* nicht mehr bloß von Barbaren bewohnte Landstriche, denen die Muslime mit Schwert und Scharfsinn Gottes Gesetz beizubringen hatten, sondern ernstzunehmende Gegner. »Nach ihrer eigenen Geschichtsauffassung waren die Muslime die Träger der göttlichen Wahrheit und hatten die heilige Pflicht, der übrigen Menschheit diese Wahrheit zu überbringen«, schreibt Bernard Lewis in seiner so lehrreichen wie amüsanten Studie über die Entdeckung Europas durch den Islam. »Das Haus des Islam, zu dem sie gehörten, verkörperte Gottes Zielsetzung auf Erden. Ihre Herrscher waren die Erben des Propheten und die Hüter der Botschaft, die er von Gott erhalten hatte. Der islamische Staat war die einzige wirklich legitime Macht auf Erden, und die islamische Gemeinschaft, an allen Seiten von der äußeren Finsternis der Barbarei und des Unglaubens umringt, war das alleinige Behältnis von Wahrheit und Aufklärung. (...) Diese Überzeugungen, aus frühen muslimischen Zeiten ererbt, waren durch die großen osmanischen Erfolge des 15. und 16. Jh. entscheidend gestärkt und durch die vergänglichen, aber wichtigen Siege wiederbelebt worden. Es war schwer für die Muslime, sich einer Welt anzupassen, in welcher der Lauf der Ereignisse nicht von der Macht des Islam, sondern von ihrem christlichen Gegner bestimmt wurde und in der sogar das Überleben des muslimischen Staates zuweilen von der Hilfe, wenn nicht gar der Gunst mancher christlicher Herrscher abhängen konnte.«[10]

Die Schwierigkeiten mit der neuen Realität lassen sich kaum anschaulicher beschreiben als in jener Schilderung einer Abmachung, die Suleiman der Prächtige mit Kaiser Franz I. gegen das Haus Habsburg abzuschließen vorteilhaft fand, durch einen türkischen Geschichtsschreiber des 16. Jahrhunderts: »Der Bey von Frankreich hatte stets seine Verbundenheit mit der Schwelle des Nestes der Glückseligkeit erklärt und seine Treue zur Hohen Pforte, welche der Sitz der Macht ist, kundgetan ... da er sich bedrängt sah, befragte er seine Wesire und Ratgeber, die alle darin übereinstimmten, dass es der klügste und beste Weg sei, Schutz und Kontakt beim weltumspannenden Thron des Sultans zu suchen.«[11] Der Kaiser, mit dem der Sultan ein Abkommen trifft, wird so zum einfachen Provinzfürsten, einem »Bey«, der um Beistand bittet, und, im weiteren Verlauf des

Textes, zum »dankbaren Sklaven des Herrn der Majestät«, in welcher Eigenschaft er »gern den Nacken beugen und den Kopf vor dem Joch seines Gehorsams senken« würde.

Die Camouflage ließ sich nicht allzu lange aufrechterhalten. Aus den »hässlichen«, »geizigen« oder »armen« Europäern, die muslimische Reisende des Mittelalters beschrieben hatten, aus »Franken«, »für welche die Sonne fern vom Zenit ist«, waren ernstzunehmende – und überlegene – Gegner geworden. Mangels Interesse und näherer Kenntnisse hatte bis in die frühe Neuzeit gegolten, was der Geograph Mas'udi schon im 10. Jahrhundert über die »Menschen des nördlichen Quadranten« festgestellt hatte. »Die Kraft der Sonne ist der Entfernung wegen bei ihnen geschwächt; Kälte und Feuchtigkeit herrschen in ihren Gebieten, und Schnee und Eis reihen sich endlos aneinander. Der warme Humor fehlt ihnen; ihre Körper sind groß, ihr Charakter ist derb, ihre Sitten sind schroff, ihr Verständnis stumpf und ihre Zungen schwer.«[12] Im »Haus des Islam« galten die »Franken« allenfalls als Träger der *firengi*, der »fränkischen Krankheit«, vulgo: Syphilis. Wenn überhaupt Muslime die »Welt der Ungläubigen« bereisten, fühlten sie sich vor allem vom eklatanten Mangel an Hygiene bei den »fränkischen« Völkern abgestoßen. Was sollte man denen schon neiden? Zwar berichtete der bekannte Historiker und Philosoph Ibn Khaldun im 14. Jahrhundert vom Hörensagen, »dass in den Ländern der Franken die Wissenschaften blühen«, aber er schränkte die Berichterstattung vorsichtshalber mit der Bemerkung ein: »Gott weiß am besten, was in jenen Gebieten geschieht.«[13]

Nun aber war solch gnädige Ignoranz nicht länger statthaft. Um in Kriegskunst und Waffentechnik auf der Höhe zu bleiben, hatten die Osmanen schon im 17. Jahrhundert europäische Ausbilder ins Land holen müssen, die nun Befehle gaben, statt ihrerseits milde belächelt zu werden. Und Anfang des 19. Jahrhunderts standen nicht mehr die Türken vor Wien, sondern die Franzosen in Ägypten, und die Russen auf der Krim. Die folgenden Ereignisse in der Auseinandersetzung mit dem Westen stellen sich aus arabisch-muslimischer Sicht, um es kurz zu machen, als eine einzige Katastrophe dar: Kolonialismus, Zusammenbruch des Osmanischen Reiches, Gründung des Staates Israel auf arabischem Boden, drei verlorene arabisch-israelische Kriege, Mord, Diktatur und Bürgerkriege in den arabischen Ländern, Besetzung der Heiligtümer in Jerusalem – und noch immer kein ehrenhafter Friede in Palästina. Was hilft dagegen alle Poesie, welcher die Araber nach wie vor so mächtig sind wie zu Zeiten eines Abu Nawwas: »Sie ließen uns eine Sardinenbüchse genannt Gaza«, schreibt der 1998 verstorbene syrische Dichter Nizar Qabbani. »Einen abgenagten Knochen, genannt

Jericho./Und ein Hotel namens Palästina, ohne Dach noch Gebälk./Sie haben uns einen rückgratlosen Körper gelassen und eine Hand ohne Finger./Wir träumten so sehr von einem grünen Frieden/Einem weißen Mond, einem blauen Meer, einem stolzen Schloss./Und wir fanden uns wieder/In einem Abfalleimer.«[14]

Schuld an dieser »Katastrophe« ist aus muslimischer Sicht natürlich »der Westen«. »Imperialismus, Zionismus und arabische Reaktion« tönte der Dreiklang des Zorns in der Epoche des arabischen Nationalismus; »Materialismus, jüdische Arroganz und Gottlosigkeit« wäre die zeitgemäße Übersetzung in »Islamistensprech«. Gemeint ist allemal dasselbe: Ihr seid uns überlegen, obwohl wir es waren, die euch die Zivilisation gelehrt haben; ihr habt auf unserem Boden einen Staat implantiert, der unser Land besetzt und unsere Menschen knechtet, obwohl wir euch gastfreundlich aufgenommen haben; und ihr habt eine Elite von Handlangern und Agenten groß gemacht, die uns heute beherrschen.

Dieser Blick auf die Welt, so verständlich er aus der Sicht der nunmehr »Ausgeschlossenen« sein mag, führt doch nur in eine formidable Fortschrittsfalle. Der ägyptische Offizier Anwar al-Sadat, der 1957 so erbost schrieb: »Die westliche Zivilisation und ihr Erbe, um das Europa und Amerika so sehr fürchten, leben nur auf den Trümmern des Orients«[15], wurde 24 Jahre später von islamistischen Terroristen ermordet – und das nicht einmal in erster Linie deshalb, weil er seinen Frieden mit Israel gemacht hatte und zum Darling des Westens »aufgestiegen« war, sondern weil sein Regime scheinbar alle Anstrengungen unternahm, das materielle und geistige Elend der ägyptischen Bevölkerung stetig zu vergrößern. »Je mehr das Antlitz unseres Gemeinwesens verfällt, je mehr sich der Staat in Verruf bringt, das Gesetz Tag für Tag verraten wird, die Stimme des Führers dominiert, desto mehr gewinnt das Bild ›des Westens‹ in seinem Inneren an Größe, an Strenge, an Reinheit«, resümiert deprimiert die tunesische Autorin Hélé Bédji.[16]

Faszination Freiheit

Die Verklammerung von »Orient und Okzident«, beginnend zu Zeiten des in dieser Hinsicht schwärmerischen Geheimrats von Weimar[17], war nur für sehr kurze Zeit geprägt von beiderseitiger Neugier und ebenbürtigem Staunen. Goethe, Heine oder Rilke entdeckten nacheinander den Zauber der arabischen Poesie und die Leidenschaft islamischer Minne; muslimische Reisende wie der ägyptische Scheikh Rifa'a al-Tahtawi erforschten im Interesse einer »islamischen Rationalität« das Europa der industriellen Revolution.[18] Und während Heinrich Heine den vor-islamischen »Asra« nachspürte, dem Beduinenstamm der *udhra,* »welche sterben, wenn sie lieben«, bewunderten die arabischen Europafahrer nicht nur die wissenschaftlichen und technischen Errungenschaften des Westens, sondern wunderten sich auch über die »losen Sitten« französischer Frauen sowie vor allem über die Abwesenheit von Eifersucht bei ihren Männern. Ferner, »dass sie zumeist ihrer Steuerpflicht nachkommen und ihre Arbeit nicht vernachlässigen«.[19] Heraus ragt allerdings aus den Beobachtungen, dass in Europa »ein Herr seinen Diener wegen eines Verbrechens nicht bestrafen« kann, sondern »vor Gericht klagen« muss; und dass, bei allen Klassenunterschieden, Meinungsfreiheit ist: »In ihren Zeitungen und Tagblättern nehmen sich die gemeinen Leute oft die Freiheit, ihre Oberen zu beschimpfen. Auch auf öffentlichen Versammlungen und in den Schauspielhäusern geschieht es häufig, dass sie die Edelleute oder Herrschaften, welche sie nicht mögen, auszischen oder kritisieren.«[20]

Diese Faszination ist geblieben. Sie wird sichtbar, wenn Muslime dem Westen »Doppelmoral« vorwerfen – weil er Menschenrechte predigt und Menschenrechtsverletzungen Israels duldet. Oder auch nur, weil das *Guiness Book of Records* sich weigert, den 1871 geborenen Ali Mohammed Hussein im nordlibanesischen Qenia als »ältesten Menschen der Welt« anzuerkennen: »Sie sagen, darüber gäbe es keine Papiere, aber sie haben ihn noch nicht einmal angesehen«, klagen seine Angehörigen, die sich natürlich – dem alten Mann war das zeitlebens herzlich egal – ein wenig Aufmerksamkeit und Wohlstand durch ihren »Rekordhalter« erhofften. Die Faszination wird kenntlich, wenn arabische Autoren die polemische Frage stellen, warum die islamische Welt »bedenkenlos westliche Konsumgüter importiert, sich aber gegen den Import der Freiheit sträubt«[21]; sie wird vollends deutlich, wenn muslimische Immigranten sich zwar lautstark – und in der Regel zu Recht – über ihre »Marginalisierung« in den Ländern des Westens beklagen, die Rechtsweggarantien jedoch – in der Regel kopfschüttelnd über die so gnaden- wie grenzenlose Gerechtigkeit der Rechtsstaaten – in Anspruch nehmen. Zum Absoluten westlicher Legalität kommt das Uneingeschränkte westlicher Wahrhaftigkeit in der Sprache: »Bei euch ist ein ›Wald‹ tatsächlich ein ›Wald‹ und nicht eine Ansammlung armseliger Bäume«, staunen Besucher aus arabischen Ländern schon bei Ansicht des Perlacher Forstes.

Noch immer krankt des Verhältnis zwischen »westlicher« und »islamischer« Welt trotz Internet, Migration und Globalität am Unvermögen der »Mittler«. Die »westlich« ausgebildeten wirtschaftlichen und kulturellen Eliten des Nahen und Mittleren Ostens haben sich gegenüber ihren Bevölkerungen entweder durch haarsträubende Korruption (Autoimporteure, Baulöwen, Drogenhändler) oder durch erbarmungswürdige Armut (Filmemacher, Dichter, Professoren) diskreditiert. Re-Migranten behalten »Herrschaftswissen« für sich – zum einen, weil die Geschichte des »Sich-durchgebissen-Habens« interessanter ist als die von Sozialhilfe ohne Ansehen der Person; zum andern, weil dem schiitischen Familienvater, der fünf, sieben oder zwölf Jahre als Gelegenheitsarbeiter oder -taxifahrer »Paria« gewesen ist, durch Wahrhaftigkeit kein »Familienmythos« gelingt – selbst wenn sich auf die Devisenersparnisse aus eben jener Tätigkeit vergleichsweiser Wohlstand gründet.

Das Dilemma liegt darin, dass der vom islamischen Ideologen verteufelte Dreisatz »Vereinzelung, Gottlosigkeit, Sittenlosigkeit« sich genau so gut und dann auch für sehr viele weltoffene Muslime übersetzen lässt in: »Individualität, Säkularität, Sexualität«. Dort, und nur dort, kommt dann doch Neid auf: Wie könnt ihr in der ersten Person Singular leben, ohne gnadenlose Egoisten zu werden (was wir vielleicht, siehe unsere Geburtenrate, bereits sind)? Wie schafft ihr es, menschlichen Fortschritt zu erreichen, ohne euch ständig auf Gott berufen zu müssen (was uns, siehe Gentechnik, enorme ethische Probleme bereitet)? Wie überlebt eure Gesellschaft trotz der überall zur Schau gestellten zügellosen Sexualität? Die Antwort auf die letzte Frage ist die einfachste: Weil Sexualität, nicht zuletzt dank des vom Privatfernsehens angebotenen Exhibitionismus jeder Art, kein Tabu mehr und damit wieder »intim« geworden ist. Aber »Intimität« bedingt »Individualität«, und Säkularität braucht einen gewissen Zukunftsoptimismus. Genau der ist der islamischen Kultur in unserer Gegenwart abhanden gekommen. Auf die Konfrontation mit dem Westen haben selbst die muslimischen Aufklärer mit dem Verweis auf das »glorreiche Zeitalter« geantwortet, an das die Muslime bloß anknüpfen müssten. Ihre Nachfolger, die Ideologen des politischen Islam, wollen gleich ganz zurück in die Epoche des Propheten. »Ihr habt einen Begriff von ›Zukunft‹, an die ihr glaubt«, sagte uns unlängst eine Bekannte in Beirut; »wir haben nur ein phantastisches historisches Erbe.«

Und dann wäre da noch etwas; etwas, das jeder deutsche Orientreisende schon einmal irgendwie gehört hat, neben »MercedesBäckenbaurrKlodiaSchiffä …«: »Ihr habt den Krieg verloren und aus Trümmern ein Land wieder aufgebaut, das heute das stärkste in Europa ist.« So weit, so gut, oder so schlecht, weil man sich als Westler dieser Leistung nur ungern freut – schließlich wurde sie erst durch Krieg und Völkermord nötig. Bis dahin folgen uns die muslimischen Gesprächspartner. Und haben dann doch das letzte Wort:

»Ihr habt gelernt zu verlieren – wir nicht. Wer aber nicht verlieren kann, wird nie gewinnen.«

Anmerkungen

1 *Koran* (Übers. v. Rudi Paret), 3;180; s. a. den *Hadith* (überlieferten Ausspruch des Propheten): »Wer von Gott vermögend gemacht wurde und von diesem Reichtum den *zakat* (Almosen) nicht zahlt, dem wird am Tag der Auferstehung sein Reichtum zu einer kahlköpfigen, männlichen Giftschlange mit zwei schwarzen Punkten über den Augen. Die Schlange wird seinen Hals umschlingen, seine Wangen beißen und sagen: ›Ich bin dein Reichtum, ich bin dein Schatz‹.« Sahih Bukhari, o. O., o. J., Band 2, Buch 24, Nr. 486.

2 Z. B. *Koran,* 2;197–198, auch: 62;10.

3 Zit. nach: Maxime Rodinson, *Islam el capitalisme,* Paris 1966.

4 Ebda.

5 Sahih Bukhari, Band 4, Buch 56, Nr. 795.

6 Ibn Manzur, *Lisan al-Arab,* CD-ROM-Edition, Beirut 1995.

7 Ebda.; s. a. Sahih Bukhari, Band 2, Buch 24, Nr. 490.

8 Bernard Lewis, »Roots of Muslim Rage«, in: *The Atlantic Monthly,* Sept. 1990.

9 Roger Garaudy, einstiger Marxist, der zum Islam konvertierte, hatte 1996 in seinem Buch *Les Mythes fondateurs de la politique israélienne* behauptet, die »Zionisten« hätten den Holocaust erfunden, um freie Bahn für die Kolonisierung Palästinas zu erhalten. Garaudy wurde 1998 von einem französischen Gericht wegen »Leugnung des Holocaust« zu einer Geldstrafe von 120 000 Francs verurteilt und erhielt Beistand von zahlreichen arabischen Intellektuellen.

10 Bernard Lewis, *Die Welt der Ungläubigen. Wie der Islam Europa entdeckte.* Ffm./Berlin 1987, S. 35 f.

11 Zit. ebda., S. 41.

12 Carra de Vaux, *Macoudi, le livre de l'avertissement et de la révision.* Paris 1897, S. 38 f.

13 Ibn Khaldun, *The Muqaddima,* ed. F. Rosenthal. New York/London, Band 3, S. 117 f.

14 Zit. nach der französischen Übersetzung bei François Burgat, *L'islamisme en face.* Paris 1996, S. 267.

15 Anwar al-Sadat, *Story of Arab Unity,* Kairo 1957.

16 Hélé Bédji, »L'occident interne«, in: *Le Débat* Nr. 42, 1986; dt. Übersetzung in: Thomas Hartmann (Hrsg.), *Orient-Express. Ansichten zum Islam.* Kopfbahnhof, Almanach 4, Leipzig 1991, S. 159.

17 Siehe Goethe, *Der west-östliche Diwan* – und andere Vergehen deutscher Dichter gegen die Lauterkeit.

18 Rif'a al-Tahtawi, *Ein Muslim entdeckt Europa. Die Reise eines Ägypters im 19. Jahrhundert nach Paris.* München 1988.

19 Ebda., S. 76 f. und andere.

20 Mizra Abu Taleb, *Reisen in Asien, Afrika und Europa.* Leipzig 1987, S. 129 f.

21 Mahmoud Hussein, *Versant sud de la liberté.* Paris 1989.

Heike Behrend
Man ist, was man isst

Zur Eucharistie und ihren Variationen: Kannibalen und Katholiken in Westuganda

In unserer westlichen Kultur bildete die Theophagie, das Essen des christlichen Gottes, das religiöse Substratum der Menschenfresserei. Was die ersten europäischen Reisenden in Amerika oder Afrika im Kannibalismus der Kannibalen sahen, war denn auch das mehr oder weniger verzerrte Bild der Eucharistie. Es war die christliche Theophagie, die für eine lange Zeit den Kannibalen als den Anderen zugleich unannehmbar und doch auch verständlich machte[1].

Als gegen Ende des 19. Jahrhunderts vor dem Hintergrund von Kolonisierung und Missionierung die christliche Lehre und Praxis der Eucharistie nach Afrika gebracht wurde, rückte, so scheint es, die christliche Theophagie in den Hintergrund des westlichen Kannibalismusdiskurses[2], vor allem bei katholischen Autoren. Das heimlich Verbindende der verschiedenen Formen der Anthropophagie überall auf der Welt wurde kaum mehr wahrgenommen, stattdessen der Kannibalismus mit dem biologisierten Rassebegriff korreliert und damit die Kluft zwischen dem Westen und Afrika endgültig naturalisiert.

In Afrika eigneten sich Frauen und Männer, insbesondere in den zahlreichen fundamentalistischen christlichen Bewegungen und Kirchen, die sich in den letzten Jahren überall ausbreiteten, die vom Westen importierten katholischen und protestantischen Lehren und Praktiken an, integrierten sie in lokale Traditionen und transformierten sie in oft erstaunlicher Weise. Diese Transformationen geben uns Einblick in die Ver-anderungen der Anderen, in die Variationen, die die Eucharistie in Afrika erfuhr.

Kannibalische Illusionen

Als ich 1997 nach Tooro kam, einem Königtum im Westen Ugandas am Fuß der legendären Mondberge, um ethnographische Forschungen über das dortige Königtum[3] durchzuführen, wurde zu meinem großen Erstaunen viel über Kannibalen und Kannibalismus geredet. Bereits Herodot und Ptolemäus hatten in ihrer imaginären Geographie die Bewohner der Mondberge als kannibalische Monster beschrieben. Doch in der modernen Ethnologie war das Thema des Kannibalismus spätestens in den siebziger Jahren erledigt worden. Man hatte erkannt und im Detail nachgewiesen, dass der Kannibale nicht eigentlich existierte[4], dass er vor allem ein Stereotyp des Anderen war: Europäer hatten Afrikaner des Kannibalismus bezichtigt, um sie zu ver-andern; und ebenso hielten Afrikaner Europäer für Kannibalen, für den Inbegriff des Anderen.

In Tooro jedoch war der von der Ethnologie totgesagte Kannibale wieder auferstanden. Dort war er sehr wirklich geworden. Seine Wirklichkeit hatte er nicht am Rande oder außerhalb der Gesellschaft von Tooro, sondern in ihrer Mitte gewonnen. Während Kannibalen sich noch in den siebziger Jahren vor allem in einem bestimmten Ort in Tooro mit Namen Kijura aufhielten, hatten sie sich seit den achtziger Jahren stark vermehrt und gerade in der letzten Zeit auch in andere Regionen ausgebreitet. Jetzt waren Kannibalen überall, in einigen Gegenden sogar epidemisch. Es herrschte eine moralische Panik, eine Furcht, gerade von den Menschen bedroht und gefressen zu werden, die einem nahe standen: nämlich von Verwandten und Nachbarn.

Die Existenz von Kannibalen war jedoch, wie mir ein ehemaliger, zum Katholizismus konvertierter *witch-doctor*, Herr Bimji, erklärte, nicht auf Tooro oder Afrika beschränkt. Sie war ein globales Phänomen geworden; auch in Europa, so meinte er, trieben Kannibalen ihr Unwesen, insbesondere im Schwarzwald. Ich staunte nicht wenig, als ich in Erfahrung brachte, dass in Tooro ausgerechnet eine Laienorganisation der katholischen Kirche, die »Gilde der Ugandischen Märtyrer«, sich bei der Bekämpfung der Kannibalenplage hervortat und erfolgreich Kannibalen jagte und heilte.

Am Fuß der Mondberge

Ich hatte nicht eigentlich vor, die Kannibalen am Fuß der Mondberge zu studieren. Aber als ich immer häufiger mit ihrer Existenz konfrontiert wurde und sogar eine enge Mitarbeiterin, eine fromme Katholikin, mir erzählte, dass ihr kleiner Bruder von einem stadtbekannten Kannibalen, dem Bruder der Stiefmutter, gefressen worden sei, begann ich mich für die Geschichte und die sozialen Bedingungen der Produktion von Kannibalen zu interessieren. Ich stellte Fragen zum Thema und sammelte Kannibalengeschichten. Doch gibt es, wie ich sehr bald feststellen musste, kein unschuldiges Gespräch über Kannibalen, denn der Diskurs über Kannibalismus – wie über Hexerei – besitzt eine reale Macht. Es stellte sich heraus, dass mein Interesse am Kannibalismus als handfester Versuch gedeutet wurde, mir das nötige Know-how anzueignen, um selbst Kannibale zu werden.

Ich kann nicht behaupten, (bisher) vor Ort mit einem Kannibalen gesprochen oder kannibalische Praktiken beobachtet zu haben. Zwar hatte meine Mitarbeiterin ein Rendezvous mit einem Mann arrangiert, der als notorischer Kannibale gefürchtet war. Man sagte ihm nach, dass er eine Pfeife mit vier Öffnungen besitze; wenn er die rauchte und der Rauch eine bestimmte Person erreichte, dann wurde diese auf der Stelle krank, starb sehr schnell, wurde begraben und aufgefressen. Dieser Mann schloss sich der unabhängigen Kirche eines Ex-Katholiken mit Namen Bisaka an – auf den ich später noch zu sprechen komme –, der seinen Kannibalismus heilte. Er erklärte meiner Mitarbeiterin in liebenswürdigem Ton, dass er seine Taten bereue und lieber nicht in einem Gespräch an sie erinnert werden wolle. Und er sagte das Rendezvous ab.

Tatsächlich geht es mir im Folgenden nicht um die Frage, ob es Kannibalen in Tooro wirklich gibt, sondern um Diskurse und Praktiken, die systematisch die Gegenstände bilden, von denen sie sprechen. Mich interessiert das Zusammenspiel von unterschiedlichen Kulturen, Machtverhältnissen, Institutionen, Diskursen und Praktiken, die die epidemische Produktion von Kannibalen ermöglichten.

Die Geschichte, die ich hier erzählen möchte, beginnt mit einer Beschreibung der derzeitigen existentiellen Krise in Tooro und der Konstruktion des modernen Kannibalen der neunziger Jahre dieses Jahrhunderts; dann springt sie in der Zeit zurück zur Ankunft der ersten christlichen Missionare 1891 in Tooro. Obwohl der Kannibalendiskurs in Tooro sicherlich älter ist – bereits westliche und arabische Sklavenhändler wurden des Kannibalismus bezichtigt –, möchte ich meine Geschichte hier beginnen lassen, weil zu dieser Zeit ein Prozess seinen Anfang nahm, in dem die christliche Lehre der Eucharistie und bestimmte Praktiken der kolonialen Biomedizin zu einer Bestätigung und Ausdifferenzierung der lokalen Bilder vom Kannibalen führten, die zum Teil bis heute wirksam sind.

Interner Terror in Tooro

Der Kannibalismus ist heute in Tooro eindeutig Teil des Hexereidiskurses. Alle Kannibalen hexen, wurde mir erklärt; aber nicht alle Hexen sind auch

Kannibalen. Wie Ethnologen immer wieder betont haben, stellen der Hexereidiskurs sowie seine Praktiken die Nachtseite der sozialen Ordnung dar, oder, anders gesagt, in der Hexerei wird das negative Andere der eigenen Gesellschaft zum Ausdruck gebracht.

Die Anthropophagie in ihren verschiedenen Formen ist in Afrika wie im Westen die Überschreitung eines fundamentalen Tabus. Die epidemische Verbreitung von Kannibalen in Tooro muss deshalb als Ausdruck einer tiefen existentiellen Krise, einer Verkehrung der Welt, gesehen werden. Tatsächlich befindet sich Westuganda seit Beginn der neunziger Jahre in einer Situation, die als interner Terror bezeichnet werden kann. Zu einer allgemein ökonomischen Verarmung – bei gleichzeitiger Akkumulation von unverschämten Reichtümern in den Händen einiger weniger –, Massenarbeitslosigkeit, dem zunehmenden Verfall des öffentlichen Sektors, Korruption in der lokalen Regierung sowie der Polizei kommt seit 1996 noch ein Bürgerkrieg hinzu. Vom Kongo aus begann eine Guerillabewegung, die »Allied Democratic Forces« (ADF), einen Krieg gegen die Regierung Yoweri Musevenis zu führen. Obwohl sie unter der lokalen Bevölkerung nur wenige Anhänger und Komplizen finden konnte, trug sie doch erheblich zur Verunsicherung und inneren Zerrissenheit bei; sie kidnappte vor allem Kinder, bildete sie als Soldaten aus und setzte sie dann gegen die eigenen Familien ein. Einige Leute in Tooro nutzten außerdem die Existenz der ADF, um unliebsame Gegner zu denunzieren, ins Gefängnis zu bringen oder gar töten zu lassen. Vor allem aber hat die Epidemie Aids in Tooro in den letzten Jahren ihren Höhepunkt erreicht. Nach Schätzungen sind etwa ein Viertel der Bevölkerung vor allem in den Städten infiziert; fast täglich sterben Frauen und Männer.

Die zahlreichen Tode, die der Krieg und mehr noch Aids fordern, werden aber von den Überlebenden häufig im Idiom von Hexerei und Kannibalismus interpretiert. Die Kugel eines Guerillas oder die Infizierung mit dem Aidsvirus gilt zwar als eine Ursache, aber nicht als die eigentliche Ursache des Todes: Oft wird ein Verwandter oder Nachbar, mit dem der Tote zankte, den er hasste, auf den er neidisch war, als der Schuldige, als Hexe oder Kannibale, verdächtigt und manchmal auch angeklagt. Durch diese Verschiebung der Schuldfrage nach innen erscheinen gerade die, die in der Not, im Angesicht des sich ausbreitenden Todes, solidarisch sein sollten, nämlich die eigenen Verwandten und Nachbarn, als diejenigen, die Leiden und Tod verursachen. Jeder Tod lässt wieder Hass und Neid aufbrechen, führt zu erneuten Verdächtigungen und Anschuldigungen, die Familien, Nachbarschaften und Dörfer zu zerreißen drohen. »Jeder isst jeden«, erklärte mir der bereits erwähnte konvertierte *witch-doctor,* Herr Bimji, der zu einem der fanatischsten Hexen- und

Kannibalenjäger in der »Gilde der Ugandischen Märtyrer« wurde. Der epidemische Kannibalismus verkehrt also die Welt zu einem »Krieg aller gegen alle«. Solange Kannibalen und Hexen für das Leiden verantwortlich gemacht werden – und nicht eine außerweltliche Instanz, wie z. B. ein strafender Gott – wird der innere Feind reproduziert, die Situation bleibt ausweglos, ja radikalisiert das Böse und steigert es zu einer Aporie. Da es keine Gesetzgebung gegen Kannibalismus gibt und die lokale Regierung – auch der neue König – sich als unfähig erwiesen, die Situation des internen Terrors zu beenden, begannen unabhängige wie etablierte Kirchen, den Kampf gegen Hexen und Kannibalen zu führen.

Der Kannibale der neunziger Jahre

Aus den zahlreichen Geschichten, die mir während meiner verschiedenen Aufenthalte erzählt wurden, gewann ich bald eine Standardversion des Kannibalen in Tooro, die ich hier verkürzt vorstellen möchte: Der Kannibale lebt, anders als die Hexe, nicht allein, sondern er arbeitet und isst – wie Jesus mit seinen Aposteln – in kleineren Gruppen. In gewisser Weise bilden Kannibalen eine Geheimgesellschaft. Sie suchen sich ihr Opfer unter Leuten, die ihnen nicht gut sind, mit denen sie im Streit liegen, die sie hassen oder mit Neid verfolgen. Sie essen Fremde, töten aber auch mit Hilfe von Hexerei eigene Verwandte. Wenn ein Kannibale einen Verwandten getötet hat, darf er ihn aber nicht selbst essen, sondern gibt ihn seinen kannibalischen Kollegen zum Verzehr, die wiederum, wenn sie ihrerseits einen Verwandten getötet haben, ihn im Tausch mit dessen Fleisch versorgen. Das Verbot, Verwandte zu essen, korrespondiert hier dem Inzestverbot, Exokannibalismus der Exogamie.

Kannibalen werden, wie bereits erwähnt, von Neid, aber vor allem auch von purer Gier nach Menschenfleisch getrieben. Haben sie einmal auch nur das kleinste Stück Menschenfleisch genossen, dann werden sie süchtig, sie verlangen immer wieder danach und können nicht mehr aufhören, auch wenn sie es wollten. Der Kannibalismus ist also chronisch und ansteckend wie eine Krankheit.

Um den Kreis der Ihren zu erweitern, laden Kannibalen häufig Nicht-Kannibalen zum Essen ein und mischen in das Essen ein Pulver aus getrocknetem Menschenfleisch. Hat der Nicht-Kannibale nur einen Bissen der Speise genossen, verwandelt er sich augenblicklich in einen Menschenfresser. Auf diese Weise vermehren sich Kannibalen; das gemeinsame Mahl bzw. die geteilte Substanz erzeugt und sichert ihre Gemeinschaft. Doch gibt es neben diesen verführten Kannibalen auch alteingesessene Kannibalenfamilien, die jeder kennt und vor denen man sich hütet.

Der Kannibale ist kein Überbleibsel aus vorkolonialer Zeit; er ist modern und bedient sich der modernen Technologie: er benützt Autos und Flugzeuge; manchmal besorgt er sich eine Photographie seines Opfers und verhext die darauf abgebildete Person, sodass sie krank wird und endlich stirbt.

Nach der Beerdigung bläst der Kannibale auf einer Trillerpfeife oder Bambusflöte, ein starker Wind kommt auf, und dann erhebt sich der Leichnam aus dem Grab; er aufersteht wie Jesus nach der Kreuzigung und läuft direkt zum Kannibalen, der ihn erwartet und befiehlt, Wasser zu holen, Feuerholz zu sammeln, ein Feuer anzuzünden, Bananenblätter auf dem Boden auszubreiten und das Messer zu schärfen. Nach getaner Arbeit legt sich der lebende Leichnam auf die Bananenblätter und der Kannibale zerlegt ihn in Portionen und kocht ihn im Topf. Dann ruft er die anderen Kannibalen und gemeinsam nehmen sie das Mahl.

Doch gibt es, wie fast immer, auch ein Mittel gegen die pervertierte Auferstehung und damit das Gefressenwerden. Legt man dem Toten eine Nadel oder einen Kieselstein in die Hand, dann funktioniert der Zauber nicht. Bläst der Kannibale auf der Trillerpfeife, antwortet ihm der Tote, dass er nicht kommen könne, weil er zu nähen (Nadel) oder eine Last (Kieselstein) zu tragen habe.

Missionierung und die Satanisierung afrikanischer Religion

Die ersten anglikanischen Missionare[5] erreichten Tooro 1891. Auch zu dieser Zeit wurde das Land von verheerenden Katastrophen, Kriegen, Rinderpest und Schlafkrankheit, heimgesucht, die die geringe Bevölkerung nochmals reduzierten. Ein etwa 110 Jahre alter Mann, der sich an diese Zeit erinnert, erzählte mir, dass die Krankheiten sich – wie heute Aids – in Windeseile ausbreiteten, es kein Entkommen gab und fast alle Menschen starben. Es blieben nicht einmal mehr genug übrig, um die vielen Toten zu bestatten.

Nach ihrer Ankunft stellten sich die anglikanischen Missionare unter den Schutz des Königs Kasagama von Tooro, der 1895 zum christlichen (anglikanischen) Glauben konvertierte. Nach seiner Taufe begann Kasagama, die Missionierung seines Volkes voranzutreiben. Wer am Hof und später in der kolonialen Verwaltung reüssieren wollte, musste (anglikanischer) Christ sein und Lesen und Schreiben können, also eine Fähigkeit erwerben, die nur die anglikanischen Missionare lehrten. Gleichzeitig unternahm Kasagama die brutale Verfolgung der »Heiden«, der Anhänger afrikanischer Religionen, insbesondere der *witch-doctors,* wie Heiler, Geistmedien und Wahrsager nun genannt wurden, die sich weigerten, zum christlichen Glauben überzutreten. Sie wurden nicht nur verprügelt, aus dem Königtum verjagt und ihre Gerätschaften und Schreine verbrannt, sondern einige wurden auch wie Hexen und Kannibalen von einem Felsen, dem »Felsen der Hexen«, in den Tod gestürzt.

Doch es scheint, so berichteten mir zumindest die beiden noch lebenden Zeitzeugen, dass die Mehrheit der Bevölkerung bereitwillig zum christlichen Glauben konvertierte. Nach den Katastrophen, die sie erfahren hatten und vor denen sie die eigenen afrikanischen Götter und Geister nicht hatten bewahren können, waren sie zufrieden, einem neuen Gott zu dienen, der vorgab, stärker und mächtiger als die alten Götter zu sein und sie vor Hexen und Kannibalen schützen zu können.

Im Jahre 1895, nur vier Jahre nach der Ankunft anglikanischer Missionare, erreichten auch katholische Missionare, sogenannte »Weiße Väter«, das Königtum Tooro. Da der König und die Elite bereits zum anglikanischen Glauben übergetreten waren, wurde der Katholizismus zur »Religion der Armen und Ausgeschlossenen«. Während Katholiken anfangs eine Minorität bildeten, gewannen sie vor allem durch den Aufbau von Schulen und Krankenhäusern zahlreiche Mitglieder, sodass bereits zu Beginn der dreißiger Jahre des 20. Jahrhunderts die Mehrheit der Bevölkerung in Tooro katholisch war.

Betonen möchte ich, dass die christliche Religion nicht auf friedliche Weise eingeführt wurde, sondern auch durch Zwang, Gewalt und Verfolgung, die nach dem Vorbild von Hexenjagden verlief. Diese Verfolgung ging mit einem Prozess der Diabolisierung und Satanisierung afrikanischer Religionen und Tradition einher. Die »traditionellen« Geistmedien, Wahrsager und Heiler wurden in den Untergrund getrieben und, auch im Kontext der Etablierung einer kolonialen Biomedizin, zunehmend marginalisiert und diskriminiert. Während im vorkolonialen Afrika die Mächte, die zur Hexerei benutzt wurden, in sich ambivalent waren, also sowohl zum Heilen wie zum Schaden eingesetzt werden konnten, spalteten die christlichen Missionare diese Ambivalenz auf in einen moralischen Dualismus, der einen eindeutig guten allmächtigen christlichen Gott gegen eine Vielzahl böser Geister und Gottheiten setzte. In gewisser Weise produzierten sie damit, was sie zu bekämpfen suchten: eindeutig böse, satanische Gottheiten und Geister.

Es scheint, dass auch der Kannibalismus in Tooro bzw. in Kijura von diesem Prozess der Satanisierung erfasst wurde. Noch um 1970 wurde er von einem Einheimischen nicht nur negativ, sondern auch positiv, als eine

Art Liebeskannibalismus, beschrieben: »The Kijura people believed that in throwing away the dead was to declare oneself against the dead, to send them away as the no longer wanted. The deads, the gods, and the spirits would then take revenge ... This was very much feared by the Kijura people. As a result the dead had to be kept in the society, and the best way to preserve it was to eat the body as it would be turned into other living beings in the form of offspring.«[6]

Derselbe Autor betont, dass die Bewohner von Kijura Menschenfleisch als das kostbarste aller Nahrungsmittel ansahen. Sie waren überzeugt, dass man ist, was man isst. Aß man das Fleisch eines weisen oder kräftigen Mannes, dann eignete man sich dadurch dessen Weisheit und Kraft an. Doch diese eher positive, an die Eucharistie gemahnende Vorstellung von Partizipation und Einheit durch Einverleibung scheint zunehmend in den Hintergrund gerückt zu sein. Stattdessen setzte sich in den neunziger Jahren endgültig der Kannibale durch, der, in den Hexereidiskurs integriert, von reiner Gier, Neid oder Hass getrieben, Tote auferstehen ließ, um sie ein zweites Mal zu töten, zu kannibalisieren. Er erscheint denn auch wie die Figur einer blasphemischen Verkehrung, einer verkehrten Eucharistie, einer diabolischen Karikatur der christlichen Theophagie: Nicht Gott, sondern sein Feind, der Kannibale, lässt die Toten auferstehen; und der Auferstandene fährt nicht gen Himmel, sondern wird gegessen und landet im Bauch der Kannibalen.

Im Januar 1999 traf ich in einem Dorf nahe der Hauptstadt Herrn Benedikto Kahemura, der, obwohl Christ, weiterhin als »paganes« Geistmedium, Wahrsager und Heiler arbeitete. Nachdem wir ausführlich über seine rituellen Tätigkeiten gesprochen hatten, gab er mir eine Medizin, »a medicine for tradition«, wie er sagte, ein weißes Pulver, das ich einnehmen sollte, damit ich vor den negativen Folgen unseres Gesprächs über die »satanischen Traditionen« geschützt sei. Die eigene afrikanische Tradition war also zu dieser Zeit so problematisch geworden, dass sie – wie eine Krankheit – mit einer Medizin behandelt werden musste.

Weiße Kannibalen und Vampire

In den Texten der ersten Missionare, die in Tooro arbeiteten, sind keine Hinweise auf die Existenz von Kannibalen zu finden. Kannibalen wurden von Missionaren, Reisenden und kolonialen Administrateuren vor allem im benachbarten Kongo verortet; dort lebten die Niam Niam, deren Name bereits lautmalerisch von einem doppelten Schmatzen gekennzeichnet ist, gefürchtete Kannibalen mit spitzgefeilten Zähnen und Schwänzen, die seit dem Mittelalter aus ursprünglich arabischen Quellen in die europäische Literatur aufgenommen wurden, im 19. Jahrhundert heftige wissenschaftliche Debatten entfachten und heute in den Azande und Mangbetu ihre mehr oder weniger entkannibalisierten Nachkommen finden.[7]

Während also Europäer unter den Bewohnern von Tooro erst einmal keine Kannibalen vermuteten, wurden sie umgekehrt, ohne es zu bemerken, selbst sehr wohl der Menschenfresserei verdächtigt. Vor allem die Europäer, die eine gewisse Leibesfülle auszeichnete, waren sehr gefürchtet. In einem Gespräch erzählte mir Herr John Mabiho, der den katholischen Missionaren fünfzig Jahre lang als *boy* gedient hatte, viele Leute in Tooro seien damals überzeugt gewesen, die Missionare seien Kannibalen und bewahrten in Konservenbüchsen Menschenfleisch auf. Viele glaubten auch, dass der Rotwein, den die Missionare tranken, das Blut von geopferten Afrikanern sei.

Eine Frau berichtete, sie habe als Kind gehört, dass auf einer Missionsstation Leichen ohne Blut gefunden worden seien; darauf wurde ein Priester, der ein Krankenhaus aufbauen wollte, verhaftet, weil man ihn des Vampirismus verdächtigte. Und ein hoher Würdenträger der katholischen Kirche in Tooro erzählte mir lächelnd, dass die Gläubigen während der Messe gehört zu haben meinten, dass der Priester, während er auf Latein betete und sich zum Altar wandte, fragte: »Can I eat them?«, worauf die Messdiener antworteten: »Do not eat us! Do not eat us!« Und er bestätigte die weit – auch in anderen Regionen Afrikas – verbreitete Ansicht, dass insbesondere katholische Priester und koloniale Administrateure sowohl des Kannibalismus als auch des Vampirismus verdächtigt wurden.[8]

Der oben bereits erwähnte Herr Mabiho erzählte mir außerdem, wie die katholischen Missionare ihren afrikanischen Zöglingen das Wunder der Eucharistie zu erklären suchten. Das Sakrament wurde mit dem Lutooro-Wort für Medizin übersetzt; die Hostie, die Medizin, war der Leib des Herrn, und wenn die Gläubigen sie aßen, dann trugen sie den Gott in sich. Der Genuss des Herrn schützte und heilte. Herr Mabiho sagte auch, dass niemand über diese Lehre sowie über die damit verbundene Praxis sehr erstaunt gewesen sei. Vor dem Hintergrund einer Perspektive, die Priester für Kannibalen und Vampire nahm, konnte das kannibalische Element der neuen Religion kaum mehr verwundern.

Tatsächlich wiesen die Missionare – und sie tun das bis heute – immer wieder darauf hin, dass der Glaube und vor allem ihre Medizin sie vor afrikanischer Hexerei und dem damit verbundenen Kannibalismus schütze. Essen und Trinken der Medizin, des Leibes und Blutes des Herrn, wurden denn auch von Afrikanern als effektives Mittel gegen die offensichtlich geringere Macht afrikanischer Hexen und Kannibalen interpretiert, die sich ja auch das Fleisch ihrer Opfer einverleibten. Die Missionare erschienen vielen Afrikanern also als eine Art Super-Hexen oder Super-Kannibalen, die durch die Einverleibung ihres Gottes so viel Macht gewannen, dass einheimische Hexen und Menschenfresser ihnen – und denjenigen, die sich in ihren Schutz begaben – nichts anhaben konnten.

Doch nicht nur die Lehre von der Eucharistie bestätigte die Vorstellung von Europäern als Kannibalen[9]; auch die koloniale Medizin trug ihr Teil zur Erweiterung und Ausdifferenzierung des vampiristischen und kannibalischen Diskurses bei. So berichteten mir verschiedene Leute von einer Kampagne des Roten Kreuzes, in deren Verlauf Priester und Häuptlinge ihre Anhänger und Untertanen zwangen, Blut zu spenden, das, so die lokale Überzeugung, verkauft oder von Europäern direkt getrunken wurde.

Albert Cook, ein Arzt, der für die anglikanische »Church Missionary Society« in Uganda arbeitete, schilderte eine Reise im Jahre 1898 nach Tooro. Dort veranstaltete er vor König Kasagama eine Art Schau-Operation, weil er gehört hatte, dass man auch ihn des Kannibalismus verdächtigte. »The king was present at this operation, and a good many onlookers. Their presence may seem surprising but I deliberately invited them, for I knew that an anaethetic would amaze them. Also, curious and startling rumours were being circulated as to what we did at an operation. Some thought that we cut out bits of the body, which though crudely expressed, was I suppose true, but they went on to say that we ate them! So I thought it best that the first few operations should be done in the presence of witnesses ... The natives saw the patient anaetheticized without comment but when they saw me cutting into the flesh, and the blood flowing, and yet the man showed no sign of pain, they were very much astonished, and some jumped to the conclusion that I had killed him. However when the tumour was removed and the wound stitched up and bandaged, the effects of the anaethetic passed off and the supposed corpse sat up, their wonder knew no bounds.«[10]

Hier verbindet sich der vermeintliche Kannibalismus der Europäer, wie im Kontext der Eucharistie, mit einer Form der Wiederauferstehung, die dann im Kannibalen der neunziger Jahre (aber sicherlich auch schon vorher) als lokale Figuration im Hexereidiskurs wieder erscheint. Tatsächlich betonten meine Gesprächspartner, dass es die Vorstellung von einer Auferstehung nach dem Tod in der vorkolonialen afrikanischen Religion so nicht gegeben habe. Erst die Begegnung mit der christlichen Lehre von der Auferstehung der Toten und der kolonialen Medizin, insbesondere der Praxis der Anästhesie, brachte offensichtlich dieses Motiv ins Spiel lokaler

Diskurse. Alle meine Gesprächspartner in Tooro erklärten mir mit Nachdruck, für einen frommen Christen sei die Kannibalisierung an sich kein Hinderungsgrund, in den Himmel zu kommen. Der verhexte, zerstükkelte, gefressene und verdaute Leib des Opfers werde im Himmel wieder regeneriert und feiere dort selbstverständlich Auferstehung.

Herr Bisaka, Vater Potthast und die Kannibalen

Zu Beginn der achtziger Jahre gründete ein ehemaliger Katholik mit Namen Bisaka eine eigene Kirche, die in Tooro zahlreiche Anhänger fand. In einer Vision hatte Gott ihn wissen lassen, dass die heilige Trinität um eine weitere Person, nämlich um ihn selbst, zu einer Quarternität[11] zu erweitern sei. Er, Bisaka, sei Gott auf Erden und mit der Macht ausgestattet, Kranke zu heilen und seine Anhänger auf den richtigen Weg zu bringen. Soweit ich in Erfahrung bringen konnte, war Herr Bisaka der Erste in postkolonialer Zeit, der im christlichen Kontext in Tooro begann, Hexen und Kannibalen zu jagen und sie dann zu heilen. Es gelang ihm, vor allem Mitglieder der katholischen Kirche als Anhänger zu gewinnen. Vor dem Hintergrund dieses Schismas, des Verlusts zahlreicher Mitglieder und eines erbitterten Machtkampfs muss die neuere Geschichte der katholischen Kirche in Tooro gesehen werden. Etwa zur gleichen Zeit begann die sogenannte charismatische Erneuerung, eine fundamentalistische Bewegung, die vor allem in den USA an Macht gewann, auch die katholische Kirche in Tooro zu erfassen.

Vater Potthast, ein etwa fünfzigjähriger weißer Amerikaner aus Texas, Priester und Mitglied des Heilig Geist Ordens der Katholischen Kirche, hatte fast 18 Jahre in der Gemeinde von Kyarusozi in Tooro als Priester verbracht, ohne viele Seelen gerettet zu haben. Die Leute kamen zu ihm, weil sie Geld oder Medikamente brauchten, aber der katholische Gott und ihr Seelenheil interessierte sie nicht sonderlich. Auf einem Heimaturlaub 1995 in Texas wurde Vater Potthast mit der charismatischen Erneuerung innerhalb der katholischen Kirche konfrontiert, die, wie er dann bald herausfand, auch in Uganda bereits zahlreiche Anhänger gefunden hatte.

Kurz nach seiner Rückkehr hörten er und sein Mitarbeiter, ein erst kürzlich geweihter junger afrikanischer charismatischer Priester mit Namen Buraza, von merkwürdigen Begebenheiten in ihrer Gemeinde: Kannibalengeister trieben ihr Unwesen, ergriffen Frauen und Männer, die dann eine unstillbare Gier nach menschlichem Fleisch entwickelten und Nachbarn oder Verwandte töteten, um sie nach der Bestattung zu essen. Vater Buraza lehrte die Gläubigen daraufhin, Jesus anzurufen, damit er zum Schutz vor den Kannibalen sein heiliges Blut auf das Grab des Opfers ausschütte. Zahlreiche Leute gewannen die Überzeugung, dass Jesu Blut – und nicht mehr eine Nadel oder ein Kieselstein – tatsächlich Schutz gewähre. Immer häufiger wurden kranke Frauen und Männer, manchmal in einem Koma-ähnlichen Zustand, zu den beiden Priestern gebracht, die dann über ihnen beteten, sie mit heiligem Wasser bespritzten, bis der kannibalische Geist sich zu erkennen gab und in seiner Rede nicht nur seine schrecklichen Taten gestand, sondern auch die Namen derjenigen nannte, die mit ihm zusammenarbeiteten. Diese Geständnisse wurden auf Tonband aufgenommen und später interessierten Besuchern, auch mir, vorgespielt.

Einmal gestand ein Kannibalengeist, während sein Medium sich in Krämpfen wand, dass er sehr wohl versucht habe, auch Vater Potthast zu töten und zu essen. Standen Europäer und vor allem Priester um die Jahrhundertwende, zumindest in ihrem Selbstverständnis, außerhalb des lokalen Hexereidiskurses, weil sie sich standhaft weigerten, an die Existenz von Hexen zu glauben, wurden sie jetzt offensichtlich in ihn eingebunden. Tatsächlich begann Vater Potthast im Verlauf seines Kampfes gegen die Kannibalen sowohl fest an die Existenz der Kannibalengeister wie an seine eigenen vom Heiligen Geist verliehenen Kräfte, die kannibalischen Mächte zu bekämpfen, zu glauben. Da es ihm und seinem Kollegen gelang, zahlreiche Kranke zu heilen, füllte sich die Kirche nach 18 Jahren zum ersten Mal. In enger Zusammenarbeit mit der bereits erwähnten »Gilde der Ugandischen Märtyrer« (GUM), einer Laienorganisation innerhalb der katholischen Kirche, konnte er im Kampf gegen die Kannibalen bald Tausende Anhänger gewinnen und auch an Bisaka verlorene Schafe in die katholische Kirche zurückholen. Es entbehrt nicht der Ironie, dass ausgerechnet eine Laienorganisation der Katholischen Kirche in Zusammenarbeit mit einem amerikanischen Priester Kannibalen und Hexen in großangelegten »Kreuzzügen« zu jagen und zu heilen suchte. Denn seit den Religionskriegen in Europa (und Uganda) erscheinen aus calvinistischer und moslemischer Perspektive gerade Katholiken immer wieder als Kannibalen, bestehen sie doch auf der realen, unmittelbaren und sinnlichen Präsenz des Gottes in der Hostie, der beim Abendmahl einverleibt wird.

Als ich Vater Potthast das letzte Mal besuchte, wirkte er müde und erschöpft. In seiner Hosentasche trug er eine Flasche mit geweihtem Wasser, eine seiner Waffen im Kampf gegen Satan. Während des Gesprächs kamen immer wieder Gläubige, die von ihm behandelt werden wollten. Seine Kraft zu heilen hatte offensichtlich nicht nachgelassen. Er erzählte, dass die Kannibalengeister im letzten halben Jahr nicht sehr aktiv gewesen, dafür aber andere Formen satanischer Besessenheit aufgetreten seien. Das Böse manifestierte sich nun vor allem in Gestalt von Tieren; im Zustand satanischer Besessenheit verwandelten sich Frauen, Männer und Kinder in eine Schildkröte, einen Affen oder einen Fuchs, sie bellten wie ein Hund oder miauten und kratzten wie eine Katze. Er entwarf eine Welt, die von den Mächten des Bösen beherrscht wurde. Der Kampf gegen den Teufel hatte offensichtlich kein Ende; im Gegenteil, je stärker er ihn bekämpfte, desto mehr Macht schien er zu gewinnen. Und er gestand mir, dass er nun auch innerhalb der katholischen Kirche Hexen vermutete.

Als ein Frosch mit einer Perlenkette um Beine und Bauch in sein Büro sprang und danach auch in der Kirche umherhüpfte, bespritzte Vater Potthast ihn erst mit geweihtem Wasser und verbrannte ihn später öffentlich mit Benzin. Es war, wie er sagte, ein satanischer Frosch.

Die Gilde der Ugandischen Märtyrer (GUM)

Bevor in Tooro König Kasagama die bereits erwähnten »Heidenverfolgungen« veranstaltete, fanden 1885/6 in Buganda, einem anderen Königtum in Uganda, Christenverfolgungen statt, die zum Märtyrertod von 22 afrikanischen Christen führten. Diese wurden 1920 seliggesprochen und 1964 zu Heiligen erklärt. Obwohl die katholische Kirche sich in Uganda bemühte, einen Kult um diese Märtyrer zu etablieren, und eine pompöse Kultstätte nahe der Hauptstadt errichtete, blieb ihre Popularität für eine lange Zeit gering. Erst Mitte der neunziger Jahre gewann die GUM und damit der Kult der ugandischen Märtyrer in Tooro an Bedeutung und Macht. Nun gelang es einem etwa vierzigjährigen Ex-Boxer mit Namen Kasaija im Zusammenspiel mit Vater Potthast, die Führung der Gilde zu übernehmen.

Herr Kasaija arbeitete, wie er mir erzählte, als Coach des Box-Clubs der siebten Division der Regierungsarmee, als er ernsthaft krank wurde. Um ihn zu heilen, traf eine Gruppe der Ugandischen Märtyrer ein; als sie zu beten begannen, spürte er eine starke Bewegung seines Herzens. Er lag am Boden auf einer Matte, aber eine merkwürdige Macht hob ihn empor. Und eine Stimme sprach zu ihm, er solle aufstehen und predigen. Als er sich entschied, der Stimme zu folgen, war er augenblicklich gesund. Er wurde Mitglied und bald darauf Präsident der Gilde der Ugandischen Märtyrer. Einer der Märtyrer, Johana (John) Maria Mzee, der selbst vor seinem Tod 1887 als Heiler am Hof des Königs gearbeitet hatte, gab sich in Träumen als sein spezieller Schutzpatron zu erkennen.

Als ich Herrn Kasaija 1997 kennenlernte, arbeitete er nebenbei auf dem Marktplatz von Fort Portal, der Hauptstadt Tooros. Er besaß einen bescheidenen Stand und verkaufte Butter, Seife, Salz und Rosenkränze. Heute ist er zusammen mit dem *Ex-witch-doctor* Herrn Bimji Besitzer eines florierenden Geschäfts und einer Klinik, in der Kranke durch Gebete und Kräuter geheilt werden.

Mit Kasaija als Anführer zogen 1996 die Mitglieder der GUM aus, um in entlegenen Gegenden in Tooro, aber auch in Städten das zu tun, was weder der neu eingesetzte König noch die lokale Regierung zu tun bereit war: dem internen Terror ein Ende zu setzen und die Menschen von Hexen und Kannibalen zu befreien. Die ersten »Kreuzzüge«, die die GUM organisierte, verliefen, wie mir erzählt wurde, äußerst gewalttätig. So identifizierten sie in einem Dorf eine ältere Frau als notorische Kannibalin, die sich sofort in eine schwarze Katze verwandelte. Als sie verbrannt werden sollte, wechselte sie wiederum ihre Gestalt, wurde menschlich und musste mit schweren Brandwunden ins Krankenhaus gebracht werden. Darauf wurden einige GUM-Mitglieder, unter ihnen auch Herr Kasaija, ins Gefängnis gesperrt. Aber der bereits erwähnte *Ex-witch-doctor*, Herr Bimji, besuchte die Frau im Krankenhaus und brachte ihr Milch (!) als Geschenk. Er bat sie um Verzeihung und betete für sie. Nach diesem Zwischenfall verbot die katholische Kirche den Anführern erst einmal weitere Kreuzzüge. Zwei Jahre lang lernten die GUM-Mitglieder in Kursen Bibelfestigkeit und den gewaltfreien Umgang mit Kannibalen und Hexen. Erst danach brachen sie zu neuen Kreuzzügen auf, die dann nach einem vorgegebenen Muster abliefen: In der Nacht davor fasteten und beteten die Mitglieder in der Kirche, damit der Heilige Geist sie erfülle und ihnen Kraft gebe. Früh am nächsten Morgen bestiegen sie einen Lastwagen und fuhren in die zu »befreiende« Gegend. Dort angekommen bildeten sie Gruppen von 12 bis 20 Leuten; jede Gruppe verfügte über einige starke Männer (in Anbetracht möglicher gewalttätiger Auseinandersetzungen) und einen Sekretär, der protokollierte, was gesagt und getan wurde. Allen Mitgliedern war verboten, Essen oder Getränke anzunehmen, weil sie möglicherweise vergiftet seien. Singend zogen sie von Haus zu Haus, und sobald sie in die Nähe eines Kochtopfs[12] kamen, in dem ein Kannibale sein Mahl zubereitet hatte, oder eines anderen »satanischen« Dings, eines Messers, eines Tellers oder einer Medizin, die von Hexen oder Kannibalen benutzt worden waren, meldete sich der Heilige Geist im Körper einiger besonders befähigter Mitglieder, oft Kinder. Dann schrien sie, fielen auf den Boden, zitterten heftig, wälzten sich, kratzten auf der Erde und baten den vermeintlichen Kannibalen inständig, seine satanischen Hilfsmittel doch herauszugeben und seine Missetaten zu gestehen. In der ausführlichen Beichte, die oft unter Androhung von Gewalt erzwungen wurde, gestand der Kannibale öffentlich nicht nur, wen er wie gefressen hatte, sondern er gab auch die Namen seiner Kollegen bekannt, mit denen er gemeinsam kannibalische Feste gefeiert hatte. Die öffentlichen Geständnisse bestätigten nicht nur die wahrhaftige Existenz der Kannibalen, sondern sie führten zusätzlich zu einer barocken Ausdifferenzierung des kannibalistischen Diskurses mit immer neuen phantastischen Details und einer Ausdehnung des verdächtigen Personenkreises. Der Kampf gegen die Kannibalen führte also gleichzeitig auch zu ihrer verstärkten Produktion.

Nachdem alle satanischen Gegenstände mit Hilfe des Heiligen Geistes entdeckt worden waren, wurden sie öffentlich ausgestellt, fotografiert, zerstört und dann verbrannt. Zur Heilung und Reinigung der Kannibalen gehörte auch, dass sie sich erbrachen, dass sie das einverleibte Fleisch, das ihre Gier nach Menschenfleisch erzeugt hatte, wieder von sich gaben. Außerdem beteten Priester und Mitglieder der GUM für die geständigen Kannibalen, die danach weiter in den Dörfern leben durften, manchmal aber auch zu Mitgliedern der GUM und somit von ehemaligen Opfern zu Kannibalenjägern avancierten. Wie mir Mitglieder der GUM erklärten, können Ex-Kannibalen rückfällig werden; in Kenntnis des Feindes können sie ihr Arsenal an Waffen und Tricks verfeinern, sodass ihre Entdeckung und Entlarvung immer schwieriger wird. Aber, so wurde betont, der Heilige Geist sei stärker, und ein rückfälliger Kannibale laufe Gefahr, als Strafe einen baldigen Tod zu erleiden. Am Ende eines erfolgreichen Kreuzzugs, nach der Beichte, Reinigung und Heilung der Kannibalen und nach einem gemeinsamen Gebet, verteilte der anwesende Priester abends das Abendmahl, die christliche Medizin, den Leib des Herrn, den auch die Ex-Kannibalen sich einverleibten.

Die Wiederkehr des Bösen

Tatsächlich gelang es der katholischen Kirche mit Hilfe der GUM, die eigene Machtposition in Tooro erheblich zu stärken und viele Mitglieder, die zu anderen Kirchen und Bewegungen übergelaufen waren, zurückzugewinnen. Dabei griff sie auf Herrschaftstechniken zurück, die sie nicht nur zur Zeit der Inquisition in Europa erfolgreich angewendet hatte, sondern die auch im Kontext von Anti-Hexereibewegungen in Afrika entwickelt worden waren. Doch führte die Kannibalenjagd weniger zum Verschwinden der Kannibalen als vielmehr, wie ich zu zeigen versuchte, zu ihrer gesteigerten Produktion. Und so wie die anthropophage Symbolik der Eucharistie in Europa zur Projektionsfläche frühchristlicher Verschwörungstheorien werden konnte, die die Christen selbst nach strukturell ähnlichem Muster zur Diskriminierung und Verfolgung auf ihre inneren und äußeren Feinde übertrugen[13], so konnte sie auch in Tooro sowohl auf den modernen Kannibalen wie auf die Katholiken, die ihn bekämpfen, übertragen werden. Denn auch die Mitglieder der GUM, die Kannibalenjäger, haben mittlerweile ihre Feinde, die sie des Kannibalismus bezichtigen. Es sind vor allem die Mitglieder der »Association of Traditional Healers«, die sich von der GUM verfolgt wähnen und sie anklagen, nicht nur ihr Geschäft zu schädigen und die afrikanische Kultur zu zerstören, sondern auch selbst die Praktiken auszuüben, die sie bei anderen ahnden. So fragten mich einige »pagane« Heiler, warum gerade zu Weihnachten[14] so viele Leute »verloren gingen«. Mit dieser Frage brachten sie den Verdacht zum Ausdruck, dass fromme Christen, und dazu zählen insbesondere die Mitglieder der GUM, das Fest der Liebe mit einem kannibalischen Mahl begehen. Offensichtlich ist es den christlichen Missionaren bisher doch nicht gelungen, die alten Ambivalenzen zugunsten eines moralischen Dualismus auszuräumen. Wer kann schon entscheiden, ob ein Frosch mit Perlenkette des Teufels oder Gottes ist – oder einfach ein Frosch (mit Perlenkette)?

Anmerkungen

1 Vgl. F. Lestringant, *Cannibals. The discovery and representation of the Cannibal from Columbus to Jules Verne,* Cambridge 1997.

2 Gleichzeitig haben eher atheistische Autoren wie J. Frazer und vor allem S. Freud den Kannibalismus der Anderen sehr wohl vor dem Hintergrund der Eucharistie interpretiert (vgl. E. Schüttpelz, »Wunsch, Totemist zu werden«, in: *Verschlungene Grenzen,* hg. von Anette Keck u. a., Tübingen 1999).

3 Die Forschungen von 1998 bis 2000 wurden großzügig von der VW-Stiftung finanziert, der ich an dieser Stelle meinen Dank aussprechen möchte. Die vorliegende Arbeit muss als vorläufig gelten; die Forschungen sind noch nicht abgeschlossen. Sibylle Lewitscharoff und Erhard Schüttpelz danke ich für Ermutigung und Kritik.

4 Vgl. W. Arens, *The Man-Eating Myth: Anthropology and Anthropopaghy,* New York, Oxford 1979. In den letzten Jahren sind jedoch zunehmend Zweifel an der rein imaginären Existenz des Kannibalen geäußert worden. Auch ich möchte nicht ausschließen, dass es Kannibalismus in Tooro gegeben hat und gibt. Sicherlich aber überwiegt der imaginäre Anteil im Diskurs.

5 In der kolonialen Literatur wird meist vergessen, dass gerade in Uganda den europäischen Missionaren bereits afrikanische Katechisten vorauseilten, die das Terrain vorbereiteten und mit der Missionierung begannen.

6 A. E. Ruyonga, *Cannibalism as an African Culture: In the Kijura People of Toro District,* BA Thesis, Makerere University, 1977/78.

7 Vgl. die Magisterarbeit von N. Gebauer, *Menschenfresser in Zentralafrika.* Universität zu Köln, Institut für Afrikanistik, 2000.

8 Vgl. L. White, *Speaking with Vampires. Rumor and History in Colonial Africa,* Berkeley, Los Angeles, London, 2000.

9 Die Vorstellung von Europäern als Kannibalen geht wahrscheinlich auf die Zeit des Sklavenhandels zurück: wie man mir in Tooro erklärte, waren viele Afrikaner überzeugt, dass man ihre Landsleute fing und verschleppte, um sie zu essen. Die Vorstellung von Europäern als Kannibalen erlangte also durch die Ankunft der Missionare eine erneute Aktualisierung, nahm aber hier nicht ihren Anfang.

10 A. Cook, *Uganda Memories (1897–1940),* Kampala 1945, S. 104.

11 Bisaka, der schnell exkommuniziert wurde und auch ins Gefängnis kam, hatte dort eine zweite Vision; sie veranlasste ihn, zur Trinität zurückzukehren, aber Jesus (als Europäer) zu entfernen und sich an Stelle von Jesus als Dritten innerhalb der Trinität zu platzieren.

12 Die kulinarische Ethnographie der Kannibalen in Tooro scheint dem Kochen, und nicht dem Braten oder Rösten, den Vorrang zu geben. Vielleicht konnte sich ja auch das Bild vom im Kochtopf schmorenden Missionar in Tooro durchsetzen und als Vorbild für den rezenten Kannibalismus dienen. Auf jeden Fall waren auf den Fotos, die von den entdeckten, »satanischen« Gegenständen gemacht wurden und die in Alben aufbewahrt werden, erstaunlich viele Kochtöpfe zu sehen.

13 Vgl. Baudy, in: A. Keck u. a., *Verschlungene Grenzen,* Tübingen 1999.

14 Gerade zu Weihnachten scheinen europäische Kannibalen in Afrika besonders ausschweifende kannibalische Mahlzeiten gefeiert zu haben, vgl. White, a.a.O.

Anmerkungen der Redaktion

Robert Gernhardt schrieb »Frühsommer am Hundekehlesee« im Mai 2000, als er Gast des Wissenschaftskollegs zu Berlin war, für die »Berliner Seiten« der *FAZ*.

Sighard Neckel, geb. 1956, ist Professor für Allgemeine Soziologie an der Bergischen Universität Wuppertal und Mitglied des Kollegiums des Instituts für Sozialforschung in Frankfurt am Main. Zuletzt erschien von ihm: *Die Macht der Unterscheidung. Essays zur Kultursoziologie der modernen Gesellschaft* (Frankfurt am Main 2000).

Walter Wüllenweber, geb. 1962, ist Reporter beim *stern*; lebt in Hamburg.

Wolfgang Kersting, geb. 1946, Professor für Philosophie an der Christian-Albrechts-Universität zu Kiel; veröffentlichte 2000 die Bücher *Theorien der sozialen Gerechtigkeit* und *Politik und Recht*.

Michael Hartmann, geb. 1952, ist Professor für Soziologie an der Technischen Universität Darmstadt; lebt in Paderborn und Darmstadt.

Florian Illies, geb. 1971, ist verantwortlich für die »Berliner Seiten« der *FAZ* und Autor von *Generation Golf*.

Sabine Sauer, geb. 1959, Fotografin, Bildredakteurin beim *Spiegel*, lebt in Berlin.

Klaus Hartung, geb. 1940, *Zeit*-Redakteur, lebt in Berlin.

Susanne Riedel arbeitet als Autorin in Berlin.

Peter Schneider ist Psychoanalytiker und lebt in Zürich. Im Frühjahr 2001 erscheint bei Vandenhoeck & Ruprecht *Erfliegen und Erhinken. Der psychoanalytische Zweifel an der Vernunft*.

Mariam Lau, geb. 1962, freie Journalistin, lebt in Berlin. Zuletzt erschien von ihr: *Die neuen Sexfronten. Vom Schicksal einer Revolution* (Berlin 2000).

Alissa Walser, geb. 1961, Studium der Malerei in New York und Wien 1981–1986; lebt seit 1987 in Frankfurt am Main. Zuletzt veröffentlichte sie den Erzählungsband *Die kleinere Hälfte der Welt* (Reinbek 2000).

Joachim Kalka, geb. 1948, lebt als Übersetzer und Kritiker in Stuttgart. Zuletzt sind die Übersetzungen von Peter Matthiessens *Far Tortuga* und Erwin Chargaffs *Ernste Fragen* erschienen.

Reinhard Hesse, geb. 1956, lebt nach Reportertätigkeit im Nahen Osten als Autor in München und Berlin. Zuletzt erschien von ihm: *Gerhard Schröder, Und weil wir unser Land verbessern ...* (Hamburg 1998).

Heike Behrend ist Ethnologin und Professorin am Institut für Afrikanistik der Universität zu Köln. Zuletzt erschien von ihr: *Alice Lakwena and the Hol Spirits* (Oxford 1999).

Kursbuch 144	**Liebesordnungen**	Juni 2001
Kursbuch 145	**Der laufende Schwachsinn**	September 2001

Vorschauen auf diese beiden Kursbücher enthält der Beihefter in dieser Ausgabe zwischen den Seiten 16 und 17.